ワークシートで見る社会

全単元・全時間の授業のすべて

中学校公民

三枝利多 編著

東洋館
出版社

はじめに

　私たち教師は、それぞれ教育に対する強い思いをもってこの仕事に就いたと思います。その中でも中学校は教科担任制ですから、本質的には教科指導のプロとして採用されていることになります。しかしながら、中学校現場では、教科指導以外に学級・学年経営、生徒指導、行事、部活動、諸会議、事務処理、保護者対応等、数多くの仕事が日々待ち受けています。そのどれもが大切な教育活動であることは間違いありませんが、生徒と私たち教師が毎日最も多くの時間を費やしているのは授業です。つまり、毎日の授業が充実しない限り、達成感や所属感、自己有用感といった生徒と教師が互いを成長させる推進力は、あまり働かないでしょう。

　本書は、主たる教材とされている教科書を使いながら、学習指導要領の内容を教えることを目指した実践を掲載しています。例えば、「B　私たちと経済」の実践では学習指導要領解説にある「経済は生活のための手段」であるという内容に着目し、経済は難しいという生徒の先入観を払拭するとともに、現代の私たちの生活を支えている重要な仕組みである市場経済が、自給自足の経済から必然的に発展したものであることや、「交換と分業」といった市場経済の基本的な考え方の一部を理解させることをねらいとしています。したがって、先生方の地域で採択されている教科書の配列等とは違いもあると思います。しかしながら、毎日の授業を充実させ、達成感や所属感、自己有用感といった互いを成長させる推進力を育む授業につながり、更に、社会科という教科の目標や本質、概念により迫るために今回の学習指導要領に示された「主体的・対話的で深い学び」を目指す上でも有効な実践を紹介しています。

　実践例では、主に中項目ごとに、生徒の主体的な活動を中核としたパッケージによる実践を取り上げています。全ての授業を本書に掲載しているような活動型の授業で展開することは、当初は取り組みにくいと思われます。興味をもたれた実践から活用していただき、先生方なりにアレンジされたりしながら、よりよい授業を展開していただければ幸いです。

　活動型授業を展開するなど教師が授業を変えることによって、講義型の授業だけではとうてい到達しないほど、見方や考え方が広がったり深まったりするなど生徒が大きく変容します。それを実感して、教師が変わっていきます。私が発信してきた「授業が変わった。生徒が変わった。そして教師が変わった」というプロセスです。一人でも多くの先生方がこうした経験を経て、授業づくりを進めていかれることを願ってやみません。

　なお、最後になりましたが、紙面ではどうしても表現しきれない部分があると思いますので、実践する上での疑問等がありましたら、ご相談いただければ、できる限りのことは対応したいと考えております。

　令和4年6月

三枝　利多

本書活用のポイント

　本書は、ワークシートを軸として全単元・全時間の授業の目標・評価、具体的な展開方法、ICT活用や板書のアイディアなどを一目で分かるように構成しています。活用のポイントは次のとおりです。

指導計画

　ねらいや主な学習活動を記載し、「課題解決的な学習を通して学びを深めるポイント」で、実践者の単元構成の意図を分かりやすく解説しています。

本時の目標と評価

　何をねらいとして授業を行うのか、また生徒の学習活動をどのような観点からどのように見取るのか、本時における目標と評価を簡潔に示しています。

本時の学習活動

　本時の授業をどのような視点からどのように進めていくのかについて、生徒の学習活動を「○」、指導上の留意点などを「・」で示しています。また、生徒が「見方・考え方」を働かせるように、資料のどこに着眼し、思考を促すかについても適宜触れています。

展開

パネルディスカッションの準備②

本時の目標
　パネルディスカッションにおけるグループの主張を議論しながら作成することができる。

本時の評価
　グループが主張する内容を、根拠をもち、対話的に作成している。

本時の学習活動

1　個人で主張を考える
○自ら収集した情報と、前時にグループで交換した情報を基に、グループの主張を個人で考える。
・テーマ1については「作家」、テーマ2では「賛成論者」、テーマ3では「奨学金返済に苦しむ社会人」が、それぞれ人権が保障されておらず、改善が必要であることを訴える立場であるという方向で主張するよう教師が示唆する。
・テーマ1については「弁護士」、テーマ2では「反対論者」、テーマ3では「文科省担当者」が、人権はある程度保障されているという主張をするよう指導者が示唆する。
・テーマ1では「猥褻表現」についての事例

が多く出てくる。中には不快感を覚える生徒がいる可能性があるので、事前に担当するグループには「猥褻表現」に関する事例は取り扱わないよう指導しておくとよい。
・作業時間は20分取る。

2　個人で作成した主張をグループで共有し、グループの主張を作成する
○個人で作成した主張をグループで発表し合う。
・グループのリーダー（班長）に進行役をさせるとよい。リーダーから発表するように指示すると、発表が苦手な生徒も比較的スムーズに発表することができる。
・各自が発表した主張をまとめて、グループと

140

ワークシートの活用法

　本時の目標の実現や授業展開に即したワークシートを全時間分掲載しています。そのため、ワークシートを活用することで1時間の授業を行うことができますが、ワークシートを板書計画と見立てることもできます。どのようなタイミング・手順で資料を提示するのか、資料を通して生徒に何を気付かせたいのかを考える際、ワークシート上の各種資料やレイアウトが参考になるでしょう。ワークシート（PDF）はダウンロードできるので、画像レタッチソフトなどのPDFを加工できる専用ソフトを使って生徒の記入例などを消去し、必要な資料だけを抜き出しておけば、電子黒板に映したり、ICT端末で共有したりすることもできます（ダウンロード方法は、巻末参照）。

■指導のポイント■

テーマ1では、「作家」の立場のグループには、「表現の自由を侵害された」と主張する創作者の事例を収集するよう示唆する。「弁護士」の立場のグループには「表現の自由によりプライバシーの権利が侵害された」と訴える事例資料を集めるよう示唆する。

テーマ2では「夫婦別姓」は国会でも取り上げられるテーマであり、賛成／反対どちらの立場でも多くの事例を収集できる。

テーマ3では「奨学金返済に苦しむ社会人／文部科学省の奨学金担当者」としている。「社会人」の立場では、奨学金の返済に苦慮し、生活が圧迫されている事例を収集するよう示唆する。「文科省」の立場では、奨学金制度のあらましを中立的に解説する資料を中心に集めるようにするとよい。

■ワークシートの評価のポイント■

〔知識・技能〕
・各種資料から根拠をもって主張を作成している。
〔思考・判断・表現〕
・根拠をもった情報を基に、自らの立場に沿った主張を作成している。
〔主体的に学習に取り組む態度〕
・自らの立場を考え、計画的かつ粘り強く主張を作成しようとしている。

しての主張をつくるよう指導する。発表原稿はワークシートの「2　班で主張を考えましょう」欄に書くように指導する。グループのうちの1人のワークシートにまとめてもよいし、内容ごとに複数人のワークシートに書いてもよいと指導する。
・作業時間は、授業終了までの時間とする。

■ワークシートを使用する際のポイント等

この箇所ではワークシートを使用する際のポイント等を明記しています。また、教師による補助説明や、「指導のポイント」「ICT活用のアイディア」「板書例」など、授業内容に応じてその他のアイディアも記載しています。

■ワークシートの評価のポイント

ワークシートの記述内容を〔知識・技能〕〔思考・判断・表現〕〔主体的に学習に取り組む態度〕の3観点からどのように評価するのかについてのポイントを簡潔にまとめています。また、形成的な評価の視点から、今後の指導に生かす方策についても記載しています。

■本書に基づく授業づくりのヒント

本書では、1時間の学習展開をイメージしやすくすることを目的として、全時間にわたりワークシートを軸として構成していますが、50分授業のすべての時間を使って、ワークシートに記入するだけの授業にしない工夫が必要です。

そこで、実際の授業では、ワークシートを軸とする場合においても、板書やノート、ICT機器などを上手に併用することがポイントとなります。自分の力で調べ考える、クラスメイトと意見を交わす、こうした活動を通して、一人一人の生徒が自らの学びを深めていけるようにすることが肝要です。

本書活用のポイント

ワークシートで見る全単元・全時間の授業のすべて

社会 中学校 公民
もくじ

公民的分野における
指導のポイント

社会科における活動型授業の必要性

1 社会科の目標に迫るため

　なぜ社会科に活動型授業が必要なのか。新学習指導要領には中学校社会科の目標が次のように示されている。

> 　社会的な見方・考え方を働かせ、課題を追究したり解決したりする活動を通して、広い視野に立ち、グローバル化する国際社会に主体的に生きる平和で民主的な国家及び社会の形成者に必要な公民としての資質・能力の基礎を次のとおり育成することを目指す。
> (1)　我が国の国土と歴史、現代の政治、経済、国際関係等に関して理解するとともに、調査や諸資料から様々な情報を効果的に調べまとめる技能を身に付けるようにする。
> (2)　社会的事象の意味や意義、特色や相互の関連を多面的・多角的に考察したり、社会に見られる課題の解決に向けて選択・判断したりする力、思考・判断したことを説明したり、それらを基に議論したりする力を養う。
> (3)　社会的事象について、よりよい社会の実現を視野に課題を主体的に解決しようとする態度を養うとともに、多面的・多角的な考察や深い理解を通して涵養される我が国の国土や歴史に対する愛情、国民主権を担う公民として、自国を愛し、その平和と繁栄を図ることや、他国や他国の文化を尊重することの大切さについての自覚などを深める。

※根拠1：こうした「公民としての資質・能力の基礎」を育成するという社会科の目標に迫るためには、講義だけの授業では難しい。
※根拠2：こうした「公民としての資質・能力の基礎」を育成するという社会科の目標に迫るためには、主体的に調査・判断・討論する場面を授業に設定する必要がある。

2 社会情勢への対応

　戦後の復興から高度経済成長期、石油危機を挟んでバブル経済に及ぶまでの間、日本の発展を支えてきた旧来の日本社会の様々なシステムが機能低下し、社会における様々な課題が迫っている現状が続いている。こうした中で社会が大きく変化し、規制緩和なども進んだ結果、誰もが責任を伴う自己の意思決定を求められる場面が、社会の中で急速に増加した。

　そして、利潤を求めて分業と交換を効率よく行うことを原則としている市場経済では、よりよい資本の調達場所や生産拠点を探していくため、近年のグローバル化の進展は必然となった。

　一方で、インターネットの普及をはじめとする情報化の進展もグローバル化の進展を進める要因となり、政治や社会の在り方の面でもグローバル化の影響が表れている。

　ところが、近年、近代の私たちの社会を支えた二つの大きな仕組みがうまく機能していない現状が顕著となってきた。

　市場経済（資本主義経済）はグローバル化によってより大きな富を生み出し経済のパイを大きくした一方、富める者と貧しい者をつくり出すという宿命をより鮮明にし、先進国と途上国の対立だけでなく国内での対立を激化させ、中間層の不満を解消できずにいる。

　民主主義は経済的な不満などを背景にして自国第一主義に走り、ポピュリズム化の傾向が進み、人による支配へ逆行するかのような動きを見せ始めている。

つまり、このようなグローバル化が進む国際社会の中で、市場経済（資本主義経済）と民主主義という二つの大きな仕組みが行き詰まっていきている現状がある。

　このような社会に対応し、社会の諸課題を解決していくためには、生徒自身が自己の意見や考えをもち、公正な判断ができる人間としての自分をつくっていくこと（いわば「自分づくり」）が必要である。そして、これを達成することによって、将来、民主的な合意形成が可能で、より公正で民主的かつ平和で安全な社会を築いていくこと（いわば「社会づくり」）が可能となっていくと考える。つまり、現代社会を支えてきた市場経済（資本主義経済）と民主主義という仕組みを、どのように改善・改良していくのかという議論や政策判断ができる市民を育てることが、社会科教育に求められていると考える。

※根拠3：こうした社会の情勢と要請に応えるためには、社会の諸課題を自らの問題として考察し、選択・判断する場面を授業に設定する必要がある。

3 新学習指導要領への対応

　新学習指導要領への対応という点からも活動型の授業展開が必要であると考える。特に次の4点については活動型の授業展開を取り入れることが重要である。

① 　内容（コンテンツ）から資質・能力（コンピテンシー）重視へ

② 　現代社会を捉える枠組みの活用

　新学習指導要領解説の改訂の要点においては、「イ　現代社会を捉える枠組みを養う学習の一層の充実」が示されている。内容として「今回の学習指導要領改訂では、『社会的な見方・考え方』については分野の特質を踏まえてその名称などが整理され、公民的分野においては『現代社会の見方・考え方』と示された。内容のAの『(2)　現代社会を捉える枠組み』で、従前に引き続き、現代社会を捉え、多面的・多角的に考察、構想する際に働かせる概念的な枠組みの基礎として、対立と合意、効率と公正などを取り上げ、現代社会を捉える枠組みを養う学習の一層の充実を図った」とある。

③ 　分野に応じた新たな概念を設定

　新学習指導要領解説の改訂の要点においては、「ウ　現代社会の見方・考え方を働かせる学習の一層の充実」が示されている。内容として「内容のAの『(2)　現代社会を捉える枠組み』を以後の大項目の学習に生かすとともに、経済、政治、国際社会に関わる現代の社会的事象について考察、構想したり、その過程や結果を適切に表現したりする際に働かせる視点（概念など）として、『分業と交換、希少性など』、『個人の尊重と法の支配、民主主義など』、『協調、持続可能性など』を新たに示し、課題の特質に応じた視点（概念など）に着目して考察したり、よりよい社会の構築に向けて、その課題の解決のための選択・判断に資する概念などを関連付けて構想したりするなど、現代社会の見方・考え方を働かせる学習の一層の充実を図った」とある。

④ 　社会科のまとまりとしてのまとめ

　新学習指導要領解説の改訂の要点においては、「カ　課題の探究を通して社会の形成に参画する態度を養うことの一層の重視」が示されている。内容として「内容のDの『(2)　よりよい社会を目指して』で、持続可能な社会を形成することに向けて、社会的な見方・考え方を働かせて課題を探究し、自分の考えを説明、論述できるようにした。この中項目は、従前に引き続き社会科のまとめという位置付けとし、公民的分野はもとより、地理的分野、歴史的分野などの学習の成果を生かし、これからのよりよい社会の形成に主体的に参画する態度を養うこととした」とある。

※根拠4：こうした新学習指導要領の趣旨に応えるためには、社会の諸課題を自らの問題として考察し、選択・判断する場面を授業に設定する必要がある。

　活動型授業を取り入れるためには、教師に見通しが必要である。つまり、その活動型授業を通して生徒に何を学ばせるのかという視点である。

　活動型の授業を通して生徒に何を学ばせるかについては、教科書の記述内容だけではなく、資質・能力のめあてとなる学習指導要領の内容をつかんでおく必要がある。何を学ばせるかについて、教師が見通しをもつことに大きく役立つはずである。学習指導要領のねらいは教科書にはどう表現されているかを吟味して、教科書だけで教えるのではなく、教科書を「主たる教材」として使って授業を展開するという、単元をパッケージ（主に中項目ごとになると思われる）として教えることにも関係する。

1 学習するに当たっての中心的概念をつかむ

○例　学習指導要領を解釈する（私案）

　大項目 B「私たちと経済」

　中項目⑴「市場の働きと経済」

　（前略）アの（ア）の身近な消費生活を中心に経済活動の意義について理解することについては、経済活動が、一般的に人々が求める財やサービスを生産し、これらを消費することで生活を成り立たせている人間の活動であり、a. 経済活動の意義とは、人間の生活の維持・向上にあり、経済は生活のための手段に他ならないことを、生徒の身近な経済生活である消費を中心に理解できるようにすることを意味している。

　アの（イ）の市場経済の基本的な考え方について理解すること。その際、市場における価格の決まり方や資源の配分について理解することについては、「個人や企業の経済活動が様々な条件の中での選択を通して行われていることや、市場における取引が貨幣を通して行われていることなどを取り上げること」（内容の取扱い）を通して理解できるようにすることを意味している。

　個人や企業の経済活動が様々な条件の中での選択を通して行われていること…を取り上げること（内容の取扱い）とは、以下のように捉えることができる。一般に、人間の欲求は多様で無限に近いものであるのに対し、財や b. サービスを生み出すための資源は有限であり、生み出される財やサービスもまた有限である。つまり、地球上に存在するほぼ全てのものは「希少性」があるといえるのである。そこで、所得、時間、土地、情報など c. 限られた条件の下において、価格を考慮しつつ選択を行うという経済活動がなされるのである。

　したがってここでは、市場経済において個々人や企業は価格を考慮しつつ、何をどれだけ生産・消費するか選択すること、また、d. 価格には、何をどれだけ生産・消費するかに関わって、人的・物的資源を効率よく配分する働きがあることなど、e. 市場経済の基本的な考え方を、f. 具体的事例を取り上げて理解できるようにすることを意味している。　　　　　　　（以上、a〜f の記号と下線は筆者）

※下線部 a：経済は生活のための手段であることをつかませる必要があることに気付く。

　　　　　→無人島に漂着したらどうするかというシミュレーションを工夫する。

※下線部 b：サービスという考え方をつかませる必要があることに気付く。

※下線部 c：どの経済主体の経済活動かは書いていないことに気付く。

　　　　　→家計・企業・政府という三つの経済主体に共通の概念ではないかと気付く。

　　　　　「希少性と選択」の概念をつかませる工夫として、年収（840万円）や家族構成（配偶者と子供 2 人）という限られた条件の下で、欲求を満たすために、どれを購入す

るかを価格を考慮しつつ選択を行うという家計の経済活動を疑似体験させるための授業を組み立てようとする。

→「家計のシミュレーションゲーム（と模擬商談）」の授業展開を工夫する。

※下線部 d：「価格の働き」をどうやって生徒につかませたらいいのかを考える。

→「牛丼屋経営シミュレーション」（日本経済教育センター）を再シミュレーション（場面設定）して、牛肉の価格を例にしてつかませたらどうかと工夫する（本書には未掲載）。

※下線部 e：生徒につかませるべき市場経済の基本的な考え方を教師がつかむ。

→「交換と分業」、「希少性と選択」など、中心的な概念を整理する。

※下線部 f：シミュレーションなどの活動（体験）型の授業を、単元の指導計画に取り入れるべきであるということに気付く。

2 生徒の課題意識を予察する

○例　生徒が追究したり、探究したりする際に芽生えさせたい疑問の一部（私案）

項目等	ここで身に付ける概念的理解内容とキーワード ☆：概念　　⇒：概念の理解内容　　○：キーワード　　Q：生徒の疑問	
B 私たちと経済	(1)　市場の働きと経済 ☆経済活動の意義	Q「無人島へ漂着したらどうする？」 ⇒人間の生活の維持・向上、生活のための手段 ○自給自足　○分業と交換　○市場経済　など
	☆市場経済の基本的な考え方	Q「何かを選ぶことは何かを諦めること？」 ⇒市場経済において個々人や企業は価格を考慮しつつ、何をどれだけ生産・消費するかという選択をすること、また、価格には何を生産・消費するかに関わって、人的・物質的資源を効率よく配分する働きがあることなど、市場経済の基本的な考え方。 ○希少性　○選択　○交換と分業　○生産要素　○生産　○消費 ○家計　○貨幣　○労働　○所得　○収入　○支出　○貯蓄 ○価格　など
	☆現代の生産の仕組みや働き	Q「便利な社会（世の中）は誰がつくっているの？」 ⇒商品やサービスの生産は、労働や資源を効率的に投入して競争する企業を中心に行われる。 ○希少性　○選択　○生産要素　○分業と交換　○中間財　○企業 ○生産　○販売　○流通　○労働　○株式会社　○利潤　○競争 ○価格　○独占禁止法　○公正取引委員会　○景気変動　など
	☆現代の金融の仕組みや働き	Q「お金はどのように動いているの？」 ⇒家計の貯蓄などが企業の生産活動や社会に必要な様々な形態の起業のための資金などとして円滑に循環するために、金融機関が仲介する間接金融と株式や債券を発行して直接資金を集める直接金融を扱う。 ○貯蓄　○金融機関（銀行）　○利子　○間接金融　○直接金融 ○株式　○債券（社債）　○日本銀行　○国債　○金融政策　など

※このような生徒の課題意識を予察しながら整理をしておくことも、活動型授業を取り入れるために必要な教師の見通しとなる。

　学習指導要領のどこに着目するのか（ターゲットをどこにするのか）ということも重要である。前述した、活動型授業のために必要な教師の見通しと、その活動型授業を通して生徒に何を学ばせるのかという視点を生かして、更に主体的・対話的で深い学びの実現に向けて授業づくりを進める上で重要となる。

例①　B「私たちと経済」⑴「市場の働きと経済」

　ア　次のような知識を身に付けること。
　（ア）　身近な消費生活を中心に経済活動の意義について理解すること。
　・「経済活動の意義を理解すること」に着目する（ターゲットにする）。
　　　→「経済活動の意義」・「分業と交換」

学習展開例1「無人島漂着シミュレーション」

時間	主な学習活動	教師の指導・支援・留意点
1	◇無人島に漂着したという設定で何をするか考える。 ◇無人島と思っていたら、島の反対側に別の漂着民（10人程度）がいたという場面設定で、何をするかを考える。	◇無人島に漂着すると、水・食糧・住居・衣服など生活に必要な財を自分で手に入れる以外に方法はないことに気付かせる。 ◇共同生活をすることにより、食糧を増やし、生活を安定（豊かに）させることに気付かせる。
	◇共同生活をはじめ、脱出用のいかだで脱出を図ったが、文明社会まではたどり着けず、近くの島にたどり着いたという場面設定で、次のような条件の下で何をするかを考える。①その島の島民は100人程度。②その島では漁業が行われ、小舟を造る技術がある。③元の島ではバナナが穫れたが、その島ではパパイアが穫れ、逆は穫れない。④元の島には戻ることができる。	◇生徒の意見を引き出しながら授業を進める。 ◇新しい島に住み着いて、更に食糧を増やし、安定した生活を手に入れる方法以外に、元の島と新しい島との間で、違う財（バナナとパパイア・魚）を交易（貿易）したり、技術移転（果物栽培や造船技術）したりして生活が豊かになったり、安定したりすることを理解させる。
2	◇前時の活動を振り返る。 ◇経済活動の意義や市場経済の概念の一部をまとめる。	◇生徒の発言（考え）を活用しながら、経済活動の意義や市場経済の概念の一部を一般化していく。

　上記のような学習課題に取り組むことにより、現代人であっても無人島に漂着してしまえば、水・食糧・住居・衣服といった生活に必要な財を自分で手に入れる以外に方法はないことに気付かせることができる。それによって、経済活動が、人々が求める財やサービスを生産し、それらを消費することで生活を成り立たせている人間の活動であり、経済活動の意義とは、人間の生活の維持・向上にあり、経済とは生活のための手段に他ならないことを納得させることができる。
　⇒納得できているか。
　　＝後述する「授業づくりの着眼点」の「⑻　生徒が自分の言葉で理解できているのか？（納得できているのか？・腑に落ちているのか？）」参照（021ページ）。また、それによって、経済は難しいという生徒の意識を変え、経済学習に対する意欲を高めることにもつながる。
　⇒興味・関心を高め、主体的に学ぶ意欲を高める。
　　＝後述する「授業づくりの着眼点」の「⑸　生徒の興味・関心を高め、主体的に学ぶ態度を高め

ることができるのか？」参照（020ページ）。また、３回目の場面設定（脱出を図ったが文明社会まではたどり着けず、近くの島にたどり着いた）において、「分業と交換」という視点にも気付くことができる。

例②　B「私たちと経済」（1）「市場の働きと経済」

　ア　次のような知識を身に付けること
　（イ）　市場経済の基本的な考え方について理解すること。

　　　　個人や企業の経済活動が様々な条件の中での選択を通して行われていること…を取り上げること（内容の取扱い）とは、以下のように捉えることができる。一般に、人間の欲求は多様で無限に近いものであるのに対し、財やサービスを生み出すための資源は有限であり、生み出される財やサービスもまた有限である。つまり、地球上に存在するほぼ全てのものは「希少性」があるといえるのである。そこで、所得、時間、土地、情報など限られた条件の下において、価格を考慮しつつ選択を行うという経済活動がなされるのである。

・「個人や企業の経済活動が様々な条件の中での選択を通して行われている」「所得、時間、土地、情報など限られた条件の下において、価格を考慮しつつ選択を行うという経済活動がなされるのである」「『希少性』があるといえる」の三つに着目する（ターゲットにする）。
　→「希少性」を選択

学習展開例2「家計のシミュレーションゲーム（＆模擬商談）」

時間	主な学習活動	教師の指導・支援・留意点
1	◇家計に関する基本的な事項をワークシートを使いながら整理する。	◇所得や消費に関する基礎的事項を押さえ、消費行動の違いや生涯にかかる費用などを考えさせる。
2	◇家計のシミュレーションゲームの準備（家計の設計：個人→グループ）を行う。	◇あくまで望むような生活を目指させて、収入を住居費・食費・教育費等に振り分けさせる。
3	◇家計のシミュレーションゲームを行う。グループごとにカードを引きながら、５年間生活する。	◇何かにお金をかけたら、何かは諦めなければならないことを模擬体験させていく。
4	◇家計のシミュレーションゲームを振り返る。◇ゲームから分かったことや将来に役立てたいことをまとめる。	◇ゲームで模擬体験した内容を振り返り、家計の設計を見直させる。◇経済全体の指導計画によっては、模擬商談を組み合わせて６〜７時間扱いとするとよい。

　この学習展開では、年収840万円や家族４人という条件（制約）の下において、全てを手に入れることはできない中、住居は新築の一戸建てを選ぶのか、中古のマンションを選ぶのか、賃貸住宅を選ぶのか、食費は贅沢にするのか、一般的にするのか、節約するのかといった様々な選択を行う。つまり、あるものをより多く消費するときには、他のものを少なく消費しなければならないことがあることを体験的に学ばせるのである。これは、市場経済において個々人は価格を考慮しつつ、何をどれだけ消費するか選択するという、市場経済の基本的な考え方を具体的な事例を取り上げて理解できるようにすることに通じる。そして、５年間の生活の中では、その選択に応じて様々な事態が起こるようになっている。例えば住居に新築の一戸建てを選ぶと、やがて外壁の塗り替えが必要となるなど、シミュレーションゲームを通して、価格（出費）を考慮しつつ、「希少性」と選択の重要性を学ぶことができる。

1　活動型授業を取り入れるために教師に必要な見通し

　前述したように、活動型の授業を通して何を学ばせるかについて、教科書の記述内容だけではなく、学習指導要領の内容をつかみ、中心概念をつかんでおく必要がある。

2　最初から教え込まない我慢と工夫

　最初から教師主導で教え込まない我慢と工夫が必要である。生徒に身に付けさせたい内容を教師がつかんでいれば、活動型の授業の過程で生徒に気付かせたり、発見させたりする我慢ができたり、そのための支援の手立ても工夫できたりするようになる。また、活動が終わった後の振り返りで、今後何を身に付けさせなければならないかという点も把握できるようになる。

3　生徒の見方・考え方などを分析して生徒の変容に気付く

　生徒の見方・考え方をワークシートなどを使って分析することは、とても重要なことである。こうした地道な作業によって、生徒の変容を知ることによって、「何が生徒のためになっているのか」という授業への確信が生まれてくるからである。また、この作業は、活動型の授業を行った際の評価という問題にも当然関わってくるので、大切にしたい。なお、授業記録を残すために、班ごとの話合いを録音させておいたり、ディベートなどを DVD に録画したりしておき、後で生徒たちが振り返ったり、教師が分析したりする際に活用することも効果的である。

　教師の側がこの体験を積み上げることによって生徒の変容をつかみ、授業への自信が湧いたり、課題を発見して新たな改善や工夫を加えていったりするなど、教師の原動力になっていくと考える。

4　授業の振り返りを大切にする

　活動型の授業を行う際に、この活動を通して生徒に何をつかませるかという見通しや経験をもって授業を行っていても、全てを網羅的にはできないので、授業の振り返りでは教師の役割も重要となってくる。

　生徒の活動の過程で出てきた見方・考え方（発言やワークシートの記入内容）などを活用しながら、活動を通して身に付けたことを共有化したり、一般化したりしていく授業となる。この授業がそれまでの活動とかけ離れていると、生徒は不安になり、教師も自信を失うことになりかねないので、注意したい。ここでも、①活動型の授業でつかませたい内容の見通し、②最初から教え込まない我慢と工夫、③生徒の変容を知ることによって、「何が生徒のためになっているのか」という授業へ確信、が重要となる。

　また、活動を通して身に付けたことを共有化したり、一般化したりしていく授業とすることは、後述する「授業づくりの着眼点」の「⑻　生徒が自分の言葉で理解できているのか？（納得できているのか？・腑に落ちているのか？）」や「⑼　生徒が自分の所属感や有用感をもてるのか？」（021ページ）につながる。

　例えば歴史的分野の「自由民権運動」において、五日市憲法草案を調査することを通して、大日本帝国憲法との違いや、自由民権運動と欧米の市民革命との違いを考える指導計画のまとめの授業で、

「自由民権運動と欧米の市民革命との違い」を話し合った場面で、ある生徒から「民権意識が薄かったから」という発言が出たことは、まさに生徒が自分の言葉で理解できた（納得できた）例である。

また、地理的分野の「関東地方」において、「東京都の首都機能を移転すべきである」という論題のディベートを通して、関東地方の特色を考える指導の際に、否定側の最終弁論である生徒が「要するに無駄な引っ越し」という発言をしたことも。生徒が自分の言葉で理解できた（納得できた）例である。

同時に、これらの生徒の発言を他のクラスの振り返りの授業においても共有化する（伝える）ことは、生徒が自分の所属感や有用感をもつことにつなげられるのである。

5　外部講師を授業に取り入れる

活動型の授業を行う際に、ワークショップなどを中心として外部講師との連携を取り入れていくことは、大変有効な方法である。生徒たちに実感的（実学的）に理解させることに近付いたり、生徒たちの興味・関心を高めたり、生徒たちに自信をもたせたりするなど、効果は大きい。実現のためには、講師の選定や講師との打合せの時間の確保、教師自身の研修機会の確保などの課題もある。しかし、近年では行政や企業の社会貢献への意識が高まるなど、社会全体の学校教育への支援の制度が整備されてきたため、外部講師に協力していただく機会は広がっていると感じる。講師との打合せの機会や時間の確保については、現状では現場や教師個人の努力による場合が多い。しかし、それだけでは限界があるため、打合せの時間を研修扱いにするなどの制度的な支援が必要であると考える。

6　授業をパッケージで考える

活動型の授業を行う場合に、生徒の活動をメインに据えながらも、単元など授業全体をパッケージで考える必要がある。導入やまとめなどの場面では、当然、講義型の授業も展開されるわけである。つまり、「深い学び」となるためには、1時間完結型授業だけではなく、単元全体を通した構想が必要となる。

このことは、学習指導要領解説第3章「指導計画の作成と内容の取扱い」の1「指導計画の作成上の配慮事項」に明記されている、「主体的・対話的で深い学びは、必ずしも1単位時間の授業の中で全てが実現されるものではない」「単元など内容や時間のまとまりの中で（中略）授業改善を進めることが求められる」にも関連するものである。

前述の「どこに着目して活動型授業を取り入れるか」の例①は、授業をパッケージで考える（ストーリー性や系統性を工夫する）事例である。経済の導入として行う「無人島漂着シミュレーション」は、「生産・交換・分業などの概念をつかむ」「経済活動の基本を考えさせる」「経済とは難しいことばかりではなく、人間生活の基本的（根本的）な行為であることに気付かせる」というパッケージである。また、その後に行う「無人島漂着シミュレーションの○○年後を考える」は、「無人島漂着シミュレーション」の○○年後を考えることを通して、「行政の必然性や役割、政治と経済のつながりに気付かせる」というパッケージであり、系統性をもたせ、それぞれのつながりを必然性をもったストーリーに仕立てる工夫をしている事例である。

7　日常のグループ活動の活用

グループによる活動型授業を有効なものとするために、班活動などの日常のグループ活動を円滑かつ秩序立てて行うことは有効な手立てである。リーダーとフォロアーの関係づくりや、班の中での役

割分担と実際に目に見える仕事を請け負うことによって責任感や所属意識を育成することは、学級活動においても大きな意義がある。自分が班や学級に貢献できる場面が発生するため、所属感や達成感を味わうことができる。

8 地理的分野・歴史的分野からの積上げ

　活動型授業は、分野の特性からも公民的分野において活用する場面が多いと思われるが、有効にするためには、教師にも生徒にも積上げの経験が重要となる。

　そこで、ここでは地理的分野や歴史的分野における活動型授業を、自己の社会科授業の経験から紹介しておく。生徒の成長を目の当たりにして、開眼されたいくつかの事例である。

例① 歴史的分野「自由民権運動」

　初めての本格的な主体的・対話的で深い学び（以後、途中から「活動型授業」と呼ぶ）での授業指導。

・五日市憲法草案を調査することを通して、大日本帝国憲法との違いや、自由民権運動と欧米の市民革命との違いを考える。

⇒まとめの授業で「自由民権運動と欧米の市民革命との違い」を話し合った授業で、ある生徒から「民権意識が薄かったから」という発言が出る。

※教科書を含む一般的な教材には出てこない論拠の発表を受けて、生徒は教師を超えると実感した。

例② 地理的分野「関東地方」

　「東京都の首都機能を移転すべきである」という論題のディベートを通して、関東地方の特色を考える。

・調査の段階で、都道府県会舘等の難しい資料にも生徒が意欲的に取り組む。

⇒否定側の最終弁論で、ある生徒から「要するに無駄な引っ越し」という発言が出る。

※生徒が調査などを通して理解したことを、自分の言葉で表現したことを実感した。

例③ 歴史的分野「平安時代（古代）」

　平安時代の学習のまとめとして、農民・貴族・天皇（上皇）・武士・僧侶の立場によるパネルディスカッションを行い、生徒に時代観をつかませる。

⇒それぞれの立場で意欲的に主張しながらも、他の立場への理解も示す。

⇒時代をキャッチフレーズ（特色）で表現する。＝時代の大観

※様々な立場からの討論によって生徒が自分の言葉で表現し、時代の大観にもつながったと実感した。

例④ 地理的分野「東北日本（東北地方・北海道）」

・「東北日本（東北地方・北海道）」の学習において、屋台村方式の発表を取り入れる。

⇒調査の段階で、空輸でラーメンを取り寄せて発表で報告。

⇒調査の段階で、友人の札幌ラーメン店の取材VTRを作成して発表。

※生徒がよりよい発表を工夫し続けた、屋台村方式の発表の有効性を実感した。

例⑤ 歴史的分野「江戸時代（近世）」

・江戸時代の学習を3連続ディベートを中心活動としたパッケージで構成する。

論題Ａ「江戸時代の鎖国政策は有効であった」　肯定側・否定側

論題Ｂ「江戸時代の政治改革は有効であった」　肯定側・否定側

論題Ｃ「江戸時代の百姓一揆は仕方なかった」　肯定側・否定側

⇒論題に対して、それぞれの立場で意欲的に主張しながら近代へのつながりを考える。＝言語力の育成

※どの論題においても、自分の立場が肯定側であろうと否定側であろうとも、両方の立場で調査をすることになり、追究が深まるディベートの有効性を実感した。

例⑥　公民的分野「国際社会」

・「国際社会の課題」→ミニ調べ学習（政治的課題・経済的課題）→パネルディスカッション→パネルディスカッション→外部講師とのワークショップ形式での意見交換

⇒生徒たちが意欲的に探究（自主的に居残り等）＝主体的に学ぶ態度の育成

※生徒たちが追究してきた内容について、実社会や現場での経験がある外部講師との話合いによって、生徒が自信をもったり、揺さぶられたりするワークショップの有効性を実感した。

例⑦　公民的分野「企業」

・「企業の企画書と求人広告」を作成する。

⇒ワークショップ形式の意見交換（経営者・人事・リクルーター）

⇒「企業の企画書と求人広告」を修正

※生徒たちが探究してきた内容について、実社会や現場での経験がある外部講師との話合いによって、生徒が自信をもったり、揺さぶられたりするワークショップの有効性を実感するとともに、ワークショップを活動型授業に取り入れたパッケージにおいて、導入・展開・まとめのどの部分で活用するのかは、ねらいの違いによることを実感した。

⑨　社会の仕組みを考えさせる

　活動型授業を有効にするためには、社会の仕組みについて中学生なりに考える場面を与えることも大切である。本来、社会科とは何を学ぶ学問なのだろうか？　社会科という教科は「社会の仕組み」を学ぶ教科であると考える。

　中学校の学習指導要領では、地理的分野と歴史的分野の学習を土台にして、公民的分野を義務教育の最後に学習する構造になっている。いわば出口の分野である。出口の分野である公民的分野の授業に活動型授業を取り入れるなどの工夫から、生徒の変容に気付き、義務教育の最後である出口で目指すべき生徒像をつかめると考える。結果として、それが地理的分野や歴史的分野の授業改善に役立っていく。このように、社会科は地理的分野・歴史的分野・公民的分野を合わせて、「社会の仕組み」を学ぶ学問となっている。

　教科書はもちろん、学習指導要領においても、経済単元と政治単元は別の構成となっている。しかしながら、実際の「社会の仕組み」はそれぞれが関連し合って成り立っている。

　「公民としての資質・能力の基礎」を育成するという教科の目標の下に、地理的分野・歴史的分野・公民的分野を合わせて「社会の仕組み」を学ぶとした場合、「社会の仕組み」とその成立ちの必然性を理解して、それがうまく機能しているのか、いないのか。うまく機能していないならば、それはなぜか。その理由を探し、こうすればいいのではないかということを中学生なりに考えていくことが必要だと考える。それによって、社会の仕組みをうまく機能させるためにある、制度なり政策なりが見えてくる。そこで、中学生なりの提言を引き出させることが重要である。

1 授業づくりの着眼点〜生徒のためになっているのか?〜

⑴ 何をもって生徒のためになっていると考えるのか?

① 教育は将来の人材を育てることが使命なので、生徒が将来の社会で、自己実現を果たしながら、社会に貢献できる人材となるための資質・能力の基礎を身に付けることが、生徒のためになる授業であると考える。

② 社会科は教科の目標が教育の使命に直接結び付くと考える。

　「社会的な見方・考え方を働かせ、課題を追究したり解決したりする活動を通して、広い視野に立ち、グローバル化する国際社会に主体的に生きる平和で民主的な国家及び社会の形成者に必要な公民としての資質・能力の基礎」を育成する。

→この教科の目標自体が、人材こそが重要な資源である我が国における教育の使命に直接結び付いていると言える。

⑵ 何が(どのような資質・能力が)生徒のためになっていると考えるのか?

→学習指導要領が資質・能力のめあて

＝前述したように、学習指導要領を解釈することが重要となってくる。

⇒前述したように、何を学ばせるかについて、教師が見通しをもつことが重要となってくる。

⑶ 育てたい生徒像は?

　教師であれば、それぞれ育てたい生徒像をもっていることは大切である。そのことは、後述する「⑽　教師の指導は首尾一貫しているのか?」にもつながってくる。我々中学校教師は、教科担任制のため授業で最も多くの時間を生徒と過ごすことになるが、学級活動や行事、特別活動においても生徒と共に過ごすため、そうした経験の中で育てていきたい。

→そのためには教師観を築く必要がある。

⑷ 教科書はどう使うのか?

　学習指導要領を解釈し、学習指導要領のねらいは教科書にはどう表現されているかを吟味して使用する。教科書だけで教えるのではなく、教科書を「主たる教材」として使いながら、単元の中にパッケージとして活動型の授業を取り入れて授業を展開することが重要である。

⑸ 生徒の興味・関心を高め、主体的に学ぶ態度を高めることができるのか?

　授業づくりの着眼点として、多くの教師が工夫している点である。生徒の特性に合わせながら様々な工夫が必要である。ときには、導入にある程度の時間を当てることも大切となってくる。導入は最も工夫が可能なため、例えば、「授業に関係するものを箱の中に隠して予想させる」「突然、教師が何か(授業に関連する食物)を食べ始める」など生徒の興味・関心を高める手法は様々考えられる。しかし、工夫が導入だけで終わる授業では、生徒の主体的に学ぶ態度を高めることは難しい。つまり、展開やまとめの授業まで連続して知的好奇心を揺さぶり、生徒自身に達成感や所属感、自己有用感を与えるような工夫が重要となってくる。

⑹　生徒が必然性を感じるのか？

　「生徒が必然性を感じるのか？」という点も授業づくりには大切である。

　歴史的分野などで、因果関係を考えることなどの積上げが必要であるが、社会的事象などについて、その成立ちが、人類の発展の歴史の中で必然性をもって生まれてきていることを理解するようになることは重要である。授業を設計する際に、社会的事象や事実の因果関係やストーリー性を踏まえて授業を組み立てる工夫が大切となる。これは当然、主体的に学ぶ態度にもつながってくる。

　また、こうしたことは社会科を学ぶ意義や、社会科を学んで将来何の役に立つのかということにもつながってくる。我々教師が自身の担当する教科を学んで、将来何の役に立つのかを生徒に伝えられないのであれば、学習する必然性を感じる生徒は少なくなるだろう。結果として、テストなど成績や評定、進路に関わるときは生徒が自ら学習に取り組むが、それ以外のときには受け身な姿勢となりかねない。特に社会科教師は、前述したように、教科の目標自体が教育の使命に結び付くものだけに、意識していきたい。

⑺　教師が学習に対するねらいや観点をもっているか？

　主体的・対話的で深い学びを目指す際に、主体的・対話的な学習は成立したが、深い学びには至らなかったという声を聞く機会がある。生徒を信頼して任せれば、生徒が本来もっている学びたいという欲求から、主体的に調べたり、話合い活動に参加したりすることが多い。そうした学習過程から深い学びを実現するために、次の2点は重要である。

・生徒に思い付きだけではなく、根拠をもって考えるような習慣を付ける。

・教師はひらめきだけではなく、学習に対するねらいや観点をもって授業を組み立てる習慣を付ける。

　前述の「活動型授業を有効にするために」や、本節の授業づくりの着眼点を参考にしていただきたい。

⑻　生徒が自分の言葉で理解できているのか？（納得できているのか？・腑に落ちているのか？）

　用語を知っている。更に言えば用語を暗記している。これでは「事実的な知識の習得」にとどまっていると言わざるを得ない。生徒自身が自分の言葉で表現できるようになることは、「知識の概念的な理解」と考えられる。本書にも掲載している「家計のシミュレーションゲーム」では、パッケージによる活動型授業において、シミュレーションゲームの活動を終えた際に、「希少性」という用語を学ぶ前に、生徒が「何かを贅沢したら、何かを諦めなければならない」「全てを手に入れることはできないから、ときには節約が費用である」「我慢も大切である」といった言葉で、「希少性」を表現していることや、前述の「活動型授業を有効にするために」の「8　地理的分野・歴史的分野からの積上げ」を参考にしていただきたい。

　生徒が学んだことを自分の言葉で表現できたことは、生徒にとって深い学びが実現できた証と考えても過言ではないだろう。

⑼　生徒が自分の所属感や有用感をもてるのか？

　生徒は、本来学ぼうとする意欲をもっているので、活動型授業などの中で活躍の場面を与えることは重要である。講義型の授業では活躍する生徒はある程度限られていく傾向があるが、活動型授業では普段目立たないような生徒が、周囲を驚かせるような発言や発想を披露する場面が生まれてくる。このような場面では、その生徒が所属する学級を越えて全ての学級で評価してあげるようにしたい。こうしたことが自分の所属感や自己有用感となり、継続して主体的に学ぶ態度につながるとともに、他の生徒にも波及していく。

⑽　教師の指導は首尾一貫しているのか？

　教科担任制ではあるが、社会科の授業だけでなく、教員として将来の人材を育てているため、社会科の授業での教育に対する姿勢が、担任や部活動の顧問など他の場面においても首尾一貫していることが大切である。

2　評価

　資質・能力重視となった新学習指導要領に、目標や内容として示された「知識及び技能」「思考力、判断力、表現力等」「学びに向かう力、人間性等」を受け、国立教育政策研究所から「知識・技能」「思考・判断・表現」「主体的に学習に取り組む態度」という観点別学習評価の観点が示され、評価規準の例も示された。今まで以上に形成的な評価やパフォーマンス評価の重要性は高まってくるが、活動型授業を取り入れて授業を展開し、ワークシート等の工夫を行えば、このような評価には自然と対応しやすくなる。ここでは、評価をする際に教師にとって根本的に必要な視点を整理しておきたい。

⑴　「多面的・多角的」をどう捉えるか

　「多面的・多角的に考察し」という文言は学習指導要領に多く登場するが、実際に授業を行って「多面的・多角的に考察できているか」という評価をする際に、教師が「多面的・多角的」とはどのようなことかを把握しておく必要がある。一般的に耳にする「多面的・多角的」とは、様々な面から、様々な角度からといった表現が多いが、はたしてこれで生徒も教師も分かるのだろうか。どのように考えれば「多面的・多角的」に考察することになるのかが分からなければ、自分の考えを深めることはできない。また、「多面的・多角的」に考察したと評価することも難しくなる。

　そこで、社会科として「多面的・多角的」を以下のように把握すれば、生徒も教師も分かりやすくなると考える。「多面的」とは様々な視点（面）とする。具体的には、経済の視点、政治の視点、文化の視点、歴史の視点などである。「多角的」とは様々な立場（角度）とする。具体的には、先進国の立場、途上国の立場、新興国の立場、消費者の立場、生産者の立場、資本家の立場、労働者の立場、国民の立場、政府の立場、などである。

　なお、「多面的・多角的」であるので、当然、複数の視点や複数の立場からということになる。実際の授業での評価場面を考えた場合、三つや四つの視点や立場から生徒が考えるのはハードルが高いため、二つ以上の視点や立場からそれぞれ考えているかを評価基準としておくことが適切だと考える。また、状況によっては、「多面的・多角的」を二つ以上の面、もしくは二つ以上の立場というように、どちらか一方が複数であればよいというように評価基準を考えておくことも考えられる。

　このように教師が学習指導要領及び学習指導要領解説、国立教育政策研究所から示されている「『指導と評価の一体化』のための学習評価に関する参考資料」（以下、「評価資料」と言う）を活用して、こういう点を掘り下げていくことこそが、生徒と教師が共に確信をもって学習活動に取り組むことを促し、目標と指導と評価の一体化に迫ることにつながることになる。

⑵　概念の捉え方

　前述したとおり、学習指導要領では「効率と公正」の概念の他、分野に応じた新たな概念を設定している。こうした概念を教師がどのように捉えているかも、評価をする際には大切となってくる。「効率と公正」については前学習指導要領解説においても示されたが、今回の分野に応じた新たな概念については明記はされていない。言い換えれば、教師がそれぞれの概念を捉えている必要がある。そこで、「個人の尊重と法の支配」と「民主主義」を例に考えたい。

「個人の尊重と法の支配」とはどのような概念だろうか。そもそも人類の長い歴史においては、個人的な権力者による人の支配によって、独裁的な政治が行われてきた。そこでは個人は尊重されず、人権も守られなかった。こうした反省から、法という客観性と普遍性があるきまりを、多くの場合は間接的ではあるものの、個々人が携わって定め、それに則った政治を行うことを法に委ねている。そして、その結果育まれてきた「民主主義」は個人を尊重する点からも少数意見にも配慮する原則があり、手続きを踏むため手間や時間がかかるという側面をもっている。また、少数意見にも配慮して十分に審議を重ねるとしながらも、決定する際には多数決という方法を採る場面が多いという難しさを備えている。つまり過半数が賛成しても、それに近いかなりの数が反対していたという現実が起こり得るわけである。だからこそ、少数の意見も聞き、十分に審議することが、決定後に自分の意見が通らなかった人が法に則って、決定に従う根拠になるわけである。こうした認識を教師がもち続けていかなければ、目標と指導と評価の一体化に迫ることは難しいと考える。

具体的には、例えば、「評価資料」では、「知識・技能」の評価について以下のように示されている。

「具体的な評価の方法としては、ペーパーテストにおいて、事実的な知識の習得を問う問題と、知識の概念的な理解を問う問題とのバランスに配慮するなどの工夫改善を図るとともに（後略）」

この場合、知識の概念的な理解を問う問題を作成し評価することは、前述したような認識を教師がもっていなければ困難であろう。「個人の尊重と法の支配」や「民主主義」という用語を書いてさえいれば、知識を概念的に理解したということにはならないのである。

また、同じく「評価資料」では、「思考・判断・表現」の評価について以下のように示されている。

「具体的な評価の方法としては、ペーパーテストのみならず、論述やレポートの作成、発表、グループでの話合い、作品の制作や表現等の多様な活動を取り入れたり、それらを集めたポートフォリオを活用したりするなど評価方法を工夫することが考えられる」

この場合も、先述したように教師が概念を捉えていなければ、「思考力、判断力、表現力等」を問うようなワークシートやレポートを作成したり、生徒の作品からをそれを読み取ったりすることは困難であろう。

つまり、評価方法の工夫はもちろん大切であるが、それ以前に、教師が学習指導要領及び学習指導要領解説に示された概念を、しっかりつかんでおくことが重要なのである。

⑶　考察と構想

学習指導要領解説には、従前からの「考察」と並び、「構想」という考え方が示された。この二つの違いについても考えておく必要がある。「考察」は考えることであるが、やはり、生徒には思い付きだけでなく、根拠をもって自分なりに考えることを習慣付けたい。

更に「構想」については、学習指導要領解説では「構想（選択・判断）」と示されている。つまり、考えるだけではなく、考えることを通して社会的事象の課題などの解決に向けて、自分なりに選択したり判断したりすることまでが求められていることになる。まさに、主体的・対話的で深い学びとなるような授業展開をしなければ、「構想」にたどり着くことは難しいと考える。

また、実際の授業や評価の場面では、「構想」には社会的事象の課題などの解決に向けて、自分なりに選択したり判断したりすることができたかを読み取る際に、自分なりの提言がなされているかどうかという観点を入れると、分かりやすくなると考える。

これらの点などを掘り下げていくことが、目標と指導と評価の一体化に迫ることになる。一歩誤ると、目標を伝えることが正解を教えることになり、正解をそのまま導くような指導を行い、結果として評価が高くなるという結果が起こり得ることとなる。これでは内容教科でもある社会科は学問ではなくなってしまうのではないだろうか。

公民的分野のはじめに

公民的分野の
はじめに

本時の目標

　公民的分野では、いよいよ社会の様々な仕組みを学習していくことになるため、社会（世の中）の様々な仕組みが必然性をもって存在していることに気付き、学習への興味・関心・意欲を高めることができる。

本時の評価

　公民的分野が始まるに当たって、社会（世の中）の仕組みの成り立ちについて、興味・関心・意欲を高めている。

はじめに　～社会科とは何を学ぶ学問なのか？～

年　　月　　日
組　　番　氏名

Q1. なぜ世の中には、「きまり」があるのだろう？
・きまりがないとみんなが勝手をしてまとまらないから。
・問題が起こったときに解決する基準がないと困るから。
・きまりがないと秩序が乱れるから。

Q2. なぜ世の中には、「議員（国会議員・都議会議員・区議会議員）」がいるのだろう？
・国民（都民・区民）の代表として話し合うため。
・国民（都民・区民）の代表を選挙で選んでいるから。

Q3. なぜ世の中には、「議会（国会・都議会・区議会）」があるのだろう？
・国民が全員集まって話し合うことは不可能だから。
・政治のことを話し合う場が必要だから。

Q4. なぜ世の中には、「役所（省庁・都庁・区役所）」があるのだろう？
・学校や体育館をつくるなど、私たちの生活を支えるため。
・住民票などの証明をするため。
・新型コロナのワクチン接種などをするため。

Q5. なぜ「国」があるのだろう？
・国民がまとまり、国民を守るため。
・文化を発展させるため。

Q6. なぜ世の中には、「会社」があるのだろう？
・働くため。
・いろいろなものをつくって売るため。

本時の学習活動

【社会の様々な仕組みの必然性に気付く】

・なぜ世の中には「きまり」があるのか。
・なぜ世の中には「議員」がいるのか。
・なぜ世の中には「議会」があるのか。
・なぜ世の中には「役所」があるのか。
・なぜ世の中には「国」があるのか。
・なぜ世の中には「会社」があるのか。
・なぜ世の中には「貨幣（お金）」があるのか。
・なぜ世の中には「銀行」があるのか。
・なぜ世の中には「株式」があるのか。

【授業の位置付け】

　この授業は公民的分野を始める際の動機付けとして展開することが、生徒が「公民的分野では、現在の自分たちとはあまり関係のない、政治や経済の難しい内容を学習するのではないか」という誤解や心配を取り除くために有効である。公民的分野は難しい用語を覚えることが中心で、興味が湧かないと誤解している生徒は少なからずいるようである。また、地理学科や史学科の出身で、公民的分野は教えづらいと思っている教師にとっても、今後の授業に対する不安を和らげることとなるだろう。

　その大きな要因は「必然性」である。授業の中では、この必然性がとても重要である。社会科を学んで何に役立つのかということが、生徒に分からなければ、多くの生徒にとっては、成績のためや高校受験のために必要な教科として捉えられるであろう。これでは社会科の目標を達成することは難しくなる。公民的分野で社会

Q7. なぜ世の中には、「貨幣（おかね）」があるのだろう？

・物々交換は難しいから。

・持ち運びやすいから。

・ものを売買するのに便利だから。

Q8. なぜ世の中には、「銀行」があるのだろう？

・お金を預かってくれるところがないと困るから。

・家にお金を置いておくのは心配だから。

・銀行に預かってもらうほうが安心だから。

Q9. なぜ世の中には、「株式」があるのだろう？

・わからない。

・もうけるため。

メモ

「社会科（公民的分野）は何を学ぶ学問なのか」
⇒社会（世の中）の仕組みを学ぶ学問
⇒社会（世の中）の仕組みは、人類がそれぞれの地域で、長い歴史の中でつくり上げてきたもの
⇒したがって、ベストだと言い切れるものではなく、人類がよりベターに改善してきたもの
⇒したがって、（世の中の）仕組みは今後もよりベターなものに変えていく必要がある。
※変えていく主人公は、私たちである

「社会科（公民的分野）は何を学ぶ学問なのか」

⇒社会（世の中）の仕組みを学ぶ学問

⇒社会（世の中）の仕組みは、人類がそれぞれの地域で、長い歴史の中でつくり上げてきたもの

⇒したがって、ベストだと言い切れるものではなく、人類がよりベターに改善してきたもの

⇒したがって、（世の中の）仕組みは今後もよりベターなものに変えていく必要がある。

※変えていく主人公は、あなたたちである

ワークシートの評価のポイント

ここでは、授業の前半は「評定に用いる評価」ではなく、「学習改善につながる評価」がふさわしい。生徒の発言を引き出しながら、生徒の関心・意欲を高めていくことが大切である。

授業後にはワークシートを回収して生徒の考えを見取り、以後の授業につなげる。

の仕組みを学ぶに際して、生徒が社会の様々な仕組みの必然性に気付くことは、その後の授業においても「なぜこのような仕組みや制度があるのだろう」という視点をもつことにつながる。

また、この授業では知識の量に関係なく、生活体験から答えられ、生徒も所属感を感じることができるため、公民的分野に対するハードルも下がる。一方、教師も公民的分野全体に対して、生徒たちに必然性をもたせる授業展開となっているのかという、自身の授業を振り返る視点になるはずである。

A

私たちと現代社会

1 ［5 時 間］ 私たちが生きる現代社会と文化の特色

単元の目標

　現代社会の特色を理解し、これから学習する人権・政治・経済・国際社会の基礎を考察することができる。

学習指導要領との関連　A(1)「私たちが生きる現代社会と文化の特色」ア(ア)(イ)及びイ(ア)(イ)

第1時・第2時	第3時
導入	展開
〔第1時〕現代社会の特色の概略を理解する ○現代社会の特色である、少子高齢化、情報化、グローバル化、防災、また現代社会の課題の一つである文化の継承、創造、発信について、概略を教科書や資料集を用いて講義形式で学習する。 〔第2時〕ジグソー学習の役割分担を行う ○前時の学習の残りを講義形式で学習する。 ○ジグソー学習の説明と役割分担、準備をする。 ・生活班などのグループの中で、「少子高齢化」「情報化」「グローバル化」「防災」「文化の継承、創造、発信」について調査発表する担当を分担する。グループが6人であれば、社会科学習が特に苦手な生徒と得意な生徒を組ませるなど、全員が学習に取り組むことができるよう工夫する。グループが4人であれば、教師がクラス全体の分担の様子を把握し、担当する生徒がいない課題をつくらないよう調整する。 ○個人（2人組）で教科書・資料集・配布されたタブレット端末などを活用して情報を収集する。	〔第3時〕情報を収集し、同じテーマを分担した生徒同士で発表し合い発表内容をつくる ○授業の前半、個人で収集した情報を、同じテーマを分担した生徒同士で集まるテーマ班での発表ができるよう原稿にまとめる。 ○授業の後半、テーマ班で集合し、それぞれ調査した内容を発表し合う。発表した内容を基に、元のグループで発表する内容を検討し、発表原稿にまとめる。

課題解決的な学習を通して学びを深めるポイント

　この学習計画は「ジグソー学習形式」を採用している。元のグループで役割分担し、同じ役割をもった生徒でテーマ班をつくり、発表内容を検討するという学習方法である。この学習方法のポイントは、テーマ班で集まった際に、社会科が苦手な生徒も、テーマ班員同士で共同して発表内容を計画するために一定の水準の発表内容を作成できる点である。また、元のグルー

プでは基本的に1人で発表しなければならず、元の班の他の班員に対して大きな責任を負うこととなる。そのため、真剣に発表内容を検討せざるを得ないという点がもう一つのポイントである。

　充実した学習にするためには、「元の班」の編成も大切なポイントとなる。学年が複数学級であれば、可能な限り学年で統一して班長会な

単元の評価

知識・技能	思考・判断・表現	主体的に学習に取り組む態度
①現代日本の特色として少子高齢化、情報化、グローバル化などが見られることについて理解している。 ②現代社会における文化の意義や影響について理解している。	①位置や空間的な広がり、推移や変化などに着目して、少子高齢化、情報化、グローバル化などが現在と将来の政治、経済、国際関係に与える影響について多面的・多角的に考察し、表現している。 ②位置や空間的な広がり、推移や変化などに着目して、文化の継承と創造の意義について多面的・多角的に考察し、表現している。	①私たちが生きる現代社会と文化の特色について、現代社会に見られる課題の解決を視野に主体的に社会に関わろうとしている。

第 4 時	第 5 時
展開	展開・まとめ
〔第 4 時〕元の班に戻り、テーマ班で検討した内容を発表する ○授業の前半、元の生活班などのグループで、テーマ班で検討した内容を発表する。発表した内容について、必ず質問や反論をしてもらい、メモを取る。 ・教師が時間を区切りながら、全てのテーマを発表させる。何らかの事情で発表者がグループにいない場合、他のグループの発表を聞く。 ○授業の後半はテーマ班で集合し、発表に対して元のグループでの質問や反論への回答を検討し作成する。	〔第 5 時〕テーマ班で検討した回答の発表、個人のまとめレポート作成 ○授業前半、前時にテーマ班で検討した回答を元のグループで発表する。 ○授業後半、これまでの調査や発表で理解したり考えたりした内容を基に、個人でまとめのレポートを作成する。

どを行い、班活動による学習があることを前提とした班編成ができることが理想である。社会科に限らず各教科で班を基本とした対話的な学習を行う機会が多いので、学年担当の教員間で共通理解したいところである。

調査のポイントは、「発表の際の根拠を探す」というものである。発表に対する発想を大切にし、その発想を裏付ける根拠を大切にすること

が大切である。教科書や資料集、書籍の内容は十分に検討されたものであるが、インターネットによる情報収集は十分に注意が必要である。信頼できる公的な機関、あるいは十分に信頼が置けると判断できる個人や団体の情報であることを、教師が生徒と共に確認することも必要である。

現代社会の特色と文化の理解

本時の目標

現代社会の特色である、少子高齢化、情報化、グローバル化、防災、また現代社会の課題の一つである文化の継承、創造、発信について知識を習得することができる。

本時の評価

現代社会の特色である、少子高齢化、情報化、グローバル化、防災、また現代社会の課題の一つである文化の継承、創造、発信について理解している。

現代社会の特色と文化について理解しよう

年　月　日
組　番　氏名

1. 情報化とは何か、教科書を参考に説明しましょう。

> コンピュータやネットワークの発達による情報通信技術（ICT）の進歩によって、情報を大量、高速、広範囲に送受信できるようになり、「情報」が生活や産業などに大きな意味をもつようになったこと。

2. 少子高齢化とは何か、教科書を参考に説明しましょう。

> 総人口における、15歳未満の子供の数が減る少子化と、65歳以上の高齢者の割合が増える高齢化が同時に進んでいる状況のこと。

3. グローバル化とは何か、教科書を参考に説明しましょう。

> 国境を越えた人、物、金、情報の移動が速くなり、また大量になったことを背景に、世界の多くの地域や人々が結び付き、互いに影響し合い、依存を強めている動きのこと。

4. 「防災」に関してどのような課題があるか、教科書を参考に説明しましょう。

> 相次ぐ水害に対する備え、近い将来に起こると予測されている南海トラフにおける震災への備え、災害発生後のボランティアの組織、災害に対する自助や共助の体制づくりなど。

5. 「文化」に関してどのような課題があるか、教科書を参考に説明しましょう。

> 文化の画一化、異文化理解の必要性、文化の継承・創造・発信の必要性。

6. ここまで確認した現代社会の特色や「文化」に関する課題で、現代の社会において重要度が高いものから順位をつけ、その理由を書きましょう。

1位	2位	3位	4位

> 特に、文化の発信が重要であると考えました。グローバル化や情報化が進む中で、外国で生活したり仕事をしたりする機会が必ずあります。その際に、日本の文化を理解していることが、外国文化の尊重にもつながり、外国人との交流が深まると考えるからです。少子高齢化によって、文化の継承が難しくなっていることも挙げられます。また災害が起こり、外国の援助を必要としたときも、日頃から日本文化を発信し、親しみをもってもらえていれば、支援も受けやすくなると考えられるからです。

本時の学習活動

1 ワークシートの発問1～5を記入する

○情報化、少子高齢化、グローバル化、防災、文化について、教科書を用いて記述する。

・情報化、少子化、グローバル化については、教科書の記述を参考に、どのような内容なのか、また、よい面や悪い面などが分かりやすく説明できているとよい。

・防災と文化については、特に「課題」とされている部分を記述できるとよい。

・防災については、近年、水害の激甚化が指摘されている。居住地にもよるが、地方自治体の発行するハザードマップ等で洪水や土砂災害などの危険を確認することができる。また、震災は日本列島であればどの地域でも起こり得る。教科書の記述を確認しつつ、教師が地域の実情に沿った情報を伝えると、より生徒は「自分事」と捉えることができるようになる。更に、災害が起きた後の支援の在り方も課題となっている。特に「自助」「共助」「公助」がキーワードとなる。改めて日頃の家庭や地域、地方自治体の取組などを振り返ることができるとよい。

・文化については、世界規模の文化の画一化、身近に暮らす外国出身者への理解、日本文化の継承と新たな文化の創造、そしてその文化の発信が課題となっている。教師は身近な外国出身者との交流の例、あるいは学校単位での地域文化理解の活動など、生徒が身近な問題であると認識できる情報を取り上げることができるとよい。

【メモ】

---

2 発問6に取り組む

○発問1〜5で確認した現代社会の特色や課題について、生徒自身が重要度を付ける。発問1〜5で確認した情報を根拠としてその順位の説明を記述する。また、その記述をグループ内で発表する。発表することにより、自分自身が考えた内容とはまた違う立場や視点から課題を捉え直すことができる。時間があれば、それぞれの発表に対する質問や反論をすると、議論が生まれ、より理解が深まることとなる。

・本時の学習は次時以降の活動で、担当した課題をより身近に感じることを可能とし、学習がより深まることが期待できる単元の導入である。

教科書と資料集の活用

教科書や資料集は信頼に足る情報を基に筆者が執筆し、かつ編集者や校正者等複数の点検を経て出版されている。調査においては非常に信頼度が高い資料と言える。本時の作業を通して、教科書や資料集には信頼度の高い情報が掲載されていることを実感させたい。

ワークシートの評価のポイント

○情報化：高度情報通信ネットワーク社会の到来により、世界中の人々と瞬時にコミュニケーションを取ることが可能になったことや、様々な情報が公開、発信、伝達される状況であること。

○少子高齢化：我が国の人口構造が変化し、世界で類を見ない少子高齢社会を迎えていることや、少子化が一層進み人口減少社会となっていること。

○グローバル化：大量の資本や人、商品、情報などが国境を越えて容易に移動することができるようになり、それに伴い国内外に変化が生じていること、各国の相互依存関係が強まっていること、共存のために相互協力が必要とされていること。

○防災：水害や震災への備え、災害発生後のボランティアの組織、災害に対する自助や共助の体制づくりなど。

○文化：社会生活の様々な場面において文化の影響が見られること、文化の継承や新たな文化の創造、文化の発信が課題となっていること。

テーマごとの班に分かれた調査

本時の目標

　ジグソー学習の役割分担を行い、自らが分担されたテーマの発表に必要な情報を収集することができる。

本時の評価

　「少子高齢化」「情報化」「グローバル化」「防災」「文化の継承、創造、発信」のうち、自分が分担したテーマに沿って、発表の根拠となる情報を収集し整理している。

年　　月　　日

テーマごとに班に分かれて調査をしよう

組　　番　氏名

1. 班の中で、以下のテーマを調べる担当者を決めましょう。

　テーマ1「少子高齢化の現状と課題」
　テーマ2「情報化の現状と課題」
　テーマ3「グローバル化の現状と課題」
　テーマ4「防災の現状と課題」
　テーマ5「日本文化の継承、創造、発信に関する現状と課題」
　＊担当するテーマに〇をつけましょう。
　【調査、発表する内容について】
　それぞれのテーマになっている現代社会の特色に関して、具体的にどのような特色なのか根拠をもって説明し、どのような課題があるか発表しましょう。

2. 教科書や資料集、本やネットを活用して、個人で情報を集めましょう。また、情報は必ず出典を明記しましょう（例：教科書〇〇ページ本文　等）。調べた内容は以下にメモしましょう。次回、授業の初めに「テーマ班」で内容を発表します。

（テーマ1「情報化の現状と課題」）	出典等
※情報化が進んだことによる、生活や産業の発展の具体例が挙げられるとよい。	
テレワークの拡大によるワークライフバランスの見直し、通信販売の利便性の	
向上、ビッグデータ活用によるマーケティングの発達による生活の利便性向上	
など、身近な生活に関わる例が挙げられることが予想される。	
※負の側面としては、SNSにおけるいじめやいわゆる「炎上」によって自殺に	
追い込まれた痛ましい事件の発生、個人情報の流出やインターネットプラット	
フォーム企業による情報の独占などが挙げられることが予想される。また、個	
人の情報モラルの確立や政府による監視や情報統制の危険性などが挙げられる	
となおよい。	

本時の学習活動

1　前時の学習の続き、あるいは振り返り

○前時のプリントが終わっていなければ、続きを実施する。終わっていれば、簡潔に前時の学習内容を振り返る。

2　ジグソー学習について理解し、学習の見通しを立てる

○「少子高齢化」「情報化」「グローバル化」「防災」「文化の継承、創造、発信」の五つのテーマを班内で分担する。

○ジグソー学習の進め方は次のとおり。

　①役割分担する。
　②分担されたテーマに沿って、個人で情報収集する。
　③同じテーマを分担した生徒同士で集まり、テーマ班をつくる。
　④テーマ班でそれぞれ収集した情報を発表し合い、発表に向けた原稿を作成する。
　⑤元の班に戻り、テーマ班で追究した内容を発表する。
　⑥発表に対して、質問や反論を行い、その内容をメモする。
　⑦再びテーマ班になり、元の班で出た質問や反論を検討する。
　⑧再び元の班に戻り、質問や反論への回答を発表する。
　⑨これまでの追究活動や発表を通して習得した知識を基に、現代社会の特色と文化に関するレポートを個人でまとめる。

```
┌─────────────────────────────────┐
│                          出典等 │
│─────────────────────────────────│
│                                 │
│                                 │
│                                 │
│                                 │
│                                 │
│                                 │
│                                 │
│                                 │
│                                 │
│                                 │
│                                 │
│                                 │
│                                 │
│                                 │
│                                 │
│                                 │
│                                 │
│                                 │
└─────────────────────────────────┘
```

3　ジグソー学習の準備を行う

○ 1分間時間を取り、班内で役割分担する。役割分担が終わったら、座席はそのままで、個人で情報収集を行う。

・情報収集を行う際、まずは教科書や資料集、学校図書館などの書籍から情報を取集するようにする。また、情報を収集する際には、必ず出典を明記する。グラフなどのデータであれば作成された時期も明記する。

・インターネットの情報は、政府や地方自治体、新聞社、大学や企業あるいは公的な機関の研究所、身分や連絡先を公開し、内容について実績のある研究者や専門家など信頼できる機関の情報を収集する。

出典の大切さ

　調査、発表をする際の主張にはできる限り信頼できる情報を基とした根拠が重要となる。情報源がどこなのか、明確に記録しておくことが根拠ある主張を裏付けることとなる。出典はしっかりと記述させたい。

ワークシートの評価のポイント

・情報化：情報化のメリットやデメリットについて、具体例を挙げながら確かな根拠に基づいて記述されている。

・少子高齢化：少子高齢化の現状が確かな根拠に基づいて述べられているとともに、今後予想される課題が述べられている。

・グローバル化：グローバル化について、国際関係、政治、経済、社会生活などからメリットやデメリットが述べられている。

・防災：防災について、歴史や環境の観点から災害を追究したり、社会資本整備や被災者支援の在り方などの観点から追究したりしている。

・文化：文化の継承について、少子高齢化やグローバル化の影響など様々な観点から追究している。文化の創造や発信について、具体的な事例から追究している。

テーマ班で発表原稿を作成

テーマ班で発表原稿をつくろう

組　番　氏名

1. 前の授業で調べた内容を「テーマ班」で発表しましょう。他の人の発表の内容を簡単に以下にメモしておきましょう。

> メモ

2. 発表内容をもとに、以下に発表原稿をつくりましょう。元の班に戻って同じ発表ができるように、原稿は全員同じ内容になるよう工夫してください。

【　　　　　　　　　】とは以下のようなものです。

(足りない場合は裏に記入する)

本時の目標

　情報を収集し、同じテーマを分担した生徒同士で発表し合い発表内容をつくることができる。

本時の評価

・授業の前半、個人で収集した情報を、同じテーマを分担した生徒同士で集まるテーマ班での発表ができるよう原稿にまとめている。
・テーマ班で集合しそれぞれ調査した内容を発表し合い、発表した内容を基に、元のグループで発表する内容を検討し、発表原稿にまとめている。

本時の学習活動

1　テーマ班で、個人で収集した情報を発表し、情報を共有する

○はじめに、テーマ班内で発表の進行役を決める。進行役がはじめに発表し、その後他の班員を指名して発表させる。
○前時に個人で収集した情報を発表する。自分が調べた内容以外の情報や見方や考え方があった場合は、ワークシートにメモをする。

2　テーマ班で協力し原稿を作成する

○テーマ班内での発表内容を基に原稿を作成する。
・発表は3分程度になるような分量とする。
・原稿を作成する際に、根拠や出典を示すことができるよう意識する。

・発表内容は、はじめにそれぞれ割り当てられた「少子高齢化」「情報化」「グローバル化」「防災」「文化の継承、創造、発信」のテーマについての説明を行う。教科書や資料集、その他書籍やインターネットの情報を付け加え、聞き手がテーマについての知識を得ることができるようにする。
・後段は「課題」を発表することになるため、極力各テーマの「よい面」「効用」などを挙げられるとよい。例えば、「情報化」であれば、情報化の進展によって個人の意見表明が容易になったり、これまで報道機関では取り上げられなかったような情報が注目されるようになったり、商品購入が容易になったりするなどの情報を挙げることが考えられる。

この特色の課題は以下のとおりです。

以上で発表を終わります。質問をお願いします。（足りない場合は裏に記入する）

ワークシートの評価のポイント

・情報化：情報化のメリットやデメリットについて、具体例を挙げながら確かな根拠に基づいて記述されている。
・少子高齢化：少子高齢化の現状が確かな根拠に基づいて述べられているとともに、今後予想される課題が述べられている。
・グローバル化：グローバル化について、国際関係、政治、経済、社会生活などからメリットやデメリットが述べられている。
・防災：防災について、歴史や環境の観点から災害を追究したり、社会資本整備や被災者支援の在り方などの観点から追究したりしている。
・文化：文化の継承について、少子高齢化やグローバル化の影響など様々な観点から追究している。文化の創造や発信について、具体的な事例から追究している。

・それぞれのテーマに関する「課題」について発表できるようにする。例えば、「グローバル化」であれば、文化の画一化や国家間の経済格差の拡大などが考えられる。
・ワークシートの原稿は、全員同じ文章であることが望ましいが、全員同じ文章を書き写すと時間が不足することが予想される。そのため、伝える内容の骨子や資料は統一するが、文章の表現は各個人の責任において記述するように指導するとよい。また、社会科の学習が苦手な生徒は他の生徒の原稿を書き写させることを認めたりするなどの配慮をすることが大切である。
・必要があれば、グラフや画像などの参考資料を用意できるとよい。

テーマ班で調べた内容の発表

本時の目標

　生活班などの元のグループに戻り、それぞれのテーマ班で追究した内容を発表し合い、質問し合うことができる。

本時の評価

・テーマ班で追究した内容を生活班などの元のグループに戻り、相手に分かりやすく発表している。
・発表者の発表内容に対して、的確に質問をしている。

ワークシート（右図）

年　月　日

テーマ班で調べた内容を発表しよう
組　　番　氏名

1. 他のテーマ班の発表を聞き、質問や反論を記入しましょう。発表が終わったら発表者に伝えましょう。

【 少子高齢化　情報化　グローバル化　防災　文化 】
少子高齢化は、現在の年少人口が高齢化すれば自然に解消するのではないか。
少子化への対策がなされているのに、なぜ少子化は改善しないのか。

【 少子高齢化　情報化　グローバル化　防災　文化 】
情報化が進行したことのメリットのほうが大きいのではないか。
情報モラルを身につけるための具体的な方策は？

【 少子高齢化　情報化　グローバル化　防災　文化 】
グローバル化に伴うメリットをもう少し教えて。
グローバル化により、国際的な経済格差が大きくなるのではないか。

【 少子高齢化　情報化　グローバル化　防災　文化 】
防災について、自助・共助・公助どれを重視すべきか。
南海トラフ地震での被害想定を教えて。

2. 自分の発表に対する質問や反論をメモしましょう。

本時の学習活動

1　生活班などの元のグループで、テーマ班で追究した内容を発表する

○テーマ班で追究した内容を元のグループで発表する。発表する内容について、ワークシートの原稿を読み上げる。
・生活班などのグループの班長が司会役を務め、全員に発表させる。
・発表するテーマの順番は学級で統一しておく。
・一人一人の発表が終わり次第、口頭での質問を促し、またワークシートの質問や反論を記入する時間を確保する。独自のフリップやレジュメなどの資料を提示することができるとよりよい。
○一人一人の発表の後で、ワークシートに質問や反論を記入する。
・質問や反論は、記入したワークシートを切り取って発表者に渡すと、時間の短縮や、質問や感想を正確に伝えることにつながる。また、口頭での質問などはワークシートの下部にメモするようにする。答えられる質問や反論にはその場で回答する。
・時間どおりに進めるためには、教師が時間を知らせながら実施するとよい。発表を3分、質問や反論を記入する時間を2分などと設定し、タイマーなどで時間を計りながら進めると授業時間中に発表が終わることが多い。ただし、内容が充実していて規定の時間を過ぎる場合、他の班を待たせて最後まで発表させるよう配慮することが大切である。

3. 元の班で受けた質問や反論をテーマ班で発表し、回答をつくりましょう。回答は次回の授業で発表します。

質問等1
回答1

質問等2
回答2

質問等3
回答3

質問等4
回答4

質問等5
回答5

ITC 活用のアイディア

レジュメやフリップは生徒の情報端末を利用すると比較的短時間で作成することができる。発表時の提示の方法はそれぞれの学校の環境によるが、スクリーンや電子黒板で提示したり、一人一人の情報端末に資料として配信したりするなどの手段が考えられる。

ワークシートの評価のポイント

ワークシート発問1
・聞き手が聞きやすいように、声の大きさや速度を工夫し、かつ聞きやすいよう練習をして発表している。
・発表者がスムーズに発表できるよう協力的な姿勢で聞いている。
・発表内容に対して、発表とは違う視点や立場に立って質問や反論を記述している。
ワークシート発問2
・質問や反論の内容を正確に聞き取っている。
ワークシート発問3
・発表時に出た質問や反論に、根拠をもって回答しようとしている。
・質問や反論が違う視点や立場からなされていることを受け入れ、粘り強く回答しようとしている。

2 元の班で出た質問や反論に対する回答をテーマ班で検討する

○テーマ班になり、生活班などの元の班で出た質問や反論に対する回答を検討する。
・質問を受け、回答を検討する過程でより多面的・多角的な思考や判断、表現をすることが期待できる。各生活班などの元のグループでの質問は同様の内容である場合があるので、おそらく2～3の質問への回答を作成することが想定される。
○回答を作成したらワークシートに記入する。
・原稿作成時と同様に、内容は統一するが、表現は各個人で工夫するよう指導する。

現代社会の特色に関する自分の考えの記述

本時の目標

追究や発表、質問や反論への回答を通して理解した内容を基に現代社会の特色についてのレポートを作成することができる。

本時の評価

前時までの学習を振り返り、追究を通して習得した知識や思考、判断、表現した内容を活用し、現代社会の特色が現代社会に与える影響について多面的・多角的に考察し、記述している。

年　　月　　日

現代社会の特色に関する自分の考えをレポートにまとめよう

組　　番　氏名

1. 質問等への回答を聞き、メモをとりましょう。

メモ

本時の学習活動

1　質問や反論に対して回答する

○生活班などの元のグループで、前時にテーマ班で検討した回答を発表する。

・前時同様、班長を司会役として、クラスで統一した順番で回答を発表する。聞き手は回答をワークシートにメモしておく。

・教師は、授業の後半にレポートを記述する時間を確保するために、回答時間を設定することが望ましい。10分ほどが適切か。

・自主的に再質問や議論が行われるとよい。議論が活発に行われるグループがあるようなら、教師が聞き取り、クラス全体に投げかけ、クラス全体で議論を深めることができればなおよい。

2　これまでの学習を振り返り、レポートを記述する

○前時までの追究や発表で習得した知識や思考、判断、表現した内容を活用し、現代社会の特色が現代社会に与える影響について多面的・多角的に考察し、ワークシートにレポートを記述する。

・レポートを作成する際の根拠は、これまでの追究や発表の内容に加え、他の班員の発表、質問や反論などから、より認識を深めて記述する。そのため、教科書や資料集などの情報をもう一度見返すことが望ましい。

・学習を通して新しい視点や立場から考察し、新しい情報を得るため情報端末を利用してのインターネット検索も積極的に行うとよい。

---

2. これまでの調査や発表をもとに、以下の内容について自分の考えをまとめましょう。
【現代社会の特色が、現代の政治や経済の視点から見てどのような影響を与えていると考えますか。「個人」「日本社会全体」「世界全体」の立場に立ち自分の考えを書きましょう】

「個人」の立場から
※現代社会の特色や課題が、個人の経済や政治への関わりに関して与えている影響について具体的に記述している。

「日本社会全体」の立場から
※現代社会の特色や課題が、日本全体の経済や政治への関わりに関して与えている影響について具体的に記述している。

「世界全体」の立場から
※現代社会の特色や課題が、世界全体の経済や政治への関わりに関して与えている影響について具体的に記述している。

*足りない場合は裏に記入しましょう。

・より深い探究を行いレポートを記述しようとすると、授業時間だけでは完成させることが難しくなる生徒もいると予想される。その場合、教師は提出期限を切って宿題とすることが必要となる。調査活動や発表に真剣に取り組んでいれば、意欲や関心が高まっている生徒が多くなり、提出期限内の提出率が高くなることが期待できる。

〔主体的に学習に取り組む態度〕の評価

この観点の評価には様々な意見や考え方があるが、「社会的な課題に対して、これまでの学習の成果を根拠として自分なりの解決策を提案しているか」を観点とすることを提案したい。自分なりの解決策の提案とは「主体的に社会に関わろうとする」態度と捉えることができる。このような「提案」ができるくらい真剣に学習に取り組んだことを評価したい。

ワークシートの評価のポイント

〔知識・技能〕に関わる記入要素
・現代日本の特色として少子高齢化、情報化、グローバル化などが見られることを記述している。
・現代社会における文化の意義や影響について記述している。

〔思考・判断・表現〕に関わる記入要素
・他国との比較や歴史的な経緯や将来の予測などを基に、少子高齢化、情報化、グローバル化などが、政治、経済、国際関係に与える影響について、政府や国民、企業など二つ以上の立場から記述している。
・他国との比較や歴史的な経緯や将来の予測などを基に、文化の継承と創造の意義について、政治や経済、国際関係といった二つ以上の視点、若者と年配者、男性や女性など二つ以上の立場から記述している。

〔主体的に学習に取り組む態度〕に関わる記入要素
・私たちが生きる現代社会と文化の特色について、現代社会に見られる課題の解決を視野に自分の生活や将来に引き付けて記述している。

2 現代社会を捉える枠組み

単元の目標

　現代社会の見方・考え方の基礎となる枠組みとして、対立と合意、効率と公正などについて理解し、人間が本来社会的な存在であることを基に、個人の尊厳と両性の本質的平等、契約の重要性やそれを守ることの意義及び個人の責任について理解することができる。また、社会における物事の決定の仕方、契約を通した個人と社会との関係、きまりの役割について多面的・多角的に考察し、表現することができる。

学習指導要領との関連　A⑵「現代社会を捉える枠組み」アイ

第1時・第2時	第3時・第4時
導入・展開	展開
〔第1時〕対立と合意、効率と公正を考える ○学習する前提条件を知る。 ・街の様子をワークシートの文章と駅前の地図から知る。 ・登場人物たちの六つの立場とそれぞれのライフスタイルの違いをワークシートから知る。 ・登場人物たちの六つの立場をクラスの六つの班で分担し、ロールプレイング形式によって考えていくことを理解する。 ・各班が担当する立場を決める。 〔第2時〕自分たちの立場を考える ○担当した立場でのショッピングセンターの利用方法と、ショッピングセンターへの希望や要望を考える。 ・ショッピングセンターの利用方法とショッピングセンターへの希望や要望を個人で考える。 ・個人で考えた希望や要望を班内で発表する。 ・班で話し合って、班としての希望や要望を決める	〔第3時〕立場の違いに気付く ○立場の違いによる希望や要望を理解する。 ・ジグソー学習形式によって、それぞれの六つの立場から集まった新たな班（カウンターパートセッションの班）で、それぞれの立場からの希望や要望を発表し、質疑・応答する。 ・それぞれの立場からの発表内容をワークシートに記録しておく。 〔第4時〕立場の違いを解決する ○立場の違いによる希望や要望を調整する。 ・元の班（ジグソーセッションの班）で、前時での六つの立場からの希望や要望を報告し合い、確認する。 ・自分たちの立場からの希望や要望と他の立場からの希望や要望を比較・検討する。 ・自分たちの立場からの希望や要望を通せそうな部分と、自分たちが譲るべき部分を話し合って決める。

課題解決的な学習を通して学びを深めるポイント

　本単元では、現代社会の見方・考え方の基礎となる枠組みとして、対立と合意、効率と公正の概念を理解させることがねらいとなっている。そのため、教科書等にも簡単な例示がされているが、より深く考えさせるために、パッケージとして主体的・対話的な学習を進めることが有効である。

　そのために、ここでは班ごとに六つの立場を分担し、ロールプレイング形式によって、自分たちの問題として考えさせることによって意欲を高め、またジグソー学習形式によって、一人一人が班の代表として自分たちの立場からの希望や要望を他の立場に伝えることを通して、責任感をもって主体的に学べるようにした。

　カウンターパートセッションの班では、実際に他の五つの立場からの希望や要望に触れ、自

単元の評価

知識・技能	思考・判断・表現	主体的に学習に取り組む態度
①現代社会の見方・考え方の基礎となる枠組みとして、対立と合意、効率と公正などについて理解している。 ②人間は本来社会的存在であることを基に、個人の尊厳と両性の本質的平等、契約の重要性やそれを守ることの意義及び個人の責任について理解している。	①対立と合意、効率と公正などに着目して、社会生活における物事の決定の仕方、契約を通した個人と社会の関係や、きまりの役割について多面的・多角的に考察し、表現している。	①現代社会を捉える枠組みについて、現代社会に見られる課題の解決を視野に主体的に社会に関わろうとしている。

第5時・第6時	第7時・第8時
展開	まとめ
〔第5時〕立場の違いを解決する ○立場の違いによる希望や要望を調整する。 ・再び、カウンターパートセッションの班で、元の班（ジグソーセッションの班）で決めた自分たちの立場からの希望や要望を通せそうな部分と、自分たちが譲るべき部分を発表し合い、質疑・応答する。 ・それぞれの立場からの発表内容をワークシートに記録しておく。 〔第6時〕立場の違いを解決する ○立場の違いによる希望や要望を整理する。 ・元の班（ジグソーセッションの班）で、前時での六つの立場からの希望や要望や譲るべき部分を報告し合い、確認する。 ・自分たちの立場からの希望や要望を通せそうな部分と、自分たちが譲るべき部分を修正するかどうかを話し合って決める。 ・修正する部分がある班は、修正案を発表する。 ・個人で次のワークシートに取り組む。	〔第7時〕対立と合意、効率と公正を考える ○ロールプレイング形式とジグソー学習形式で考えてきた、対立と合意、効率と公正についてまとめる。 ・前時の途中から取り組んできたワークシートに取り組む。 ・ワークシートの内容について、教師の講義を聞く。 ・ワークシートのまとめに取り組む。 〔第8時〕対立と合意、効率と公正を考える ○学習パッケージ（第1時から第7時）ではあまり触れられなかった内容を理解する。 ・個人の尊厳と両性の本質的平等、契約の重要性やそれを守ることの意義及び個人の責任、及び契約を通した個人と社会との関係について、教師の講義を通して理解する。

分たちの希望や要望に近い立場や、逆の立場に気付き、そこから合意点を見いだしていく作業を疑似体験することが大きなポイントである。

また、この過程では効率を重視すると公正が守られないような場面に出会うようになる。こうした疑似体験は講義中心や簡単な例示を通して、対立と合意、効率と公正の概念を学ぶよりも深い学びへと誘うこととなる。まとめのワー

クシートの記述内容を見たとき、それは確信となるはずである。このパッケージによる疑似体験を通して身に付けた対立と合意、効率と公正の概念は、今後の単元において活用していく上でも十分に意義ある時間となる。

導入

「対立と合意」「効率と公正」の理解①

本時の目標

ロールプレイング形式やジグソー学習形式による授業の進め方を理解することができる。

本時の評価

それぞれの立場の違いを理解している。

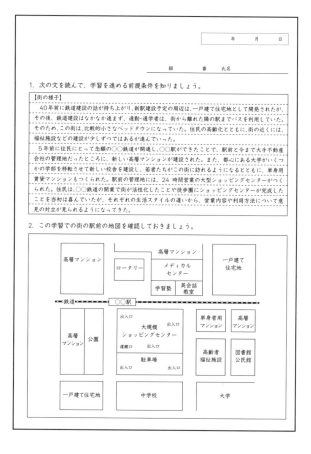

本時の学習活動

【学習する前提条件を知る】

○街の様子をワークシートの文章と駅前の地図から知る。

・まず、場面設定として40年前に鉄道建設の話が持ち上がり、新駅建設予定の周辺に一戸建て住宅地として開発された郊外のベッドタウンであることを理解する。その後、実際には新駅建設はなかなか進まず、隣の駅までバス便で通勤や通学が行われているうちに、若い世代は独立し家を離れ、住民の高齢化が進み人口動態に変化が生まれたことを理解する。

・次に、そのような状況の中でついに新駅が建設されたことから、大学が誘致されるなど若い世代が街に戻ってくるなど街の活性化が進み、新たな発展が進んでいる状況を理解する。

○登場人物たちの六つの立場とそれぞれのライフスタイルの違いをワークシートから知る。

・街の活性化が進み、新たな発展が進んでいる状況で、住民の多様化も進み、様々なライフスタイルの住民がいることを理解する。

○登場人物たちの六つの立場をクラスの六つの班で分担し、ロールプレイング形式やジグソー学習形式によって考えていくことを理解する。

・住民の多様化が進んだ結果、多様なライフスタイルの住民たちの立場があることを理解させたい。ここでは、それぞれの立場で、生活を向上させたいという願いが当然あることに

3. この学習での登場人物は次の6人とします。このうちの一人の立場を班で分担します。
A:【賃貸マンションに住む大学生】　　B:【子育て中の共働き家庭の主婦】
C:【一戸建てに住む高齢夫婦】　　　　D:【高齢者福祉施設の職員】
E:【ショッピングセンターの経営者】　F:【学習塾の経営者】
　→　自分の班の担当（　　　:【　　　　　　　　　　　　　　　　】）の立場

4. 登場人物のライフスタイルを確認してみましょう。

A【賃貸マンションに住む大学生】単身者用マンション
　大学で遅くまで研究をし、帰宅時間が遅い。時間に追われ、自分で料理はしていない。休前日や休日は、友人と夜遅くまでショッピングセンター内の施設で遊ぶことも多い。

B【子育て中の共働き家庭の主婦】高層マンション
　フルタイムで働いているため、会社の終業時間である午後5時45分には退勤して午後6時45分に帰宅し、家族の食事を作っている。小学校5年生と中学校2年生の子供がいて、2人とも近くにある学習塾に通っている。

C【一戸建てに住む高齢夫婦】一戸建て住宅地
　夫はすでに定年退職し、再雇用の仕事にも就いていない。妻は家庭で手料理を作っている。日中に散歩や買い物・娯楽をショッピングセンターで済ませ、午後6時には夕食をとり、午後10時にはほとんど就寝している。

D【高齢者福祉施設の職員】ショッピングセンター東側の高齢者福祉施設
　入居者は、午後5時30分に夕食を取り、午後9時に就寝し、物音や光に敏感な方が多い。仕事がら24時間体制のため、3交代制で勤務している。職員は、入居者のために夜中や早朝でも急な買い物をしなければいけない場面もある。

E【ショッピングセンターの経営者】駅直結の南側
　都心に通勤している一戸建てや高層マンションの住居の他、大学があるために若者の利用も多く、夜間から深夜の来店者もいるため、24時間営業をしている。その分、人件費や電気代などの営業コストもかかるが、他店より売り上げが高い。

F【学習塾の経営者】駅北側のロータリー東側
　近隣の中学生が夕方以降に通ってくるため、部活後に帰宅し急いで来る生徒はショッピングセンターのファストフード店で簡易的な夕食を済ませる生徒もいる。講師の大学生などは、塾終了後に夕食や娯楽でショッピングセンターを利用している。

も気付かせたい。
・次に、ここでの学習の進め方について理解する。各班がそれぞれ一つの立場に立って考えるロールプレイング形式で考えていくこと、各班で考えた内容を発表する際は、ジグソー学習形式（各班の一人一人が、同じく各班から一人一人集まってきた違う立場の代表たちと新たな班をつくり、責任をもって自分の班の立場の考えや主張を伝え、他の班の考えや主張を聞き取ったり、議論したりしてくる）であることを理解する。
○各班が担当する立場を決める。
・ここでは、ショッピングセンターの経営者の立場が重要になることも、生徒には気付かせておきたい。

ワークシートを使用する際のポイント

　まず、ワークシートの1で前提条件を説明する際には、これが一種の場面設定であることに気付かせる必要がある。実際に生徒が暮らしている街は、市街地だったり郊外だったりするため、最初の場面設定をしっかりと説明してから取り組ませることが大切である。それを理解することによって、ロールプレイング形式でそれぞれの立場に立って考えることにつなげたい。

　次に、2で街の駅前の地図を説明する際には、生徒の手元のワークシートとは別に、実物投影機などを使って、生徒の顔を上げさせて説明することが望ましい。ここまでは机は班隊形にはせず、個人で説明を聞くようにする。

　3で六つの立場を説明する際にも、生徒の手元のワークシートとは別に、実物投影機などを使って、生徒の顔を上げさせて説明することが望ましい。

　4で各班が担当する立場を決める際には、班隊形でそれぞれが手元のワークシートを見ながら考える。

ワークシートの評価のポイント

　ここでは「評定に用いる評価」ではなく、「学習改善につながる評価」がふさわしい。各班での話合いを教師が支援に回りながらコーディネートしていくことが大切である。

「対立と合意」
「効率と公正」
の理解②

本時の目標

担当した立場でのショッピングセンターの利用方法と、ショッピングセンターへの希望や要望を考えることができる。

本時の評価

自分たちの立場を理解し、利用方法や希望・要望を考えている。

年　　月　　日

組　　番　　氏名

自分たちの班が担当した登場人物の立場でのライフスタイルを参考にしながら、このショッピングセンターの利用方法を考えましょう。その際に、ショッピングセンターへの希望や要望もあげてみましょう。

自分の班の担当（　　：【　　　　　　　　　　】）

【自分の考え】
〈ショッピングセンターの利用方法〉

〈ショッピングセンターへの希望・要望〉

【班員の考え】
〈ショッピングセンターの利用方法〉

〈ショッピングセンターへの希望・要望〉

【班全体の考え（班でのまとめ）】
〈ショッピングセンターの利用方法〉

〈ショッピングセンターへの希望・要望〉

本時の学習活動

【担当した立場でのショッピングセンターの利用方法と、ショッピングセンターへの希望や要望を考える】

○ショッピングセンターの利用方法とショッピングセンターへの希望や要望を個人で考える。

・自分の班の立場で、暮らしやすくしたり生活を向上させたりするためにはどのようなことが必要かを考える。その際、日々の生活に関わるショッピングセンターの利用方法を中心に考えさせたい。

・例えば、立場Aの賃貸マンションに住む大学生は、新駅の開業が決定して大学が開校してからの住民である。彼らは食品売場で弁当や惣菜を買う機会が多いだろうし、娯楽施設を利用するすることもあったり、比較的、夜まで活動したりしているようなライフスタイルが考えられる。

・一方、立場Cの一戸建てに住む高齢者夫婦は、新駅が開業する以前から長くこの街に暮らしている住民である。彼らは、食品や衣料品など生活に必要なものを手近なショッピングセンターで買って日常を過ごしているが、退職後で高齢でもあることから、比較的早い時間に就寝するようなライフスタイルが考えられる。そのため、ショッピングセンターが遅くまで営業して人の流れがあると騒がしいので、営業時間を短縮してほしい立場であると考えられる。

○個人で考えた希望や要望を班内で発表する。

【ノート・メモ】

【A：賃貸マンションに住む大学生】

　利用方法や希望、要望を考える際に、大学受験を終えて楽しい時代であることを想像させたい。

【B：子育て中の共働き家庭の主婦】

　利用方法や希望、要望を考える際に、夫と家事を分担するにしても、仕事を終えて食事の準備をする機会が多いことや、子供の帰宅時間の関係で、早く準備をしなければならないことを想像させたい。

【C：一戸建てに住む高齢者夫婦】

　利用方法や希望、要望を考える際に、定年を迎えて子供たちも独立し、ゆったりとした夫婦生活を送りたいと考えていることを想像させたい。

【E：ショッピングセンターの経営者】

　この立場は、他の立場とは違い、利用方法や希望、要望を考えるのではなく、それぞれの立場がどのような暮らしをしたいと考え、ショッピングセンターをどのように利用したいと考えているのか、どのような要望があるのかを想像させたい。

・暮らしやすくしたり生活を向上させたりするためにはどのようなことが必要かを個人で考え、班内で発表し合う。その際、他の班員の意見に対して質疑応答も行う。以後のジグソー学習形式による発表のためにも、この話合いには主体的に参加する。

○班で話し合って、班としての希望や要望を決める。

・班内で個人の考えを発表し合ったことを受けて、班としての希望や要望をまとめていき、決定する。

・決定する際に、どのような経緯で班としての希望や要望が決定したかを、各自がよく理解しておくようにする。

　ここでは、各班での話合いを教師が支援に回りながら確認し、質問や助言を与えて進めることが大切である。授業後にワークシートを回収して〔思考・判断・表現〕及び〔主体的に学習に取り組む態度〕を見取る。ICレコーダーを各班に配り、録音させておくと更に効果的である。

「対立と合意」「効率と公正」の理解③

本時の目標

立場の違いによる希望や要望を理解することができる。

本時の評価

それぞれの立場の違いによる利用方法の違いや、希望・要望の違いを理解している。

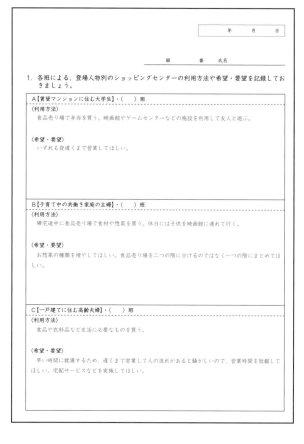

本時の学習活動

【立場の違いによる希望や要望を理解する】

○ジグソー学習形式によって、それぞれの六つの立場から集まった新たな班（カウンターパートセッションの班）で、それぞれの立場からの希望や要望を発表し、質疑応答をする。

・それぞれの六つの立場から集まった新たな班（カウンターパートセッションの班）は、事前に教師が編成しておくようにする。その際には、一般的に生活班を活用すると考えられる元の班（ジグソーセッションの班）の班長が、新たな班に１人ずつ配置されるように編成しておくことが大切である。また、当然のことではあるが、それ以外の編成も人間関係や生徒指導上の観点にも配慮しながら、班

長をサポートできるようなサブリーダーなども適切に配置しておくことが肝要である。更に、ジグソー学習形式のポイント１にも示したように、学習内容や生徒の特性によっては、編成の際に１人とせずに、あえて２人のペアとしてくおくことが必要な場合がある。

・進行に当たっては、新たな班に１人ずつ配置された班長が司会を行う。

・進行の際には、各班から集まったそれぞれの立場の代表が利用法や希望、要望を一とおり発表し終えてから、各立場に対する質疑応答を行うのか、各班から集まったそれぞれの立場の代表が利用法や希望、要望を発表した際に、続けてその立場に対する質疑応答を行う

1　ジグソー学習形式とは

　ジグソー学習とは、各グループで調査した内容を、各グループから1人ずつ（場合によっては2人）集まった新たなグループで発表し合うことで、最初の各グループで調査した内容を共有しようとするものである（生徒によってはあえて2人組とする）。

2　ジグソー学習のねらい

①グループで調査学習等を行う場合に、各自の分担がはっきりするため、責任と自覚をもって調べ学習に取り組める。

※この実践では、調査はしないものの、自分たちの班の立場をロールプレイング形式で考えるため、第2時の各自で考える際から、責任をもって取り組ませることが大切である。班での決定は、そこに至った理由や経緯をつかむことが次の発表のために大切である。また、班長は班で決定した内容を、各自がワークシートに確実に記入しているか確認することが大切である。

②自分の班の見方・考え方を適切に表現し、責任をもって相手に伝える。発表する側も聞く側も各班から1人であるため、主体的に取り組むこともねらいの一つである。

D【高齢者福祉施設の職員】・（　）班

〈利用方法〉

　入所者のために急な買い物などをする。職員は三交代制のため、出勤前や退勤後にレストランなどを利用する。

〈希望・要望〉

　入居者が音や光に敏感なため、駐車場の出入口を変えてほしい。職員は三交代制のため、どのシフトでも利用できるように24時間営業を続けてほしい。

E【ショッピングセンターの経営者】・（　）班

〈利用方法〉

〈希望・要望〉

F【学習塾の経営者】・（　）班

〈利用方法〉

　塾間始前に食品売り場で惣菜を買う。塾終了後にレストランで食事をする。

〈希望・要望〉

　駅や学習塾が入っているビルとショッピングセンターを通路でつないでほしい。塾後に中学生がゲームセンターに寄り道するため、ゲームセンターの営業時間を短くしてほしい。

かを、統一しておくことが望ましい。理由は、教師が話合いをコーディネートする際に、時間の進行を把握しやすいからである。

○それぞれの立場からの発表内容をワークシートに記録しておく。

・記録を取ることだけに集中しては、他の立場の発表内容をつかみきれず、質疑応答が深まらないことがあるため、各立場の代表からの発表後に、班長が3分程度の時間を取って確実に記録できるようにする。このことは、授業前に説明しておく。

　ここでは、各班での話合いを教師が支援に回りながら確認し、進行をコーディネートすることが大切である。授業後にワークシートを回収して〔思考・判断・表現〕及び〔主体的に学習に取り組む態度〕を見取る。ICレコーダーを各班に配り、録音させておくと更に効果的である。

「対立と合意」「効率と公正」の理解④

本時の目標

立場の違いによる希望や要望を調整することができる。

本時の評価

それぞれの立場の違いによる利用方法の違いや、希望・要望の違いを理解し、お互いのために調整しようとしている。

年　　月　　日

組　　番　氏名

1. カウンターパートセッションの班における、各登場人物別のショッピングセンターの利用方法や希望・要望を踏まえて、自分たちの立場（ジグソー班）での希望・要望を通せる部分と、他のそれぞれの立場からの利用方法や希望・要望を配慮して譲るべき部分を話し合って決めてみましょう。

【自分たちの立場での希望・要望を通せる部分】

【他のそれぞれの立場からの利用方法や希望・要望を配慮して譲るべき部分】
＊どの立場の利用方法や希望・要望への配慮かを明記すること

本時の学習活動

【立場の違いによる希望や要望を調整する】

○元の班（ジグソーセッションの班）で、前時での六つ立場からの希望や要望を報告し合い、確認する。

・新たな班（カウンターパートセッションの班）での各立場の希望や要望、質疑応答を報告し合って確認するが、特に質疑応答については、班ごとに違いがある可能性があるため、ワークシートの記録を基にして確実に行うようにする。

○自分たちの立場からの希望や要望と他の立場からの希望や要望を比較・検討する。

・自分たちを含めた六つの立場の中には、希望や要望が食い違い、相容れない立場もあるが、一方で、希望や要望に同調できる立場も

あることを、比較・検討していく中で気付かせたい。その中で、更に、相容れない立場の希望や要望の理由を検討していくことから、歩み寄れる見通しを付けるようにする。

・自分たちの希望や要望が通せそうな部分と譲るべき部分については、自分たちの立場だけが一方的に有利とならないような配慮からバランスを取るようにしたい。そのため、机間巡視を行いながら、場合によっては、教師が支援を行う。ただし、無理な誘導は避け、次の発表の際に他の班と議論となることも考えておく。その場合には、現実社会においては合意が難しいということに気付く機会としたい。

○自分たちの立場からの希望や要望を通せそう

2. 1で話し合って決めてみた内容をそれぞれ立場から発表し合った後、改めて、自分たちの立場からの利用方法や希望・要望を通せる部分と、他のそれぞれの立場からの利用方法や希望・要望に配慮して譲るべき部分を、話し合って修正してみましょう。

【1の修正案】

【自分たちの立場での希望・要望を通せる部分】

【他のそれぞれの立場からの利用方法や希望・要望を配慮して譲るべき部分】
　※どの立場の利用方法や希望・要望への配慮かを明記すること

【ノート・メモ】

ジグソー学習形式のポイント

3　ジグソー学習の手順

①ジグソー学習による発表の準備：自分たちが調査する課題について、調査内容を班内で分担する。

②分担した調査内容を各自（班の人数と調査内容項目による）が調査する。

③各自が調査した内容を、班全体でレジュメにまとめる。

④全員が班全体の調査内容を次の発表会で伝えられるように、班内で学習会を行う。レジュメにまとめた内容について、要点やポイント、手順等を徹底する。このときに、班の中で自分が分担して調べた以外の内容も説明できるように、自覚をもって学習会の内容を理解しておくことが重要である。そうでなければ、次の新たな班での発表で、周囲が分からない発表になってしまうからである。

※この実践では調査は行わない。また、レジュメも作成しない。

ワークシートの評価のポイント

　ここでは、各班での話合いを教師が支援に回りながら確認し、質問や助言を与えて進めることが大切である。授業後にワークシートを回収して〔思考・判断・表現〕及び〔主体的に学習に取り組む態度〕を見取る。ICレコーダーを各班に配り、録音させておくと更に効果的である。

な部分と、自分たちが譲るべき部分を話し合って決める。

・見通しを基にして、相容れない立場に対して、自分たちが譲れる部分や譲るべき部分について話し合う。

・最終的には、具体的な提案として示せるようにし、合意が得られるように、段階別な提案として仕上げることが望ましい。

・また、自分たちの希望や要望を通せそうな部分についても、具体的な提案として示せるようにし、合意が得られるように、条件付きの提案なども考えておくことが望ましい。

展開

「対立と合意」
「効率と公正」
の理解⑤

本時の目標

　立場の違いによる希望や要望を調整することができる。

本時の評価

　それぞれの立場の違いによる利用方法の違いや、希望・要望の違いを理解し、お互いのために調整しようとしている。

本時の学習活動

【立場の違いによる希望や要望を調整する】

○再び、カウンターパートセッションの班で、元の班（ジグソーセッションの班）で決めた自分たちの立場からの希望や要望を通せそうな部分と、自分たちが譲るべき部分を発表し合い、質疑応答をする。

・カウンターパートセッションの班での発表は、前回と同じように、この班での班長が司会を行い、それぞれの立場の代表から希望や要望を通せると考えた部分や、譲るべきと考えた部分について説明を聞く。2回目となるため、進行の方法も前回と同様に行う。

○それぞれの立場からの発表内容をワークシートに記録しておく。

・前回と同様に、発表内容をワークシートに記入してジグソーセッションの班に持ち帰るようにする。

D【高齢者福祉施設の職員】・（　）班
【自分たちの立場での希望・要望を通せる部分】（利用方法）

【他のそれぞれの立場からの利用方法や希望・要望を配慮して譲るべき部分】
　＊どの立場の利用方法や希望・要望への配慮かを明記すること

E【ショッピングセンターの経営者】・（　）班
【自分たちの立場での希望・要望を通せる部分】

【他のそれぞれの立場からの利用方法や希望・要望を配慮して譲るべき部分】
　＊どの立場の利用方法や希望・要望への配慮かを明記すること

F【学習塾の経営者】・（　）班
【自分たちの立場での希望・要望を通せる部分】

【他のそれぞれの立場からの利用方法や希望・要望を配慮して譲るべき部分】
　＊どの立場の利用方法や希望・要望への配慮かを明記すること

ジグソー学習形式のポイント

4　ジグソー学習の留意点

① 発表会（カウンターパートセッション）で質問が出された場合、答えられた場合は報告でよいが、もし自分が答えられなかった場合には、調査した班（ジグソーセッション）で相談し、対応する。時間が取れる場合は、次時に再度、カウンターパートセッションの隊形で質問者に対して説明する。ただし、容易に答えられないような質問内容の場合は、教師が支援する。また、いくつかの班だけに質問が出ているような場合は、質問者に対して次時に再度、カウンターパートセッションの隊形での説明はせず、当該者同士が放課後等に集まって説明することも時数との関係で考えられる。

② 他の調査活動では、班で調査するにしても特定の生徒が調査する一方で、あまり調査活動に参加しない生徒がいるような状況も見られる。しかし．ジグソー学習では、前述したように班の生徒全員が調査活動に参加しやすい。この点を教師自身がよく理解して進めなければ、ジグソー学習形式を取り入れた意義は半減しかねない。

ワークシートの評価のポイント

　ここでは、各班での話合いを教師が支援に回りながら確認し、質問や助言を与えて進めることが大切である。授業後にワークシートを回収して〔思考・判断・表現〕及び〔主体的に学習に取り組む態度〕を見取る。IC レコーダーを各班に配り、録音させておくと更に効果的である。

「対立と合意」「効率と公正」の理解⑥

本時の目標

　立場の違いによる希望や要望を整理することができる。

本時の評価

　それぞれの立場の違いによる利用方法の違いや、希望・要望の違いを理解し、お互いのために調整しようとしている。

	年　　月　　日
	組　　番　氏名

1. 人間が「社会的存在」といわれるのはなぜですか。

2. あなたがかかわっている家族以外の社会集団をあげてみましょう。

3. 私たちにとって最も基礎的な社会集団である、家族の役割をあげてみましょう。

4. 日本国憲法で家族について定められている二つの原則をあげてみましょう。

5. 地域社会の役割をあげてみましょう。

6. 社会の中で対立が起こる場面をあげてみましょう。

7. 効率とはどのような考え方ですか。

本時の学習活動

【立場の違いによる希望や要望を整理する】

○元の班（ジグソーセッションの班）で、前時での六つの立場からの希望や要望や譲るべき部分を報告し合い、確認する。

・それぞれが、各班の立場からの聞き取ってきたことや、質疑応答した内容を確認する際には、個人差による聞き取り漏れがないかを確認してから、検討するようにする。

○自分たちの立場からの希望や要望を通せそうな部分と、自分たちが譲るべき部分を修正するかどうかを話し合って決める。

・合意のために、自分たちの希望や要望を更に修正する必要があるかを話し合い、修正が必要と判断したな場合は、受け入れられるようにするために、段階や条件を増やすなどして修正案をつくる。修正がある場合は、第4時のワークシートの2に記入する。

○修正する部分がある班は、修正案を発表する。

・修正案を発表する班や、前時の発表の際に質問を受け、それに答える必要がある班の数を見て、再度発表した際の班に移動するか、班長などが代表して行うかを、進行時間を見ながら教師が見極める。その際は、前述の「ジグソー学習形式のポイント」の「4　ジグソー学習の留意点」①を参考にする。

○個人で次のワークシートに取り組む。

・この時間ではワークシートの1〜6までを作業の目処とする。もちろん、作業が早い生徒はその先にも取り組む。

8 公正という考え方の観点を三つあげてみましょう。

①

②

③

9. 社会においてきまり（ルール）が必要なのはなぜでしょう。

10. 社会における、代表的なきまり（ルール）の決定を行う方法（四つ）とその長所と短所をあげてみましょう。

①

　長所→

　短所→

②

　長所→

　短所→

③

　長所→

　短所→

④

　長所→

　短所→

11. 社会におけるきまり（ルール）をつくるときに、その過程で大切なことはどのような点ですか。

12. 社会におけるきまり（ルール）を守る意義を説明してみましょう。

ジグソー学習形式のポイント

このワークシートは、最終的には次時の「対立と合意」「効率と公正」という社会を捉える枠組みの概念を理解するための橋渡しとなるものである。この実践では「対立と合意」「効率と公正」という社会を捉える枠組みの概念も最初からは教え込まないので、ロールプレイングを利用したジグソー学習による活動を通して考えたり、体験したことを次時のワークシートでまとめたりすることになる。

なお、ワークシートの1～6への記入は、教科書を参考にしつつも、自分の考えで作業することも考えられる。

ワークシートの評価のポイント

ここでは、授業後にワークシートを回収して〔知識・技能〕を見取る。

・ワークシートの作業は、班の隊形から机を戻し、個人で集中して作業することが望ましい。

・活動型の授業を取り入れていく際には、班で活動する場面と個人で取り組む場面が出てくるが、個人で取り組む場面も班の隊形で行うか、通常の机の隊形で行うかを、教師が見極める必要がある。個人作業をある程度相談させながら行うべきか、自分自身で行うべきかが判断基準となる。

「対立と合意」「効率と公正」の理解⑦

本時の目標

対立と合意、効率と公正について考えることができる。

本時の評価

対立と合意、効率と公正の概念について考えている。

	年　　　月　　　日
	組　　番　氏名

1. ショッピングセンターを利用する際の、立場による利用の仕方や要望を考えた授業において、「7　効率とはどのような考え方ですか」と「8　公正という考え方の観点を三つあげてみましょう」を参考にして、次の観点から、自分たちの最終的な利用方法と希望・要望を見直し、評価してみましょう。
   ア　無駄がなく、大きな成果が得られているか（効率）　　　　　　○　△　×
   イ　話し合いにそれぞれの立場が参加したか（手続きの公正）　　○　△　×
   ウ　利用を極端に制限されるような立場はないか（機会の公正）　○　△　×
   エ　結果として極端に不利になる立場はないか（結果の公正）　　○　△　×
   オ　異なる立場の人と合意することができたか（対立と合意）　　○　△　×
2. ショッピングセンターを利用する際の、立場による利用の仕方や要望を考えた授業を通して、「対立と合意」、「効率と公正」という社会の見方・考え方について、あなたが考えたこと、これからの社会科の学習で気を付けたいことをあげましょう。

「対立と合意」について考えたこと
　社会には多くの立場の人がいて、相手の立場に立って物を見るためには、相手の利益や立場、考え方も考慮することが必要。合意に導くにはそのプロセスがとても大切で、お互いに一番納得できる方法を考えることが欠かせない。（中略）対立があることで様々な考え方ができ、時間と労力を使うが、無駄ではないと考える。

「効率と公正」について考えたこと
・効率と公正では幅広い視野をもつことが大切だと考えた。誰か一つの立場や一時だけ効果があるのではなく、長い年月、様々な人の利益、社会的な影響を考えることがよい合意につながると考えた。
・効率と公正については、どちらをどの程度考慮して合意へ導くかを大切にする必要がある。例えば、病院の予約制をインターネットのみとすると効率の上では最善だが、高齢者の方々が苦労するという、公正さが欠けることが考えられるからだ。（後略）

これからの社会科の学習で気を付けたいこと

本時の学習活動

【ロールプレイング形式とジグソー学習形式で考えてきた、「対立と合意」「効率と公正」についてまとめる】

○前時の途中から取り組んできたワークシートに取り組む。
○ワークシートの内容について、教師の講義を聞く。
・ワークシートの作業が終わったところで、生徒が発表しながら、ワークシートの内容について教師の説明を聞く。

【教師の講義の内容（前時のワークシートに沿って）】

1：人間はかけがえのない人生を送る上で、決して1人では生活できず、必ず何らかの社会的集団の中で、互いに助け合ったり、尊重し合ったりして共生しているため、社会的存在と言われるから。

2：学校、部活動、委員会、町内会など。

3：言葉や社会習慣、ルールやマナーなどを学んだり、休息や安らぎ、安心感などを得たりする役割。

4：日本国憲法第24条に規定してある「個人の尊重」と「両性の本質的平等」。

5：自治会や消防団などの組織の活動を通じて、地域の安全や防災に貢献している。

6：給食のおかわりの方法、委員の決め方、政治的な主張や政策の違い、領土問題、経済的な格差の問題など。

7：問題の解決に当たって得られる成果が、

【ノート・メモ】

まずは前時から取り組んできたワークシートの7〜12を記述し、その後、本時のワークシートでまとめを行う。

前時のワークシートでは、1〜6と同様に、教科書を参考にしつつも、自分の考えで作業することも考えられる。

ワークシートの評価のポイント

ここでは、授業後にワークシートを回収して〔知識・技能〕〔思考・判断・表現〕及び〔主体的に学習に取り組む態度〕を見取る。

それにかける資源（費用、労力、時間等）に見合っているかという考え方で、より少ない資源で社会全体でより大きな成果を得ることを大切にする考え方。

8：①手続きの公正さ、②機会の公正さ、③結果の公正さ

9：きまり（ルール）という基準によって、社会の秩序を保つことができるから。

10：①「全員の意見が一致するまで話し合う」長所→全員が納得する．短所→時間がかかる／②「多数決で決める」長所→意見が反映される人数が多い、短所→少数意見が反映されにくい　など。

○ワークシートのまとめに取り組む。

まとめ

「対立と合意」「効率と公正」の理解⑧

本時の目標

学習パッケージ（第1時から第7時）ではあまり触れられなかった内容を理解することができる。

本時の評価

個人の尊厳と両性の本質的平等、契約の重要性やそれを守ることの意義及び個人の責任、及び契約を通した個人と社会との関係について理解している。

組　番　氏名

【ノート・メモ】

本時の学習活動

【学習パッケージ（第1時から第7時）ではあまり触れられなかった内容を理解する】

○個人の尊厳と両性の本質的平等、契約の重要性やそれを守ることの意義及び個人の責任、及び契約を通した個人と社会との関係について、教師の講義を通して理解する。

1　個人の尊厳と両性の本質的平等について

・第6時、第7時のワークシートの4「日本国憲法で家族について定められている二つの原則をあげてみましょう」に立ち返り、日本国憲法第24条を確認して、家族生活における個人の尊厳と両性の本質的平等の規定を確認する。

・人間が社会的な存在であり、家族が最小の社会集団であることから、このような原則があることを確認する。

2　契約の重要性やそれを守ることの意義及び個人の責任、及び契約を通した個人と社会との関係について

・第6時、第7時のワークシートの9「社会においてきまり（ルール）が必要なのはなぜでしょう」と12「社会におけるきまり（ルール）を守る意義を説明してみましょう」に立ち返り、社会の中で違う立場の人々が合意を形成してきまりがつくられた場合、それを守る責任や義務がそれぞれに生じることを説明する。

・きまりを守ることで、互いの権利や利益が保

1　人間＝社会的な存在
　→人間は人生を送る上で、決して
　　1人では生活できず、必ず何ら
　　かの社会的集団の中で、お互い
　　に助け合ったり、尊重し合った
　　りして共生しているから。
2　家族＝最小の社会集団
　→個人の尊厳と両性の本質的平等
3　契約＝合意によってつくられた
　きまり
　→守る責任や義務がそれぞれに生
　　じる。
　→きまりを守ることで、お互いの
　　権利や利益が保障される。
4　契約
　→経済や政治など、様々な場面で
　　個人や社会をつなげている。

ワークシートの評価のポイント

　ここでは、定期考査の際に〔知
識・技能〕を見取る。

障されるからであることを説明する。
・そうした決まりをつくることを、社会では
　「契約」ということを説明する。
・この契約という考え方は、これから先の経済
　や政治、国際社会の学習で必要となってくる
　ことに気付かせる。
・生徒に、実際の契約書を見た経験があるかを
　聞き、一般に、どのような場面で契約書が交
　わされるかを問いながら整理する。その際、
　この単元では深入りしないことが望ましい。

B

私たちと経済

1 （8 時間）

市場の働きと経済
～市場経済の基本と家計～

単元の目標

　対立と合意、効率と公正、分業と交換、希少性などに着目して、身近な消費活動を中心に経済活動の意義や市場経済の基本的な考えについて理解することができる。また、個人の経済活動における役割と責任について、多面的・多角的に考察し、表現することができる。

学習指導要領との関連　B(1)「市場の働きと経済」ア(ア)

第1時・第2時	第3時・第4時
導入・展開	展開
〔第1時〕無人島漂着シミュレーション① ○前提条件と場面設定について考える。 ・無人島に漂着したという場面設定を知る。 ・ワークシートの「ミッションA」で、そうなった場合にどのような行動を取るかを考える。 ・隣同士などの友人と意見交換する。 ・何人か発表し、様々な意見を全体で共有する。 ・ワークシートの「ミッションB」で、次の場面設定についてどのような行動を取るかを考える。 〔第2時〕無人島漂着シミュレーション② ○経済活動の意義や分業と交換の必然性に気付く。 ・前時で考えた「ミッションB」についての行動を班で発表し合う。 ・ワークシートの「ミッションC」でどのような行動を取るかを考える。 ・班で話し合って、意見を共有する。 ・無人島生活を現代社会に置き換えて考える。	〔第3時〕家計について ○家計の基礎的・基本的な知識を理解する。 ・ワークシートで家計についての基礎的・基本的な内容を学ぶ。 ・教師の講義と解説を通して、家計についての基礎的・基本的な内容を理解する。 〔第4時〕家計のシミュレーションゲーム ○将来のお金について考える。 ・ワークシートで一生にかかる費用を予想する。 ・なるべく多くの生徒の予想額を発表する。 ・教師が生涯賃金を示しながら、まとめる。

課題解決的な学習を通して学びを深めるポイント

　無人島漂着シミュレーションの活動では、現代人が突然、無人島に漂着したという意外性を使って、生徒が難しいと思いがちな経済単元の導入として活用し、更に学習指導要領解説にある、経済活動の意義とは生きるための手段であるということに気付かせることをねらいとしている。また、いくつか場面設定を変えることにより、経済分野における重要な見方・考え方（概念）であり、市場経済の基本的な考え方である分業と交換の必然性も理解することができる。更に現代社会に置き換えて考えることを通して、市場経済という社会の仕組みが偶然生まれてきたのではなく、人類の発展の過程で必然的に生み出されてきた仕組みであることを理解することができることもポイントである。

　家計のシミュレーションゲームでは、パッ

単元の評価

知識・技能	思考・判断・表現	主体的に学習に取り組む態度
①身近な消費生活を中心に経済活動の意義について理解している。 ②市場経済の基本的な考え方について理解している。	①対立と合意、効率と公正、分業と交換、希少性などに着目し、個人の経済活動における役割と責任について多面的・多角的に考察し、表現している。	①市場の働きと経済について、現代社会に見られる課題の解決を視野に主体的に関わろうとしている。

第5時・第6時	第7時・第8時
展開	まとめ
〔第5時〕家計のシミュレーションゲーム① ○家計を設計する。 ・家計のシミュレーションゲームの進め方と家計の設計の条件を知る。 ・ワークシートで自分が望む家計の設計を考える。 ・個人で考えた家計の設計を基に、班で話し合って、一つの家計にまとめる。 ・1年目のゲームを行い、進行手順を理解する。 〔第6時〕家計のシミュレーションゲーム② ○家計のシミュレーションを実施する。 ・2年目から5年目までのゲームを行う。	〔第7時〕家計のシミュレーションゲーム③ ○家計のシミュレーションゲームを振り返る。 ・前時までの家計のシミュレーションゲームについて、班で話し合って振り返る。 ・班での振り返りを経て、個人で家計のシミュレーションゲームについて振り返る。 ・教師の注意点を聞いて、ワークシートのまとめに取り組む。 〔第8時〕家計を成立させるために大切な考え方 ○希少性と責任を伴う選択について考える。 ・前時に引き続いて、ワークシートのまとめ（家計を成立させるために重要なこと）に取り組む。

ケージとしたまとまりのある活動を通して、同じく経済分野における重要な見方・考え方であり、市場経済の基本的な考え方の一つである希少性について理解することをねらいとしている。家計のシミュレーションゲームでは、家計の設計段階から、何かを選んだら何かを諦めなければならないようになっており、ゲームでの5年間の模擬生活体験の中で、預貯金が変動

することを通して、希少性と選択した内容には責任を伴うことを実感的に学ぶことができる。また、ゲームの進行によって、税金や保険といった内容にも出会うこととなり、見方や考え方を広げることができる。まとめのワークシートの記述内容を見ると、講義中心の授業展開よりも深い学びとなっていることが分かる。

導入

無人島漂着シミュレーション①

本時の目標

経済単元の導入として、シミュレーション形式による授業展開を活用して、経済の学習への意欲を高めることができる。

本時の評価

経済の学習に対する関心・意欲を高めている。

私たちが生きる現代社会を考える視点

年　　月　　日

組　　番　　氏名

1. ミッションA

あなたは、不幸にもたった一人で無人島に漂着してしまいました。

ミッションAで、あなたは何をしますか。考えてみましょう。

【あなたの考え】
・砂浜にSOSを書く。

【友人の考え】
・水を探す。
・食料を探す（果物、木の実、獣）。
・洞穴を探す。
・葉っぱで服を作る。
・島を探検する。
・探検して、生活に利用できそうなものを探す。
・いかだをつくって脱出を計画する。

2. ミッションB

なんとか生活ができるようになったら、島の反対側に人が住んでいるのを発見しました。

ミッションBで、あなたは何をしますか。考えてみましょう。

【あなたの考え】
・相手の様子をうかがう。

【友人の考え】
・言葉が通じそうか確かめる。
・友好的そうだったら仲間に入れてもらう。好戦的だったら、気付かれないように過ごす。
・相手に気付いてもらえるように姿を見せる。
・何か貢ぎ物を持っていって仲間に入れてもらう。
・相手の水や食料を奪う。

【新しい情報後の考え】

【その理由】

本時の学習活動

【学習する前提条件を知る】

○教師の説明から、現代人が無人島に漂着したという場面設定を知る。

・導入としては、どこかの島の写真を用意しておき、実物投影機で写す。その際、最初は豆粒のような小さな状態から徐々に拡大していくなどして意外性をもたせ、生徒の興味や関心を高める。

・現代人が無人島に漂着したという場面設定を説明し、生徒の質問を受け、やり取りを行う。

例）生徒「漂着した際に、スマホとか何か持っていますか」。教師「何も持っていません。全て流されてしまい、衣服もありません」。生徒「えー、裸かかあ」「この島は暖かい島ですか。食料はありますか」。教師「暖かい島です。食料は不明ですが、暖かい島なので果物などはありそうです」。

○ワークシートの「ミッションA」で、どのような行動を取るかを考える。

・突然の出来事で、生きるためには、まずどのような行動を取るかを素直に考えさせる。机間巡視をしながら、生徒の記入内容をメモするなどして把握しておく。

○隣同士などで意見交換をする。

・ここでは、あまり時間をかけず、班ではなく隣同士などでの意見交換にとどめる。

○何人が発表し、様々な意見を全体で共有する。

・ここでの発表の際は、挙手で答えさせてもよ

3. ミッションC

> いかだをつくって脱出を図ったが、付近の列の島までしかたどり着けなかった。その島では、今の島ではとれないマンゴーがとれたり、漁業に便利な船をつくる技術が発達していた。

ミッションCで、あなたは何をしますか。考えてみましょう。

【あなたの考え】

【友人の考え】

4. 無人島での生活を現代社会に置き換えてみましょう。

① 無人島での生活では、衣・食・住が必要でしたが、現代の生活では、このような モノが生活に必要ですか。

② 無人島ではそれらのモノを自分（自分たち）で手に入れていましたが、どのよう な方法で手に入れていましたか。

③ 現代社会では、それらの生活に必要なモノを誰がつくっていいますか。

④ 現代社会では、それらの生活に必要なモノをどのような方法で手に入れています か。

⑤ なぜ、このような仕組みが出来上がってきたのでしょう。無人島での疑似体験を 振り返りながら考えてみましょう。

⑥ 経済とは、一言で言うと「　　　　　　　　　　　　　　」

いが、机間巡視で得た授業展開に有効な意見を必ず発表させるようにして、全体がいわゆる自給自足状態に入ったことなどを共有できるようにする。

○ワークシートの「ミッションB」で、どのような行動を取るかを考える。

・島の反対側に別の人たちがいたという場面設定を説明し、生徒の質問を受け、やり取りを行う。

　例）生徒「相手は何人くらいですか」。教師「10人くらいです」。生徒「言葉は通じますか」。教師「分かりません」。生徒「危険な人たちですか」。教師「それも分かりません」。

・ここでも、机間巡視をしながら生徒の記入内容をメモするなどして、把握しておく。

シミュレーション的な学習のポイント

1　留意点

①授業の設計段階で、シミュレーション的な学習を行って生徒に何を身に付けさせるのかという見通しを、教師がしっかりともつ。その際には、教科書だけではなく、学習指導要領の内容に迫れるようにする。

②授業の設計段階で、シミュレーション的な学習を活動型授業として単元などの中に位置付け、教師による講義などとパッケージにして計画する。

③シミュレーション的な活動を取り入れる際には、授業の設計段階において、ゲーム性を高めて生徒の興味や関心を高めるためなのか、現実性を高めて実学的な理解を深めるためなのかという課題に直面するため、両者のバランスを考え、まとめの時間で教師の整理を加えたり、ワークショップ形式の意見交換を加えたりするような工夫を考える。

ワークシートの評価のポイント

ここでは「評定に用いる評価」ではなく、「学習改善につながる評価」がふさわしい。各班での話合いを教師が支援に回りながらコーディネートしていくことが大切である。

無人島漂着シミュレーション②

本時の目標

分業と交換の必然性や経済活動の意義について理解することができる。

本時の評価

分業と交換の必然性や経済活動の意義について理解している。

私たちが生きる現代社会を考える視点

年　月　日

組　番　氏名

1. ミッションA

あなたは、不幸にもたった一人で無人島に漂着してしまいました。

ミッションAで、あなたは何をしますか。考えてみましょう。

【あなたの考え】
・砂浜にSOSを書く。

【友人の考え】
・水を探す。
・食料を探す（果物、木の実、獣）。
・洞穴を探す。
・葉っぱで服を作る。
・島を探検する。
・探検して、生活に利用できそうなものを探す。
・いかだをつくって脱出を計画する。

2. ミッションB

なんとか生活ができるようになったら、島の反対側に人が住んでいるのを発見しました。

ミッションBで、あなたは何をしますか。考えてみましょう。

【あなたの考え】
・相手の様子をうかがう。

【友人の考え】
・言葉が通じそうか確かめる。
・友好的そうだったら仲間に入れてもらう。好戦的だったら、気付かれないように過ごす。
・相手に気付いてもらえるように姿を見せる。
・何か貢ぎ物を持っていって仲間に入れてもらう。
・相手の水や食料を奪う。

【新しい情報後の考え】

【その理由】

本時の学習活動

【経済活動の意義や分業と交換の必然性に気付く】

○前時で考えた「ミッションB」についての行動を班で発表し合う。

・島の反対側に別の人たちがいたという場面設定に対して、前時に個人で考えた内容を班内で発表し合う。

・その後、新しい情報として、島の反対側にいた人たちは、木登りが得意で果物やヤシの実を採るのが上手な人や、泳ぎが得意で魚を捕るのが上手な人がいることを伝える。

・情報後に考えを修正する場合は、ワークシートに記入する。その際には、理由についても書くようにする。

・時間があれば、各班の意見を発表させる。

○ワークシートの「ミッションC」でどのような行動を取るかを考える。

・その後、島の反対側に人たちと仲間になり、何とかいかだを造って脱出を図ったが、文明が発展した島にはたどり着けず、別の島にたどり着いたという場面設定を説明し、生徒の質問を受け、やり取りを行う。

例）生徒「今度は相手は何人くらいですか」。教師「1000人くらいです」。生徒「言葉は通じますか」。教師「分かりませんが、友好的な人々のようです」。生徒「元の島に戻れますか」。教師「元の島に戻るルートは分かっていて、戻ることは可能です」。生徒「今度の島には村長さんのような人はいますか」。教師「いるようです」。

2　有効点

①生徒が期待感やわくわく感をもてるため、生徒の興味や関心を高めるのに有効である。

②生徒が意外性を感じるため、生徒の興味や関心を高めるために有効である。

③シミュレーションではあるが、生徒が難しいと考えている社会的な事象を、具体的に考えられるようになるために有効である。

3．ミッションC

いかだをつくって脱出を図ったが、付近の別の島までしかたどり着けなかった。その島では、今の島ではとれないマンゴーがとれたり、漁業に便利な船をつくる技術が発達していた。

ミッションCで、あなたは何をしますか。考えてみましょう。

【あなたの考え】
・新しい島の造船技術を習って脱出用の船を造り、文明社会に戻る航海に出る。

【友人の考え】
・そのまま新しい島に移住して、仲間に入れてもらう。
・一度元の島に帰って、元の島で取れるマンゴーを持ってきて貢ぎ物として差し出し、移住させてもらう。
・元の島で取れたマンゴーの種を新しい島に植えて、共に豊かになる。＝技術移転。
・新しい島の造船技術や中心的な産業である漁業を習い、逆に元の島のマンゴーの栽培を教える。＝技術移転。
・新しい島には移住せず、元の島で取れるマンゴーと、新しい島で取れるバナナや魚とを交換する。＝貿易⇒新しい島のほうがはるかに人口が多いから、そのほうが儲かるのではないか。

4．無人島での生活を現代社会に置き換えてみましょう。

① 無人島での生活は、衣・食・住が必要でしたが、現代の生活では、このようなモノは生活に必要ですか。

② 無人島ではそれらのモノを自分（自分たち）で手に入れていましたが、どのような方法で手に入れていましたか。

③ 現代社会では、それらの生活に必要なモノを誰がつくっていいますか。

④ 現代社会では、それらの生活に必要なモノをどのような方法で手に入れていますか。

⑤ なぜ、このような仕組みができ上がってきたのでしょう。無人島での疑似体験を振り返りながら考えてみましょう。

⑥ 経済とは、一言で言うと「　　　　　　　　　　　　　　　」

ここでは、各班での話合いを教師が支援に回りながら確認し、質問や助言を与えて進めることが大切である。授業後にワークシートを回収して〔知識・技能〕〔思考・判断・表現〕を見取る。

○班で話し合って、意見を共有する。

・個人で考えた内容を班内で発表し合う。

・時間があれば、各班の意見を発表させる。

○無人島生活を現代社会に置き換えて考える。

・現代人でも無人島に漂着してしまえば、大昔のように自給自足の生活をするしかないことに気付かせる。

・現代では自給自足の生活ではなく、一般的に私たちが生活に必要なものは、企業が生産し、私たちが購入して手に入れていることに気付かせる。

・これらから、現代の社会の仕組みが必然的に生まれてきたことに気付かせる。

・経済とは、もともと生活する手段であることに気付かせたい。

家計についての理解①

本時の目標

　家計に関する基礎的・基本的な内容を理解することができる。

本時の評価

　家計に関する基礎的・基本的な内容を理解している。

経済って何だろう（家計と経済）

年　　月　　日

組　　番　氏名

目標	ステップ1　経済の本質的な働きに気付く。
	ステップ2　家計が経済主体の一つであることを理解し、消費の目的について考える。
	ステップ3　家計の経済活動を通じた、将来の消費生活について考える。

Q1. あなたが、今、5000円あったら買いたいものをあげてみましょう。また、20000円あったら買いたいものをあげてみましょう。

5000円	20000円
「お菓子」「文房具」「カフェ代」「本」「漫画」「CD」「貯金」など	「貯金」「イヤホン」「サッカーのスパイク」「野球のグローブ」「漫画のセット」など

Q2. あなたが、上のものをあげた理由はどのようなことですか。

5000円	20000円
（貯金）ほしい物が高価だから、そのために貯金しておきたいから。	（貯金）大金だから、細かい物に使わないで貯金したいから。

Q3. 消費とはどのようなことですか。

Q4. 私たちは、毎日のくらしの中で、生活に必要な<u>もの</u>を消費し、また、さまざまな<u>サービス</u>を利用し、消費しています。自分の生活で消費している<u>もの</u>や<u>サービス</u>をあげてみましょう。

もの	サービス

Q5. 「家計」とはどのようなことですか。

本時の学習活動

【家計の基礎的・基本的な知識を理解する】

○ワークシートで家計についての基礎的・基本的な内容を学ぶ。

○教師の講義と解説を通して、家計についての基礎的・基本的な内容を理解する。

・導入として、ワークシートのQ1、2に取り組む。その際、教科書等は見ないで、自分の思いや希望を根拠にして考えるようにする。

・机間巡視を行って、生徒の考えを把握しておく。その際は付箋などを使って、メモをしながら生徒の考えを類別しておきたい。

・作業が終わったら、生徒に発言を求め、クラスで共有していく。その際に、以下の視点を引き出させたい。

①貯金するという選択肢にも気付かせたい。

②貯金という行動の理由にも、種類があることに気付かせたい。

　ア　5000円では買いたい物に対して金額が不足しているので、貯金する。一方、20000円であれば、買いたい物に手が届くので買う。

　イ　20000円は高額なので、取りあえず貯金しておく。

　これらの視点は、以後の家計のシミュレーションゲームの際につながる。

・次に、ワークシートのQ3〜6に取り組む。ここでも、Q6以外はなるべく教科書を見ないで、自分で考えるようにする。

・作業が終わったら、生徒に発言を求め、教師

講義の内容の例

【Q3】
・消費：お金を使って、必要な商品（財やサービス）を買ったり、使ったりすること。

【Q4】
・もの：目に見える商品＝財。
・サービス→目に見えたり、手に取れたりできない商品。

【Q5】
・家計：家族や個人の経済活動や消費生活の単位。

【Q6】
・収入（所得）：給与所得、財産所得、事業所得。
・消費支出：食料費、住居費、交通・通信費、教養・娯楽費、被服費など（被服費は中学生にはなじまないため、以後の家計のシミュレーションゲームでは、あえて衣料費とする）。

【Q10】
・需要量：消費する側が買う量。
・供給量：生産する側がつくる量。

Q6.「家計」の「収入（所得）」と「消費支出」の種類をそれぞれあげてみましょう。

収入（所得）	消費支出	貯蓄

Q7. 経済の導入の授業を思い出して、無人島に漂着してからの生きるための行動をあげてみましょう。

Q8. 企業はどのような経済活動をしていると思いますか。

Q9. 政府はどのような経済活動をしていると思いますか。

Q10. 需要量と供給量とはどのようなことですか。

需要量	供給量

Q11. 市場経済とはどのようなことだと思いますか。

の講義を交えてクラスで共有していく。

・Q3、5については、教科書の記述どおりではなくとも、同じで意味であれば教科書の記述と比較しながら取り上げていく。

・Q4については、なるべく多様な意見を出させてから整理したい。

・Q6については、教科書や資料集などを使って取り組ませる。

・Q7〜11に取り組ませる。Q10以外はなるべく教科書を見ないで、自分で考えるようにする。

・作業が終わったら、生徒に発言を求めて、教師の講義を交えてクラスで共有していく。

・Q8、9、11については先で学習する内容のため、あえて正解を示さない。

ワークシートの評価のポイント

ここでは、授業の前半は「評定に用いる評価」ではなく、「学習改善につながる評価」がふさわしい。生徒の発言を引き出しながら、生徒の関心・意欲を高めていくことが大切である。

授業後にはワークシートを回収して〔知識・技能〕を見取る。

家計についての理解②

本時の目標

家計に関する基礎的・基本的な内容を理解することから、将来の人生にかかるお金に関心をもつことができる。

本時の評価

家計に関する基礎的・基本的な内容を理解することから、将来の人生にかかるお金に関心をもっている。

年　月　日

経済って何だろう（家計と経済）

組　番　氏名

Q 「人の一生にかかる出費」はどれくらいだと思いますか。主な項目をいくつかあげて推測してみましょう。また、考えや感想を書いてみましょう。

※一生にかかるお金の合計は、ほぼ8000万円台～3億円程度に収まる。ほとんどの生徒は1億の後半から2億円台が多い。
※後に生徒に発表する、大卒の生涯賃金に近い数字を試算してくる。

総計（　　　　　）円

考えたこと・感想

本時の学習活動

【将来のお金について考える】

○ワークシートで一生にかかる費用を予想する。

・その際、以下のような条件（25歳で就職する。30歳で結婚する。その後2人の子供を授かり、大学まで学費を負担する。住宅を取得する。子供も25歳からは独立する。葬式代を自分の財産で負担する。80歳にてご臨終とする）を示す。

○ワークシートのQ12に取り組む。

・当初は、何も分からないところから予想させることが望ましい。机間巡視をしながら、生徒の状況を観察し、生徒が行き詰まったタイミングを見計らって、タブレット端末などを使用させて取り組ませる。

・机間巡視をしながら、生徒の質問に答えたり、相談に乗ったりする。

○なるべく多くの生徒の予想額を発表する（以下は例）。

・Aさん「24530万円です」

Bさん「私も同じくらいで26070万円でした」

Cさん「私はもっと多くて33800万円です」

Dさん「多くありませんか。私は19300万円です」

Cさん「それで生活できるの？」

Dさん「そんなに稼げるの？」

Cさん「だって、いくら稼げるかではなくて、いくらかかるかの予想でしょう。自分の希望を入れていったらこれくらいになら

【ノート・メモ】

ワークシートを使用する際のポイント

　作業が始まると、最初はとまどっている生徒も次第に熱中してくる。生徒から1日の食費が3000円で足りるのか、結婚式にはどれくらいお金がかかるのかといった質問が出てくるので、概算として教師が答えながら支援する。ここでは、正確な数字を導き出すよりも、以後の家計のシミュレーションゲームにつなげることがねらいである。

　生徒が考える一生にかかるお金の合計は、ほぼ8000万円台〜3億円程度に収まる。ほとんどの生徒は1億円台の後半から2億円台が多い。後に生徒に発表する、大卒の生涯賃金に近い数字を試算してくる生徒が多い。

　生涯賃金は、一般的には学歴別、男女別、企業の規模別等に示されているため、取扱いには十分に注意する。ランク付けのような意識をもたせないことや、生涯賃金の額がそのまま幸福度となるような解釈をもたせないように配慮する。

ワークシートの評価のポイント

　ここでは、生徒のワークシートへの取組に対して、教師が支援に回りながら確認し、質問や助言を与えて進めることが大切である。授業後にワークシートを回収して〔思考・判断・表現〕及び〔主体的に学習に取り組む態度〕を見取る。

ない？」

Eさん「私なんて107730万円です」

Aさん「えー、10億超え」

Eさん「豪邸を買うつもりだからね」

Fさん「ちょっと待って。私は310500万円。宇宙船を造って月に行きたいから」

Eさん「それなら30億でも足りないよ」

Gさん「みんな何でそんなに多いの？　私は少なすぎるかなあ。8800万円だった」
など。

○教師が示した生涯賃金を基にまとめる（いずれも2018年度統計、北陸銀行調べ）。

・大卒男子：2.92億円、大卒女子2.44億円

・高卒男子：2.58億円、高卒女子：1.88億円

家計のシミュレーションゲーム①

本時の目標

どの支出項目にお金を配分するかなど、自分なりのこだわりをもって家計の設計に取り組むことができる。

本時の評価

どの支出項目にお金を配分するかなど、自分なりのこだわりをもって家計の設計に取り組んでいる。

年　月　日

自分の望む家計を設計しよう（シミュレーションゲームの準備）

組　　番　氏名

1. 次の各支出項目について、それぞれAコース・Bコース・Cコースの中から1つのコースを選択し、赤丸をつけていこう。
　＊家族構成　父、母、長男（中2）、長女（小2）　＊年収840万円　その他（祖父、祖母など）

コース／項目	Aコース	Bコース	Cコース	備考
住居費	【一戸建て 月のローン返済は 20万円】	【中古マンション 月のローン返済は 12万円】	【賃貸 月の家賃は 10万円】	
食費	【食い道楽 月16万円】	【一般的　月12万円】	【節約　月8万円】	
衣料費	【着道楽　月5万円】	【一般的　月2万円】	【節約 月1万円】	
光熱・水道費	【快適　月4万円】	【一般的　月2万円】	【節約　月1万円】	
交通・通信費	【贅沢　月7万円】	【一般的　月5万円】	【節約　月2万円】	
教育費	【私立（2人） 月12万円】	【公私　月7万円】	【公立（2人） 月2万円】	

本時の学習活動

【家計を設計する】

○家計のシミュレーションゲームの進め方と家計の設計の条件を知る。

・ワークシートを見ながら、各支出項目について、A・B・Cの三つの条件の中から判断して選択していく。

○ワークシートで自分が望む家計の設計を考える。

・ゲームのねらいは節約ではなく、自分が望む家計を疑似体験することなので、預貯金と保険の合計に上限をもたせていることを理解させてから、家計を設計させるようにする。

・この段階では、あくまで自分なりのこだわりをもたせるためにも、相談せずに個人で取り組ませるようにする。そのため、質問には教師が対応する。

○個人で考えた家計の設計を基に、班で話し合って、一つの家計にまとめる。

・自分なりのこだわりをもって考えた設計のため、班で一つの家計にまとめる際には、時間がかかる場合がある。そのため、班長が進行をリードするとともに、教師が全体の時間をコーディネートする。

○2種類の役割分担を決める。

・シミュレーションゲームを進める際に、父・母・長男・長女・祖父・祖母などロールプレイング形式の役割分担と、計算係・記録係の実務的な役割分担を決める。

・ロールプレイング形式の役割分担は、ゲーム性を高める上でも、班の話合いに任せるが、

コース 項目	Aコース	Bコース	Cコース	備考
教養・娯楽費	【贅沢 月7万円】	【一般的 月4万円】	【節約 月2万円】	
自動車	【贅沢 月のローン5万円】	【一般的 月のローン2万円】	【保有しない】	
税金・社会保険等	【月14万円】			
保険	【生命 月2万円】【火災 月1万円】【地震 月1万円】【自動車 月1万円】 *地震保険に入るときは、火災保険にも加入しなくてはならない。			
預貯金	( )万円 *自由に設定できる。ただし、月の収入の総額を越えない。 *預貯金と保険の合計は12万円を限度とする。			
その他	(・)万円 (・)万円 (・)万円 *自由に設定できる。ただし、月の収入の総額を越えない。			

*月の総計 ( )万円 ←ぴったり70万円になるようにする。

2. 役割分担を決めておこう。

父 ( )、 母 ( )、 長男 ( )、 長女 ( )、
祖父 ( )、祖母 ( )、計算係 ( )、記録係 ( )、
その他 ( )

計算係・記録係の実務的な役割分担については次時の授業進行に関わるため、適した人材を当てるようにさせる。

○1年目のゲームを行い、進行手順を理解する。

・班ごとにカードを引いていく。カードには「外壁の塗り替えで150万円支払う（満足度★★★★）」（住居費Aのみ）などの出来事と臨時収入・支出金額が書かれている（カードはダウンロード用資料に収録）。

・1年目のみが、季節に合うような出来事（2か月ごと）を用意し、1班（1・2月）から6班（11・12月）まで順番にカードを与えて、ゲームの進行方法の練習（計算係の仕事、家計簿に記入する記録係の仕事）を行う。

・自分なりのこだわりをもって個人で設計した家計を、シミュレーションゲーム用に班で設計する際に、議論になることが多い点は、新築の一戸建てにこだわるのか、自動車を保有するのかという点が多い。

・住居費はAコース（新築の一戸建て）の購入を選択する班と中古のマンションの購入を選択する班に分かれる。賃貸住宅を借りる選択をする個人や班は少ない。

・教養・娯楽費をAコースにする班が多く、このパターンの班が新築の一戸建てを選択する場合に、シミュレーションゲーム中に赤字となるケースが多く見られ、振り返りの際に役立つ。

・ゲームのねらいが節約ゲームではなく、自分が望む家計を疑似体験することなので、預貯金と保険の合計に上限をもたせているため、ここで迷う班が多い。

ワークシートの評価のポイント

ここでは、各班での話合いの様子を教師が支援に回りながら確認し、質問や助言を与えて進め、生徒の関心・意欲を高めていくとともに、根拠をもって家計を設計していくように支援することが大切である。ここでのワークシートは、最終授業時のワークシートを見取る際の参考とする。

家計のシミュレーションゲーム②

【本時の目標】

　家計のシミュレーションゲームを通して、希少性と選択の重要性を理解することができる。

【本時の評価】

　家計のシミュレーションゲームを通して、希少性と選択の重要性を理解している。

　　　　　　　　　　　　　　　　　年　　月　　日

家計のシミュレーションゲーム：家計簿

　　　　　　　　　　　　組　　番　氏名

1. 前時で選択した各項目のコースを確認しよう。

2. 月収70万円（年収840円の12等分）として、選んだコースの場合、1か月の総支出がいくらで、預貯金がいくらかを確認しよう。

　→自分の班の1か月あたりの預貯金額 ［ア］万円 →1年あたりの預貯金額 ［イ］万円

3. 5年間で預金はいくらになるかを計算する。（イ×5年間）

　→自分の班の預金額 ［ウ］万円

　（この額からゲームをスタートします）

年　月	カード内容メモ	臨時収入金額	臨時支出金額	預貯金残高	満足度	我慢度
				ウ		
2022年1・2月						
3・4月						
5・6月						
7・8月						
9・10月						
11・12月						
2023年1・2月						
3・4月						
5・6月						
7・8月						
9・10月						
11・12月						
2024年1・2月						
3・4月						
5・6月						

【本時の学習活動】

【家計のシミュレーションゲームを実施する】

○2年目から5年目までのゲームを行う。

・前時の1年目も同様だが、毎年11・12月のカードを引いた際の結果に、1年間で貯まった貯金額（班で設計した1か月の貯金額×12）を家計簿に加えて、翌年度に進む（毎回カードを引くごとに、2か月分の貯金額を家計簿に加えていくと、ミスが出やすいため）。

・カードの中には「ラッキーチャンスカード」という臨時収入が得られるカードなども存在することを説明しておく。

・カードの内容によっては、全ての班に適用されるカードと引いた班のみに適用されるカード、選択したコースによって適用されるカードがある。「ラッキーチャンスカード」は引いた班のみに適用される。

【家計のシミュレーションゲームの発展例〜ワークショップ形式の模擬商談〜】

○第1時

・家計のシミュレーションゲームの終了後、班での振り返りを終えた、第7時の途中から、論述に行かずに模擬商談の準備を行う。

・グループごとに住宅と自動車を選択し、資料（カタログや広告、メーカーから取り寄せた資料など）を通して調査を行い、購入プランについ話し合い、模擬商談に備える。

・模擬商談の際に、交渉したい内容や質問したい内容も整理しておく。

年　月	カード内容メモ	臨時収入金額	臨時支出金額	預貯金残高	満足度	我慢度
7・8月						
9・10月						
11・12月						
2025年1・2月						
3・4月						
5・6月						
7・8月						
9・10月						
11・12月						
2026年1・2月						
3・4月						
5・6月						
7・8月						
9・10月						
11・12月						
5年間の収支残高の合計と満足度・我慢度の合計						

4. ゲームをやってみての感想や、自分たちの班の家計のよかった点や改善点を、班で話し合おう。班で出た意見を、下に書き出してみよう。

感想

よかった点	改善点

○第2時
・住宅と自動車の模擬商談の進め方について、教師の説明を聞く。
・班ごとに住宅と自動車の購入プランについて、実際に企業の営業の方と模擬商談を行う。その際、模擬商談の際に生まれた疑問点なども、積極的に質疑応答する。
・この後、第7時のワークシートのQ3（個人の論述）の作業を進める。

ワークショップ形式のポイント

1　有効点
①クラス全体ではなく、班という少人数の中で実社会での経験やノウハウ、高い専門性をもつ講師と意見交換等を行うことによって、課題が具体的なものとなり、生徒の課題意識を引き出しやすくできる。
②実社会での経験やノウハウ、高い専門性をもっている講師と意見交換等を行うことで、生徒に自信と責任感をもたせられる。
③立場が違う様々な講師と直接向かい合い、意見交換等をすることに通して、生徒の関心や課題意識を高め、課題をより明確にさせたり、深めさせたりできる。
④ワークショップを通して、生徒の実感的（実学的）理解が深まる。
⑤ワークショップを通して、生徒が新たな見方・考え方や課題意識を生み出すことができる。
⑥家庭や地域社会からの講師に授業を支援してもらうことにより、家庭や地域社会とのつながりが深まる。

ワークシートの評価のポイント

　ここでは、家計のシミュレーションゲームの進行を教師がコーディネートしながら進め、生徒の関心・意欲を高めていくとともに、疑似体験して気付いたことを理解につなげるように支援することが大切である。ここでのワークシートは、最終授業時のワークシートを見取る際の参考とする。

家計のシミュレーションゲーム③

本時の目標

家計のシミュレーションゲームを通して、希少性と選択の重要性を理解することができる。

本時の評価

家計のシミュレーションゲームを通して、希少性と選択の重要性を理解している。

本時の学習活動

【家計のシミュレーションゲームを振り返る】

○前時までの家計のシミュレーションゲームについて、班で話し合って振り返る。

・前時で使ったワークシート（家計簿）を班員の人数分コピーをして配布する。

・前時で使ったワークシートの4（班で出た意見）を使って、班で家計のシミュレーションゲームについて振り返る。

・まず、全員の感想を発表し合ってから、自分たちの家計のよかった点と改善点について、全員から意見を聞く。

・班の意見は班長がまとめる。

○班での振り返りを経て、個人で家計のシミュレーションゲームについて振り返る（本時のワークシートのQ1、2）。

・ここからは個人作業として、班隊形を戻して個人で振り返る。Q2については、班で話し合った内容と同様でよい。

○教師の注意点を聞いて、ワークシートのまとめに取り組む（ワークシートのQ3）。

・個人作業の進行状況を見て、ワークシートのQ1、2が終わった生徒が出てきたら、一度、作業を止めて説明する。

①この家計のシミュレーションゲームでは、1年の収入が840万円という上限があったり、家族がいるのでそれぞれにお金がかかったりするなど、様々な制約があったこと。

②したがって、自分の希望することが全ては叶えられなかったこと。

Q3. 家計のシミュレーションゲームの学習を実施して、家計（家庭の経済活動）を成り立たせるために大切なことはどのようなことだと考えますか。
（シミュレーションゲームで考えたこと・わかったこと・気付いたことなどを参考にして）

2　ワークショップの設定

①単元の導入部分でワークショップ形式の意見交換を取り入れる場合は、専門家や実社会での経験者との交流から、主に生徒の興味や関心を引き出すために主な効果がある。

②単元の展開部分でワークショップ形式の意見交換を取り入れる場合は、生徒が追究（調査）している課題を、専門的な視点や実社会での経験から揺さぶられることで、今までの追究（調査）段階では気付かなかった内容や視点を加えることに、主な効果がある。

③単元のまとめ部分でワークショップ形式の意見交換を取り入れる場合は、それまでの追究（調査）結果を、専門的な視点や実社会での経験からの情報によって深化させたり、生徒が自分たちの追究（調査）結果に自信をもつことによって、新たな興味や関心をもつようになったりすることなどに、主な効果がある。

ワークシートの評価のポイント

　最終授業後にワークシートを回収して〔知識・技能〕〔思考・判断・表現〕及び〔主体的に学習に取り組む態度〕を見取る。

③家計のシミュレーションゲームを実施して、気付いたこと、分かったこと、考えたことを複数挙げること。

⑤家計のシミュレーションゲームの体験を、今の自分の生活や将来の自分の生活に引き付けて考えてみること。

家計を成立させるための考え方（希少性）の理解

本時の目標

講義形式の授業と家計のシミュレーションゲーム（学習パッケージ：第3時から第7時）を通して、家計の目的と家計を成立させるために大切なことなどについて考えることができる。

本時の評価

講義形式の授業と家計のシミュレーションゲームを通して、家計の目的と家計を成立させるために大切なことなどについて考えている。

		年　月　日

経済って何だろう（家計と経済）

組　　番　氏名

Q1. 家計のシミュレーションゲームを実施して、予想外の支出になってしまった年月の支出内容と金額を、いくつかあげてみましょう。

年月	支出内容	金額	気が付いたことなど
○年△月	新築一戸建て外壁の塗り替え	200万円	ただし、満足度5
○年□月	天ぷらでボヤ火災	100万円	火災保険に加入していたので雑費の1万円で済む

Q2. 家計のシミュレーションゲームを実施して、あなたの班の家計のよかった点と改善点をあげてみましょう。

よかった点	改善点
・火災保険（天ぷらボヤ火災に対応）、生命保険（母入院に対応）などの保険に加入しておいたこと。 ・5年間の預貯金合計は少なかったが、ゲームでの満足度が高く、ある程度望む生活ができたこと。	・新築の一戸建てを購入するには、もう少し何かを我慢すべきだった。 ・やはりもう少し何かを節約して1か月の貯金額を増やすべきだった。

本時の学習活動

【希少性と責任を伴う選択について考える】

○前時に引き続いて、ワークシートのまとめ（家計を成立させるために重要なこと）に取り組む。

・机間巡視をしながら支援する。生徒の特性や進行状況によっては、前時に伝えた注意点を確認するなどしながら支援を行う。

・多くの生徒が裏面まで書く可能性があるため、ワークシートの裏面にも、同じような罫線を引いた枠を用意しておくとよい。

Q3. 家計のシミュレーションゲームの学習を実施して、家計（家庭の経済活動）を成り立たせるために大切なことはどのようなことだと考えますか。
（シミュレーションゲームで考えたこと・わかったこと・気付いたことなどを参考にして）

・家計については自分と全く関係ないと思っていたが、今回の家計のシミュレーションゲームをして、自分がどれだけ家計に関係しているかが分かった。経済には興味がなかったけれど、将来は日本を支えていく側になるので、この授業をきっかけにもっといろいろなことを勉強して社会に役立ちたいと思った。

・今回の家計のシミュレーションゲームをやって、家計に対してリアルな感覚をとても感じた。一戸建てなら火災保険に入っておかなければ、大きなお金を支払わなければならなかったり、自動車を買うなら、自動車保険に入っていなければ、また大きなお金失ってしまったりしたこともあり、選択したことの責任を感じた。（中略）その中で、840万円という年収の上限があるため、全てを自分の満足するようにはできない。したがって、何か自分の望むことを選んだら、何か自分の望むことを諦めなければならないことが分かった。

論述を書かせる際のポイント

①本人がこだわりをもっていないと書けない場合が多いので、活動型の授業展開などを通して、自分なりのこだわりがもてるように、生徒の知的好奇心を揺さぶることを心がける。

②本人が必然性を感じないと書けない場合が多いので、活動型の授業展開などを通して、生徒が必然性を感じられるように心がける。

③書く力や文章力は、ある程度、習慣性があるため、日頃からワークシートに文章で答えるような設問を入れておき、書くことが億劫ではなくなるように心がける。

④書く力や文章力は積み上げが大切であるため、1・2年生の頃からワークシートに文章で答えるような設問を取り入れ、積み上げていけるように心がける。

ワークシートの評価のポイント

ここでは、授業後にワークシートを回収して〔知識・技能〕〔思考・判断・表現〕及び〔主体的に学習に取り組む態度〕を見取る。

2 市場の働きと経済〜企業の経済活動〜

単元の目標

　対立と合意、効率と公正、分業と交換、希少性などに着目して、身近な消費活動を中心に経済活動の意義や市場経済の基本的な考えについて理解することができる。その際、市場における価格の決まり方や資源の配分について理解する。また、現代の生産や金融などの仕組みや働き及び勤労の権利と義務、労働組合の意義及び労働基準法の精神について理解する。また、個人や企業の経済活動における役割と責任、社会生活における職業の意義と役割と雇用及び労働条件の改善について、多面的・多角的に考察し、表現することができる。

学習指導要領との関連　B (1)「市場の働きと経済」ア(ｱ)(ｳ)及びイ

第1時・第2時	第3時・第4時・第5時
導入・展開	展開
〔第1時〕企業の経済活動について学ぶ ○企業の経済活動に関わる基礎的・基本的な内容について、教師の講義を通して学ぶ。 ・生産の要素 ・企業の経済活動の目的 ・企業の種類と規模 ・直接金融と間接金融（資金調達の方法） 〔第2時〕企業の経済活動について学ぶ ○企業の経済活動に関わる基礎的・基本的な内容について、教師の講義を通して学ぶ。 ・株式会社の仕組み ・競争と独占 ・雇用と労働条件 ・企業の社会的責任	〔第3時〕企業の企画を考える ○企業の企画書づくりの進め方について知る。 ○班での役割分担を決める。 ・取締役社長、商品企画部長、財務部長、人事部長、営業部長、宣伝部長 ○製造業かサービス業かを決める。 〔第4・5時〕企業の企画を考える ○企画する企業の大まかな業務内容を話し合って考える。 ○役割分担に従って調べる。 ・調べた内容をワークシート（企画書）に記入していく。 ・調べていく過程で、随時班員と相談したり、教師に助言を求めたりする。 ・業務内容に変更や改善があれば、修正していく。

課題解決的な学習を通して学びを深めるポイント

　企業の企画書づくりは、現代の生産の仕組みや金融の仕組み、雇用と労働条件、企業の社会的な責任などについて、主体的・対話的で深い学びとなるようにパッケージした授業展開である。

　前段階として、企業の経済活動に関わる基礎的・基本的な内容を講義形式で学ぶこととした。その上で、各班の創造性や発想を尊重しな

がら、企業の企画書づくりという疑似体験を行う。その際、班内で役割を分担することによって、業務内容等の各項目について、誰が中心に調べるかをはっきりさせてから調査する。役割分担を決めることによってロールプレイング的な要素も取り入れられるため、より主体的に責任をもって調査に取り組むこととなる。このような活動が始まると、教師はコーディネーター

単元の評価

知識・技能	思考・判断・表現	主体的に学習に取り組む態度
①身近な消費生活を中心に経済活動の意義について理解している。 ②市場経済の基本的な考え方について理解している。その際、市場における価格の決まり方や資源の配分について理解している。 ③現代の生産や金融などの仕組みや働きを理解している。 ④勤労の権利と義務、労働組合の意義及び労働基準法の精神について理解している。	①対立と合意、効率と公正、分業と交換、希少性などに着目し、個人や企業の経済活動における役割と責任について多面的・多角的に考察し、表現している。 ②社会生活における職業の意義と役割と雇用及び労働条件の改善について、多面的・多角的に考察し、表現している。	①市場の働きと経済について、現代社会に見られる課題の解決を視野に主体的に関わろうとしている。

第6時・第7時	第8時・第9時
展開	まとめ
〔第6時〕企業の企画を完成する ○役割分担を中心にして調べた内容について、班で話し合って完成させていく。 ○企画書を完成させる。 ○発表の準備をする。 〔第7時〕各班の企業の企画書を発表する ○班ごとに自分たちが企画した企業の内容を発表し、質疑・応答を行う。 〔第8時〕各班の企画書を評価する ○前時での各班の企画書を評価する。 ○企業を経営していく上で大切なことについて、ワークシートにまとめる。	〔第9時〕各班の企画書を評価する ○前時での各班の企画書を評価する。 ○企業を経営していく上で大切なことについて、ワークシートにまとめる。

としての役割が中心となるため、各班を回って、適切な支援と助言を行う必要がある。例えば、どこかの班で出された質問や生徒の考えが他の班にも有効であれば、グループ活動を一度止めさせて、全体に対して伝えていくといった方法が大切となる。そのためには、日常から一斉授業などで講義を聞く場面と、班活動などで話し合う場面との切り替えが、授業規律として確立されていることも重要である。

こうしたことも、主体的・対話的で深い学びとなるようにするために必要なことである。家計のシミュレーションゲームのまとめのワークシートの記述内容と同様に、企業を経営していく上で大切なことについての記述内容を見ても、講義中心の授業展開よりも深い学びとなっていることが分かる。

企業の経済活動
の理解①

本時の目標

現代の生産と金融の仕組みについて、その基礎的・基本的な内容を理解することができる。

本時の評価

現代の生産と金融の仕組みについて、その基礎的・基本的な内容を理解している。

本時の学習活動

【企業の経済活動の基礎的・基本的な内容を理解する】

○企業の経済活動に関わる基礎的・基本的な内容について、教師の講義を通して学ぶ。

・生産の要素とは、生産するために必要となる前提条件であり、一般に「土地・資本・労働」の三要素を指すが、現代では「情報」も欠かせない要素となっていることにも触れておきたい。

・企業の経済活動の目的とは、最大限の利潤（利益）を上げることであり、それによって従業員の給与も支払われ、社会に必要なモノやサービスを供給することができることを、無人島漂着シミュレーションで学んだことも振り返りながら説明する。企業の活動が現代

社会において私たちの生活を維持していくために欠かせないものであることを、企業の企画を考える学習の前に確認しておく。

・逆に言うと、利潤（利益）が上がらない企業を設立してはいけないことになる。例えば、利益が上がらなければ、給与が支払えず従業員の生活を守れなくなり、社会での役割を果たせなくなることも説明する。また、企業の経済活動は、各企業同士の「分業と交換」によって成立しているので、企業の経営が継続することの大切さに気付かせる。これによって、以後の企業を企画する学習活動を意義付け、生徒の意欲を高める。また、各企業同士の「分業と交換」については、学習指導要領解説を読み込み、社会では「中間財」も含め

①生産の要素
　＝土地・資本・労働
②企業の経済活動の目的
　＝最大限の利潤（利益）を上げる
　　こと
　⇒それによって従業員の給与が支
　　払われ、社会に必要なモノや
　　サービスを供給することができ
　　る
　⇔逆に言うと、利潤（利益）が上
　　がらない企業を設立してはいけ
　　ない
※企業の経営が継続することを通し
　て、各企業同士の分業と交換を成
　立させることにもつながる
③企業の種類と規模
◇私企業と公企業
◇中小企業と大企業
　⇒日本の企業の99％は中小企業
　⇒その中小企業の技術力が大企業
　　を支えている
　⇔反面、労働条件に関しては中小
　　企業が不利となる面がある
④直接金融と間接金融⇒資金調達
　直接金融＝株式・社債の発行
　間接金融＝銀行からの融資

ワークシートの評価のポイント

　ここでは、基礎的・基本的知識が
「企業の企画」のワークシートに生
かされているかをワークシート提出
後に見取る。また、定期考査におい
て見取る。

て「分業と交換」が行われていることを説明
し、中小企業の重要性にも気付かせることが
大切である。
・企業の種類と規模については、私企業と公企
　業の存在、企業規模による格差も生まれてい
　ることを理解させる一方で、中小企業の技術
　力が大企業を支えている側面も理解させる。
・直接金融と間接金融（資金調達の方法）につ
　いては、家計のシミュレーションゲームを振
　り返り、ローンを組む意義が高い住宅ローン
　と、リスクを伴うカードローンにも気付かせ
　ながら、金融の仕組みの意義と直接金融、間
　接金融の違いやそれぞれの特徴について理解
　させる。特に株式については、企業を企画す
　る学習活動につながるようにする。

企業の経済活動の理解②

組　　番　氏名

【ノート・メモ】

本時の目標

　現代の生産と金融の仕組みについて、その基礎的・基本的な内容を理解することができる。

本時の評価

　現代の生産と金融の仕組みについて、その基礎的・基本的な内容を理解している。

本時の学習活動

【企業の経済活動の基礎的・基本的な内容を理解する】

○企業の経済活動に関わる基礎的・基本的な内容について、教師の講義を通して学ぶ。

・株式会社の仕組み：前時の直接金融である株式に引き続き、株式会社の仕組みについて説明する。会社にとっては、間接金融である銀行からの融資よりも、直接金融である株式の発行は利点も多いことを理解させたい。すなわち、銀行から融資を受けた場合は借入れであるため、返済の期限があり、利子を付けて返済するという制約が多い。一方で、株式の発行では、赤字の場合は株主に対する配当は行わないなど有利な点が多い。もちろん、赤字など業績不振となれば、株式が売却されて

株価が下がり、企業の資産価値が下がったり、株主から経営陣に圧力がかかったりする可能性があることも理解していることが必要である。

・競争と独占：市場経済においては、企業間の競争は重要である。そのため、独占などが行われて競争が損なわれないような仕組みがあることを理解させることが大切である。単に、独占禁止法や公正取引委員会という名称を知っているということは避けなければならない。学習指導要領解説で示されている「市場の働きに委ねることが難しい諸問題」では、政府がその役割を果たすことをしっかりとつかませたい。つまり、政府が規制を加えるという役割である。そのために、独占禁止

①株式会社の仕組み
◇株式の発行によって調達した資金
　を使って経営
◇株主の権利
　＝株主総会で議決権
　　株式を自由に売買できる
　　配当を受け取る
◇組織⇒取締役会議・企画・財務・
　営業・人事・宣伝など部署
②競争と独占
◇市場では独占や寡占が生まれる
　⇔競争のメリット⇒独占禁止法
③雇用と労働条件
◇高度経済成長期の終身雇用⇒成果
　主義へ
◇労働基準法をはじめとする法律で
　労働者の弱い立場を守る
　⇔近年では、正社員と非正規採用
　　の問題
④企業の社会的責任
◇利潤（利益）を上げるだけでな
　く、様々な社会的責任を果たすこ
　とが求められる

ワークシートの評価のポイント

　ここでは、基礎的・基本的知識が
「企業の企画」のワークシートに生
かされているかをワークシート提出
後に見取る。また、定期考査におい
て見取る。

法上や公正取引委員会があるのである。この
理解は、財政の単元につながりをもたせるた
めに大切である。
・雇用と労働条件労働基準法をはじめとする法
　律で労働者の弱い立場を守っていることを、
　人権の学習と関連付けて理解させることが望
　ましい。その際、我が国の労働慣行の変化や
　非正規雇用労働者の問題にも考えを及ばせた
　い。
・企業の社会的責任：単に「企業の社会的責任
　＝ CSR」のような理解にならないようにし
　たい。つまり、企業の本来の目的を踏まえ
　て、企業の役割や社会貢献、及び企業の社会
　的責任の側面（誰に対する責任なのか）をつ
　かませたい。

企業の企画①

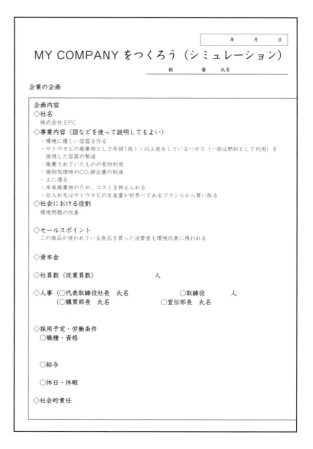

年　　月　　日

MY COMPANY をつくろう（シミュレーション）

組　　番　氏名

企業の企画

企画内容

◇社名
　株式会社 EPC

◇事業内容（図などを使って説明してもよい）
　・環境に優しい容器を作る
　・サトウキビの廃棄物として年間1億トン以上発生しているバガス（一部は燃料として利用）を
　　使用した容器の製造
　・廃棄されていたものの有効利用
　・焼却処理時のCO_2排出量の削減
　・土に還る
　・本来廃棄物のため、コストを抑えられる
　・仕入れ先はサトウキビの生産量が世界一であるブラジルから買い取る

◇社会における役割
　環境問題の改善

◇セールスポイント
　この商品が使われている食品を買った消費者も環境改善に携われる

◇資本金

◇社員数（従業員数）　　　　　　　　人

◇人事（◯代表取締役社長　氏名　　　　　　　　◯取締役　　　　人
　　　　◯購買部長　氏名　　　　　　　　◯宣伝部長　氏名

◇採用予定・労働条件
　◯職種・資格

　◯給与

　◯休日・休暇

◇社会的責任

本時の目標

　企業の企画を通して、現代の生産や金融の仕組みを理解することができる。

本時の評価

　企業の企画を通して、現代の生産や金融の仕組みを理解している。

本時の学習活動

【企業の企画を考える】

◯企業の企画書づくりの進め方について知る。

・無人島漂着シミュレーション、家計の学習に取り入れた家計のシミュレーションゲームに続いて、企業の学習でもシミュレーション的な学習に取り組むことを、これまでの生徒たちの成長を伝えながら説明する。

・一人一人にワークシートを配付する。ワークシートを実物投影機で提示しながら、企画内容の項目別に説明を加える。

・時間配当として4時間で企業を企画することを伝える。

・調べる際には、原則として教師が用意した資料と各自のタブレット端末を使い、教師が図書室から選んできた書籍も使用する。

・最後に各班からの発表を行う。

◯班での役割分担を決める。

・取締役社長、商品企画・開発部長、財務部長、人事部長、営業部長、宣伝部長の役割分担を話し合って決める。ロールプレイイグ的に役割を分担するだけではなく、企画内容の項目を主にどの役職が中心となって調べて提案するかを分担する。

・取締役社長（全体を見渡し、主に社名や所在地、社会における役割、社会的責任になどついて担当する）、商品企画・開発部長（主に事業内容に関わる商品などについて担当し、様々なアイディアを提案する）、財務部長（主に資本金、取引銀行、取引先などを担当する）、人事部長（主に採用予定・条件など

```
┌─────────────────────────────────────┐
│  ┌───────────────────────────────┐  │
│  │                               │  │
│  │ ◇所在地（本社・支社・営業所・工場など）│  │
│  │                               │  │
│  │                               │  │
│  │                               │  │
│  │                               │  │
│  │                               │  │
│  │ ◇キャッチコピー                 │  │
│  │   みんなでつくろう地球の未来      │  │
│  │ ◇取引銀行                       │  │
│  │                               │  │
│  │ ◇取引先                         │  │
│  │ ○財務部長　氏名    ○商品企画・開発部長　氏名      ）│  │
│  │ ○人事部長　氏名    ○営業部長　氏名         ）│  │
│  │ ○宣伝部長　氏名                 │  │
│  │                               │  │
│  │ ○勤務地                         │  │
│  │                               │  │
│  │ ○勤務時間                       │  │
│  │                               │  │
│  │ ○その他                         │  │
│  └───────────────────────────────┘  │
└─────────────────────────────────────┘
```

を担当する）、営業部長（主に所在地、社会における役割、セールスポイントなどを担当する）、宣伝部長（主に社会における役割、セールスポイント、キャッチコピーなどを担当する）

○製造業かサービス業かを決める。

・事業内容については、分担して調べ出す前に、全員で話し合って方向性を決める。その際、家計の学習の基礎的・基本的な内容で学んだように、社会に対して、もの＝財（目に見える商品）を提供したいのか、サービス（目に見えなかったり、手に取れなかったりする商品）を提供したいのかを考える。

企画を進める際のポイント

①導入もしくは事業内容を話し合う前に、実際の企業CM等を映像で映したりしながら、様々な企業が活動していることを実感させたり、何を作っているのかが分かりにくい企業を紹介したりして、社会では様々なニーズに応えている企業が存在することを認識させることは有効である。その際には、自動車や電化製品といった目に見える完成品だけではなく、部品などの中間財を作る企業の存在にも気付かせたい。

②タブレット端末を使って調べていくと、班員の中に目の付けどころがよく、有効な情報を発見する生徒が出てくる。机間巡視をしながら支援をする最中に、そのような生徒に出会った際は、必ず班員やクラスの前で取り上げて評価し、本人の所属感や自己有用感につなげたい。これは他の生徒の調べ学習にも好ましい波及効果が生まれる。

③机間巡視中に出された疑問点などは、必要に応じて、作業をいったん止めさせるなどしてクラス全体にも伝え、情報を共有する。

ワークシートの評価のポイント

ここでは、授業の前半は「評定に用いる評価」ではなく、「学習改善につながる評価」がふさわしい。生徒の発言を引き出しながら、生徒の関心・意欲を高めていくことが大切である。授業後にはワークシートを回収して〔知識・理解〕を見取る。

企業の企画②

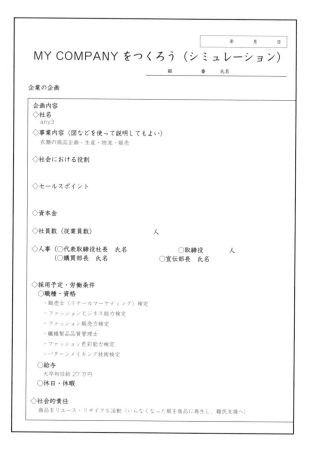

企業の企画

企画内容
◇社名
　any3
◇事業内容（図などを使って説明してもよい）
　衣類の商品企画・生産・物流・販売
◇社会における役割

◇セールスポイント

◇資本金

◇社員数（従業員数）　　　　　　人

◇人事（◎代表取締役社長　氏名　　　　　　　◎取締役　　　　人
　　　　◎購買部長　氏名　　　　　　　　　◎宣伝部長　氏名

◇採用予定・労働条件
　◎職種・資格
　　・販売士（リテールマーケティング）検定
　　・ファッションビジネス能力検定
　　・ファッション販売力検定
　　・繊維製品品質管理士
　　・ファッション色彩能力検定
　　・パターンメイキング技術検定
　◎給与
　　大卒初任給 27 万円
　◎休日・休暇
◇社会的責任
　商品をリユース・リサイクル活動（いらなくなった服を商品に再生し、難民支援へ）

本時の目標

　企業の企画を通して、現代の生産や金融の仕組みを理解することができる。

本時の評価

　企業の企画を通して、現代の生産や金融の仕組みを理解している。

本時の学習活動

【企業の企画を考える（第４・５）時】

○企画する企業の大まかな業務内容を話し合って考える。

・前時で製造業を企画するかサービス業を企画するかといった方向性を決めたことに続いて、大まかな業務内容を話し合う。調べていく過程で修正や変更も可能とする。

○役割分担に従って調べる。

・教師は資料として各班に『会社四季報』（東洋経済新報社）から業種ごとに何社ずつか選んで用意しておく。ただし非上場企業版を使う。非上場企業版のほうが業種による企業の規模や資本金の額、従業員数、支店や営業所、給与といった情報が参考になるためである。この他には、各自のタブレット端末や教

師が図書室から選んできた書籍を使って調べていく。図書館からの団体貸付で書籍を借りておく方法も考えられる。

○調べた内容をワークシート（企画書）に記入していく。

・各自のワークシートに記入していく。

○調べていく過程で、随時班員と相談したり、教師に助言を求めたりする。

・３年生になると、教師の助言だけでなく班員同士の話合いが、かなり有効な内容となる。

○業務内容に変更や改善があれば、修正していく。

・調べる過程で、それぞれの担当者から新たな提案があった場合は、話し合って取り入れる。

家計のシミュレーションゲームに続き、有効な発展事例を紹介したい。

配置としては、第5時の企画書づくりの次の時間か、第6時に企画書が完成した次の時間に、ワークショップ形式の意見交換を加える。

効果としては、単元の展開部分で取り入れるので、生徒の調査内容を、専門的な視点や実社会での経験から揺さぶられることで、それまでの調査段階では気付かなかった内容や視点が加わり、ワークショップ形式意見交換後に企画書が改善されるようになる。

講師については、企業の経営者を各班に招くパターンだけでなく、経営者、人事担当者、新入社員（前年のリクルーター）を招くパターンが有効であった。立場が違う講師とそれぞれの班がワークショップ形式の意見交換を行うことで、多面的な思考となる。なお、講師の人数によって二つの班を合同する場合には、机は並べず車座にして、簡易な名札を付けると、生徒と講師の心の距離が近くなる効果がある。

◇所在地（本社・支社・営業所・工場など）
・本社：東京
・支社：インド
・工場：インド、バングラディシュ

◇キャッチコピー

◇取引銀行

◇取引先

○財務部長　氏名　　　　　　　　○商品企画・開発部長　氏名　　　　　　）
○人事部長　氏名　　　　　　　　○営業部長　氏名　　　　　　　　　）

○勤務地

○勤務時間

○その他
・各種福利厚生あり
・正社員は社会保険完備
・非正規社員は加入制度あり

ワークシートの評価のポイント

ここでは、生徒のワークシートへの取組に対して、教師が支援に回りながら確認し、質問や助言を与えて進めることが大切である。授業後にワークシートを回収して〔思考・判断・表現〕及び〔主体的に学習に取り組む態度〕を見取る。

【企業の企画を完成する（第6時）】

○役割分担を中心にして調べた内容について、班で話し合って完成させていく。

・班でまとめるために、新たにクラスごとに色を変えた完成版の企画書（ワークシート）を配付し、それに完成させていく。

○企画書を完成させる。

・完成した企画書は次時までに印刷しておく。

○発表の準備をする。

・ここでは、全体の前での発表とする。発表は自分が分担して調べた内容を役職ごとに発表するため、リハーサルを兼ねて自分の担当箇所を班員に聞いてもらうなどして、準備を進める。

企業の企画③

本時の目標

企業の企画書の発表を通して、現代の生産や金融の仕組みを理解することができる。

本時の評価

企業の企画書の発表を通して、現代の生産や金融の仕組みを理解している。

（発表記録シート）

			年　　月　　日
		発表記録シート	
		組　　番　氏名	

班	社名	発表内容・会社の特徴　等	気付いたこと・疑問に思ったこと　等
1			
2			
3			
4			
5			
6			

以下の六つの観点で、それぞれ最も優れていると思った班を選んでください。
1. 利益が出ると思われる企業　（　　）班
理由
2. 消費者として買いたい商品を提供してくれる企業　（　　）班
理由
3. 労働者として働きたい企業　（　　）班
理由
4. 将来性がありそうな企業　（　　）班
理由
5. 投資家として投資したい（株式を購入したい）企業　（　　）班
理由
6. 社会的な責任を果たせそうな企業　（　　）班
理由

本時の学習活動

【各班の企業の企画書を発表する】

○班ごとに自分たちが企画した企業の内容を発表し、質疑応答を行う。

・発表方法は、実物投影機等も使うため、発表する班が前に出て、全体に対して行う。発表を聞いている班も机は班隊形ではなく、普段の隊形で行う。

・発表時間は、1班当たり6分を目処とし、班の入替えをスムーズに行う。

・万一、質疑等が長引く班があり、1時間で発表が終わりきらない場合には、第8時の冒頭に続けて行う。

・発表に際しては、前時に仕上げた各班の完成版の企画書を、教師が各班の班員分と自分の分を印刷しておき、授業前に配付しておくよ

うにする。時間の見通しが厳しいときには、当日の朝に各班長から班員に配付してもらうなどしておきたい。

・発表者は、実物投影機等を使って企画書の完成版を提示しながら、1人ずつ担当ごとに発表する。

・発表者以外は、実物投影機等の操作を手伝い、順番に交代していく。

・発表を聞いている班は、会社の特徴や気付いたこと、思ったことなどをワークシートに記録していくが、書くことばかりに集中せずに、自分の班の企画書と比較する意識をもちながら発表を聞くように注意する。

・評価については次時の最初に行うが、発表が早く進むなどした場合には、この時間から始

企業を経営していく上で大切なことはどのようなことですか。あなたの考えをまとめてください。

私が思う企業の経済活動の意義は、消費者にとっては暮らしに役立つ商品の供給が一つとして挙げられる。現在は企業同士が法やきまりを守りながら競争しているため、よりよい商品を私たち消費者に供給してくれている。例えば、住居や食べ物といったモノや電車・バス、病院などのサービスだ。だが、ここで忘れてはならないのは企業の労働は私たち消費者が行っており、企業は私たちに給与を支払わなければならないことだと思う。私たち消費者は様々な企業に勤め、その上で分業をし、モノやサービスを企業同士で協力しながらつくりあげ、もらった給与でそれぞれのモノやサービスを交換している。こうしたことで経済が成り立っていると思う。(中略)

課題は大企業と中小企業の間に賃金などに格差が生じてしまうことが挙げられる。大企業の立場からは、中小企業が細かい部品の生産など裏方の仕事をしたほうが効率的だが、中小企業の従業員からすると公正とは言えないと考える。(後略)

めてもよい。

グループ学習を定着させるポイント

活動型授業を取り入れたパッケージで単元を考えた場合、ジグソー形式やシミュレーション形式、ディベート、パネルディスカッションなど、1時間単位ではなく、数時間継続して班で取り組む学習となるため、班活動の積上げが学習の効果を高めることになる。

そこで、1年生から、生活班での個人の役割分担と責任をしっかり日常生活の活動とリンクさせておくことが大切である。一見、社会科とは関係なさそうにも見えるが、生徒の自主性を育てることになるため、日常の学校生活だけでなく、宿泊を含めた様々な行事においても推進力となる。

例えば、班長の他、副班長（生活向上係）、学習係、給食係、美化係といった役割を与え、それぞれが日常的な仕事を分担する。班長は全体の指揮、副班長（生活向上係）はチャイム着席の指導を担当し、学習係は忘れ物の指導を担当する。給食係は給食前の手洗いと着席の指導を担当し、美化係は掃除の指導を担当する。それぞれの係が状況を記録し、班長会等で活用する。

ワークシートの評価のポイント

ここでは、ワークシートを回収して〔知識・技能〕〔思考・判断・表現〕及び〔主体的に学習に取り組む態度〕を見取る。

展開

企業の企画書の評価

本時の目標

　講義形式の授業と企業の企画（学習パッケージ：第3時から第8時）を通して、企業を経営していく上で大切なことなどについて考えることができる。

本時の評価

　講義形式の授業と企業の企画を通して、企業を経営していく上で大切なことなどについて考えている。

発表記録シート

			年　　月　　日

組　　番　氏名

班	社名	発表内容・会社の特徴　等	気付いたこと・疑問に思ったこと　等
1			
2			
3			
4			
5			
6			

以下の六つの観点で、それぞれ最も優れていると思った班を選んでください。

1. 利益が出ると思われる企業　（　　）班
　理由

2. 消費者として買いたい商品を提供してくれる企業　（　　）班
　理由

3. 労働者として働きたい企業　（　　）班
　理由

4. 将来性がありそうな企業　（　　）班
　理由

5. 投資家として投資したい（株式を購入したい）企業　（　　）班
　理由

6. 社会的な責任を果たせそうな企業　（　　）班
　理由

本時の学習活動

【各班の企画書を評価する】

○前時での各班の企画書を評価する。

・前時での各班からの企画書の発表を、ワークシートの記録も参考にしながら、生徒同士で互いに評価する。

・観点はワークシートに沿って、「利益が出ると思われる企業」「消費者として買いたい商品を提供してくれる企業」「労働者として働きたい企業」「将来性がありそうな企業」「投資家として投資したい（株式を購入したい）企業」「社会的な責任を果たせそうな企業」とする。

・ここでの評価については、ランキング方式で優位性を評価することを目的とはしないため、A・B・Cによる評価や、5段階による評価などは付けないこととする。六つの観点から、理由を考えて評価していくことにより、評価する側が「利益は出るのか」「将来性はあるのか」「社会的責任を果たせるのか」という複数の視点や、「消費者の立場から」「労働者の立場から」「投資する立場から」という複数の立場から、それぞれ多面的・多角的に考えてみることで、講義形式の授業と企業の企画を合わせた学習パッケージで学んできたことを深めていけるようにすることが大切である。

・評価される側へは、後日ワークシートを回収した後に、教師が分析し、各班のどういう点がどのような理由で評価されたのかを伝えてフィードバックしていく。

企業を経営していく上で大切なことはどのようなことですか。あなたの考えをまとめてください。

　私は企業の経済活動の意義について考えました。

　企業がどのように社会に役立っているか考えたとき、効率と公正の面で一つ考えました。無人島漂着シミュレーションでは、物々交換や自給自足をしていました。でも今は、私たちはお金を払って生活に必要なモノを買って分業と交換をして生きています。自給自足では時間や労力がかかりますが、今の時代はすぐに買え、正当な価格で売っているので、効率と公正の面では企業は社会の役に立っていると言えます。

　また、企業は原材料の生産者からモノを買い、消費者にモノを売っています。原材料の生産者がモノを企業に売らず自分の力で売ろうとしてもうまくいきません。このように企業は世の中のモノとお金を回していると考えると、社会の役に立っています。(中略)

　課題は、利益が上がらないものは私企業が経営をしないので、国が経営する際に負担が大きくなると思うことや、公正取引委員会が対応するにしても寡占が起こる場合があることだと考えます。(後略)

○企業を経営していく上で大切なことについて、ワークシートにまとめる。

・講義、企業の企画書づくり、発表、評価という学習の流れを通して、企業を経営していく上で大切なことについて、個人でワークシートにまとめていく。

・主に「効率と公正」「分業と交換」といった概念に触れられるようにするとともに、企業は、消費者、経営陣、それ以外の従業員、株主といった様々な立場の人のためにあり、豊かな暮らしを目指す市場経済の仕組みにおいて、重要な役割を果たしていることにも気付かせたい。

グループ学習を定着させるポイント

　１時間単位ではなく、数時間継続して班で取り組む学習となるため、ワークシートや資料を忘れる生徒がいると班全体の学習が滞る事態が起こる。それを防ぐための小技として、角２号サイズ程度の封筒を活用する。

　班ごとに毎時間、封筒で教師と生徒がキャッチボールをするわけである。時間の終わりに班員のワークシートや資料を封筒に回収して教師が預かり、授業の最初に封筒を班長に渡して、班員に配付するようにしていくとよい。

　更に、封筒には班員の指名、役割分担、進行状態が分かるような表を印刷して貼っておき、班長が毎時間記録するようにする。これによって、授業中のコーディネートだけでは難しい班ごとの進行状況の違いを、教師が確実に把握できるようになるため、タイムラグの予測が付き、班によって授業中に時間差が生まれそうな場合の指示や準備がしやすくなる。

ワークシートの評価のポイント

　ここでは、最終授業後にワークシートを回収して〔知識・技能〕〔思考・判断・表現〕及び〔主体的に学習に取り組む態度〕を見取る。

3 市場の働きと経済～市場経済と価格～

単元の目標

市場における価格の決まり方や働きについて、多面的・多角的に考えることができる。

学習指導要領との関連　B(1)「市場の働きと経済」ア(イ)

第1時	第2時
導入	展開
〔第1時〕価格の決まり方 ○学校の近くの自動販売機で売られている飲料水の価格と、富士山の山頂近くの自動販売機で売られている飲料水の価格を比較し、富士山の山頂近くの自動販売機で売られている飲料水の価格が高い理由を考える。 ○旅行会社のパンフレットを参考に、時期によって宿の宿泊料金が異なっている理由を考える。 ○富士山の山頂近くの自動販売機で売られている飲料水の価格の決まり方と宿の宿泊料金の価格の決まり方を比較する。	〔第2時〕価格の働き ○野菜の価格高騰を伝える新聞記事と卸売市場におけるレタスの入荷量と価格の推移に関する資料を基に、収穫量が少ない時期に野菜の価格が高くなる理由を考える。 ○農家が野菜を廃棄する理由を考える。 ○飲食店の価格競争の新聞記事とスーパーの値引きされた惣菜の写真を見て、売り手側が安く商品を提供する理由を考える。 ・価格への企業や生産者の望みと家計の望みを考えた場合、価格はどのようにして決まっていくと言えるか考える。

課題解決的な学習を通して学びを深めるポイント

〔第1時〕

　市場において価格は需要量と供給量のバランスによって決まる。しかし、生徒は価格の決まり方に対して「費用」など、供給サイドにその要因を求めやすい。そのため、価格の決まり方について、供給サイドと需要サイドそれぞれの関与に着目しやすい事例を提示し、「なぜそのような価格になるのか」比較・検討すること

で、価格の決まり方について主体的に考えられるようにしたい。

〔第2時〕

　農産物はその商品特性や生産の特殊性から、価格変動の様相を捉えやすいという利点がある。そのため、野菜が高騰する理由や農家が野菜を廃棄する理由を考え、価格に対する供給サイドの望みに気付けるようにしたい。一方で、

単元の評価

知識・技能	思考・判断・表現	主体的に学習に取り組む態度
①価格の決まり方や働きに関わる複数の資料を読み取り、それを根拠として、話合いやワークシートの記述に活用している。 ②価格は売り手によって一方的に決められているのではなく、買い手の志向や行動も影響していることを理解している。	①価格の決まり方や働きについて、売り手と買い手、それぞれの立場から多面的・多角的に考察している。 ②価格の決まり方や働きについて、買い手の情報処理能力の限界や売り手と買い手の情報格差などの問題点も踏まえて考察している。	①普段生活の中で何気なく目にしている「価格」の決まり方や働きについて、予想を立てたり、考察したりするなど社会に生きる一人の消費者として、主体的に追究しようとしている。

第 3 時	
まとめ	
〔第 3 時〕市場と価格の関係 ○前時までの学習を振り返り、価格がどのようにして決まっていくかを理解する。 ○二重価格表示には販売者側にとってどのような目的があるのか、消費者側の目線ではどのような問題点があるかを考える。 ○消費者を惑わす価格表示や食品偽装などの問題を防ぐにはどのようなことが必要か考える。 ○市場メカニズムがうまく機能しない「市場の失敗」について確認し、市場における政府の役割を理解する。	

飲食業界における価格競争やスーパーでの惣菜の値引きの理由を考えることで、需要サイドの望みにも気付き、価格が供給サイド、需要サイドの望みのバランスで決まることを理解できるようにしたい。

〔第 3 時〕

　この時間では、前時までに学習した価格の決まり方や働きを踏まえ、次単元へのつながりをもてるようにする。それは、市場における政府の役割である。そこで、二重価格表示や食品偽装の事例を取り上げ、市場における消費者の不利な立場について自覚するとともに、どうすればこのような問題を防げるかを考えることで、市場での政府の役割や介入の必要性に気付くことができるようにしたい。

価格の決まり方の理解

本時の目標

　富士山の山頂付近の自動販売機で売られている飲料水の価格や観光地の宿泊料金などを事例として、価格の決まり方について主体的に考えることができる。

本時の評価

・複数の資料を根拠として、話合いやワークシートの記述に活用している。
・価格の決まりについて、予想・考察し、主体的に追究しようとしている。

年　　月　　日

市場経済と価格

組　　番　氏名

学習課題：価格はどのようにして決まるのだろうか？

個人ワーク

商品を購入する場合、あなたはどのようなことを考慮・重視して購入するか記述しましょう。

価格、ブランド、デザイン、性能

※私たちは商品を購入する際に、様々な判断基準から（　選択　）している。

個人・グループワーク

富士山の山頂付近で売られている飲料水はなぜ高いのか考えましょう。

自分
・運搬や補充の費用が高いから。
・電気代や人件費が高い。
・山頂での水分は貴重だから。
・山頂では売れる本数が少ないから1本当たりを高くしている。

グループ

つめた～い ¥160　つめた～い ¥160　つめた～い ¥160　つめた～い ¥160　つめた～い 120円　つめた～い 120円

つめた～い ¥500　つめた～い ¥500　つめた～い ¥500　つめた～い ¥500　つめた～い ¥500

本時の学習活動

1　導入

○ほしいものを買うとき、どのようなことを重視して購入しているか、ワークシートに記入し、発表する。
・文房具やゲーム、お菓子、洋服など生徒に身近な商品の写真を、プレゼンテーションソフトや実物などで示す。
・私たちは日々様々な判断基準を基に「選択」し、商品を購入していることに気付かせる。

2　展開1

○学校の近くの自動販売機で売られている飲料水の価格と富士山の山頂付近の自動販売機で売られている飲料水の価格の写真から気付いたことを発言する。

○富士山の山頂付近の自動販売機で売られている飲料水の価格が高い理由を個人で考え、ワークシートに記入する。その後、グループになり、個人で考えたことを意見交換し、代表者が発表する。
・富士山で売られている商品の物価に対する山小屋の管理人の説明をプレゼンテーションソフトで示し、自分たちの考え方と比較させる。

3　展開2

○観光地の宿泊料金を見て、気付いたことを発言する。
・観光地の宿泊料金が分かる資料を配布する。
○時期によって宿泊料金が異なっている理由を

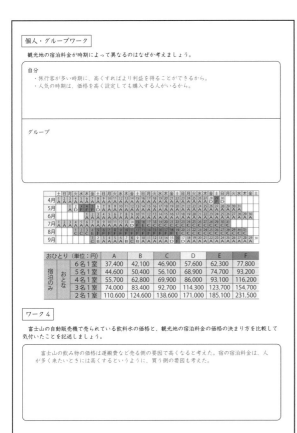

ワークシートを使用する際のポイント

　本時では、富士山の飲料水の価格を事例として取り上げているが、生徒の実態に合わせて事例を変更してワークシートを作成することも可能である。

ワークシートの評価のポイント

まとめの記述・評価ポイント
　「富士山の飲み物は、山頂まで運ぶ運搬費や人件費など、売る側の事情で高くなると考えた。しかし、宿の宿泊料金は、売る側が、買う側の長い休みが取れるときに行きたいなどの状況に合わせて価格を決めている」
　価格の決まり方について、売り手側だけではなく、買い手側の関与に気が付いている記述があれば B 評価とする。
　更に、「飲料水の宿の価格も、高くても買う人がいるからその値段になっている」など需要面から説明する記述が含まれれば、A 評価とする。

　個人で考えワークシートに記入する。その後、グループになり、個人で考えたことを意見交換し、代表者が発表する。
・富士山の山頂付近の自動販売機で売られている飲料水の価格が高い理由と対比できるように板書していく。

4　まとめ

○「価格の決まり方」という視点から、富士山の山頂付近の自動販売機で売られている飲料水の価格と観光地の宿泊料金にはどのような違いがあるか個人でワークシートに記述する。

価格の働きの理解

本時の目標

　農産物の価格や飲食店の価格競争などを事例として、価格の決まり方や働きについて、売り手と買い手それぞれの立場から多面的・多角的に考察することができる。

本時の評価

・価格は、消費者の志向や行動も影響することを理解している。
・価格の決まり方について、売り手と買い手の立場から考察している。

市場経済と価格

年　　月　　日

学習課題：価格はなぜ変動するのか？

個人・グループワーク

野菜の出荷量が少ないときに価格が高騰するのはなぜか考えましょう。

自分
・収穫量が少ないと、高く売らなければ、農家の人が生活できないから。
・野菜が貴重になって、価格が高いとしても必要な人は買おうとする人がいるから。

グループ

農家の人はなぜ生産した野菜を廃棄したのか考えましょう。

自分
・販売できない品だから。
・収穫量が多すぎると貴重ではなくなるから。
・価格が安くなりすぎないようにしている。

グループ

本時の学習活動

1　導入

○授業者が見せる野菜の価格を予想する。
・いくつかの実物の野菜を示し、いくらで購入したか予想させる。長雨や台風の影響で野菜が高騰した年の野菜の価格をプレゼンテーションソフトで示す。

2　展開1

○野菜の高騰を伝える新聞記事を見て、読み取ったことを発言する。
・東京卸売市場におけるレタスの入荷量と価格の推移に関する資料をプレゼンテーションソフトで示す。出荷量が少ないときは価格が高騰し、出荷量が多いときは価格が下落していることを確認する。

・農家が産地廃棄をする映像を見せる。
○出荷量が少ない時期に野菜の価格が高くなる理由と農家が野菜を廃棄する理由を個人で考え、ワークシートに記述する。その後グループになり、個人で考えたことを意見交換し、代表者が発表する。

3　展開2

○モノやサービスの売買において、売り手と買い手の望みをそれぞれの立場で考え、発言する。
○飲食店の価格競争の新聞記事とスーパーで値引きされた惣菜の写真を見て、売り手側が安くモノやサービスを提供する理由を個人で考え、ワークシートに記述する。その後グルー

個人・グループワーク

　飲食店で価格競争が行われたり、スーパーでお惣菜などが値引きされたりするのはなぜか考えましょう。

自分

- 消費者の望みもあるので、単純に高い価格にすればいいわけではないから。
- 安いほうが消費者に喜ばれるから。
- スーパーは売れ残ると困るから。

グループ

価格に対する売り手の望み→（　　できるだけ高い価格で売りたい　　）

価格に対する買い手の望み→（　　できるだけ安い価格で買いたい　　）

個人ワーク

　これまでの学習を振り返り、「価格」はどのように決まっていくと言えるか記述しましょう。

　売り手側はできるだけ高く売りたいという思いがあり、反対に買い手側はできるだけ安く買いたいという望みがある。だから価格は、売り手側と買い手側が互いに納得できる中間の価格になっていくのだと思う。

プになり、個人で考えたことを意見交換し、代表者が発表する。

4　まとめ

○売り手側の望みと買い手側の望みを考えた場合、価格はどのようにして決まっていくと考えられるかワークシートに記述する。

ワークシートを使用する際のポイント

　ワークシートは主に思考や判断の表現の場であり、その手がかりとなる補助資料はワークシートとは別に配付する場合も多々あるだろう。

　本時においても、ワークシートとは別に示す補助資料はいくつかあるが、資料共有の方法として Google Classroom などの ICT を活用することもできるだろう。

ワークシートの評価のポイント

「個人ワーク」の記述・評価ポイント

　「売り手側はできるだけ高く売りたいという思いがあるし、反対に買い手側はできるだけ安く買いたいという望みがある。だから価格は、売り手側と買い手側が互いに納得できる中間の価格になっていくのだと思う」

　価格の決まり方について、価格が売り手側によって一方的に決めているわけではないことに気が付いている記述があれば、B 評価とする。

　更に「売り手と買い手がお互いに納得する価格になっていく」などの記述も含まれれば、A 評価とする。

市場と価格の関係の理解

本時の目標

買い手の情報処理能力の限界や売り手と買い手の情報格差に起因する問題点などを考えることを通して、市場における価格の働きや政府の役割に気付くことができる。

本時の評価

市場での情報格差や消費者の情報処理能力も踏まえて、市場における政府の役割に気付いている。

年　　月　　日

市場経済と価格

組　　番　氏名

学習課題：市場において価格はどのような働きをするのか？

解説

価格は買い手が購入しようとする総量である（　需要量　）と売り手が販売しようとする（　供給量　）のバランスで決定される。（　供給量　）よりも（　需要量　）が少ないと、商品が（　売れ残る　）ので価格は（　下落　）する。（　需要量　）よりも（　供給量　）が少ないと、商品が（　不足　）するので価格は（　上昇　）する。そのため、価格は次第に需要量と供給量が一致する価格、（　均衡価格　）になる。価格にはこうした自動調整機能があり、（　効率的　）な資源配分が可能となる。

＋自分であと一歩（自主学習）
需要が供給を上回る事例、供給が需要を上回る事例を考えてみましょう。

・オークションサイトでの売買。
・リモートワークの普及で都心のオフィスの需要が低くなり、賃料が下がった。

個人ワーク
二重表示価格にはどのような目的があるのか考えましょう。

値下げを強調するため。消費者に安いという印象を与えるため。

二重表示価格は消費者の目線から考えた場合、どんな問題点があるか考えましょう。

そこまでほしくないものも、購入基準が価格だけで衝動買いしてしまう。

本時の学習活動

1　導入

○前時の学習を振り返り、価格はどのようにして決まっていたかを発言する。

・一般的に価格は、売り手側の「売りたい」総量と買い手側の「買いたい」総量のバランスで決まることを説明する。教科書を用いて需要供給曲線の読み取り方についても解説を加え、価格が指標となり、無駄がなく効率のよい資源分配が実現されることに気付かせる。

2　展開1

○二重価格表示にはどのような目的があるのか、個人で考え、ワークシートに記述する。

・二重価格表示がされているショッピングサイトのwebページを見せる。

○二重価格表示は、消費者の目線から見たときにどのような問題点があるか考える。

・人間には初めに印象に残った数字などを基準に判断を下しやすい心理傾向があり、価格そのものが消費者の購買意思を左右することがあることを指摘する。

○市場で想定されている消費者の人間像を見て、感じたことをペアで話し合う。

・市場で想定されている消費者は、常に合理的に行動するとされていることを説明する。しかし、実際の人間には様々な思考のゆがみがあることを説明する。

3　展開2

○食品偽装に関するニュース映像を見る。

個人・グループワーク

消費者を惑わす価格表示や食品偽装などを防ぐにはどのようなことが必要か考えましょう。

自分

品質や価格などの表記の仕方などについて法律で規制する。違反をした販売者に罰則を与える。

グループ

解説

市場での需要と供給のバランスが崩れ、効率的な資源配分がなされないことを市場の失敗という。市場の失敗には、1つの企業が生産や販売市場を支配する（　独占　）、少数の企業が生産や販売市場を支配している（　寡占　）などがある。

→（　独占禁止法　）で規制し、（　公正取引委員会　）が監視している。

また、電気や水道などの料金は、国や地方自治体が認可や決定をする（　公共料金　）である。

＋自分であと一歩（自主学習）　①か②どちらかを選んで考えよう。
① 独占や寡占にはどのような問題点があるだろう？
② なぜ電気や水道料金は、国や地方自治体が認可、決定するのだろう？

・企業同士で価格や質の面で争わなくなるので、消費者の不利益になるから。
・水や電気は生きていく上で欠かせないもので、極端に価格が高騰したら人々の生活に大きな影響が出るから。

第3時
101

ワークシートを使用する際のポイント

　市場の働きと経済の単元において、一般的に教科書等に示される需要供給曲線については、本時のワークシート内で示していない。そのため、ワークシート内の価格の決まり方に関する解説部では、需要供給曲線をICT機器などで示し、具体的な例からそのメカニズムを理解させたい。

　また、ワークシート内の自習学習の項目は、生徒の実態や授業進度に合わせて授業内での取組に変更することも可能である。

ワークシートの評価のポイント

「個人・グループワーク」の記述・評価要素

　「品質などの表記の仕方に法律を定めたりして、違反した場合に罰則を与える」

　景品表示や販売方法などについて規制をかける、違反した販売者に罰則を与えるなどの記述があれば、B評価とする。

　更にそのための「政府」の関与の必要性まで記述されていればA評価とする。

・一般的に商品に関わる情報については、消費者よりも、圧倒的に売り手側が保有する情報が多く、売り手と買い手との間には情報量の格差があることを指摘する。

○消費者を惑わす価格表示や食品偽装を防ぐにはどのようなことが必要か考え、ワークシートに記述する。その後、グループになり、個人で考えたことを意見交換し、代表者が発表する。

・市場経済では、状況によって政府が市場に介入する必要があることを「市場の失敗」という視点から解説する。

4　まとめ

○単元の学習を振り返る。

4 国民の生活と政府の役割①

5 時間

単元の目標

　対立と合意、効率と公正、分業と交換、希少性などに着目して、社会保障の整備、公害の防止など環境の保全、少子高齢化における社会保障の充実・安定化、消費者の保護について、それらの意義を理解するとともに、財政及び租税の意義、国民の納税の義務について理解することができる。また、国民生活と福祉の向上を図ることに向けて、市場の働きに委ねることが難しい諸問題に関して、国や地方公共団体が果たす役割と財政及び租税の役割について、多面的・多角的に考察したり、構想したりして表現することができる。

学習指導要領との関連　B⑵「国民の生活と政府の役割」アイ

第 1 時	第 2 時
導入	展開
〔第 1 時〕無人島漂着シミュレーションの○○年後の社会① ○社会が発展していく過程で、法や行政の仕組みの必然性に気付く。 ・無人島漂着シミュレーションの○○年後という前提条件を知る。 ・ワークシートの「ミッション A」で、そうなった場合にどのようにするかを考える。 ・隣同士などの友人と意見交換し、何人かが発表して考えを共有する。 ・ワークシートの「ミッション B」で、そうなった場合にどのようにするかと、両者の合意案を考える。 ・隣同士などの友人と意見交換し、何人かが発表して考えを共有する。	〔第 2 時〕無人島漂着シミュレーションの○○年後の社会② ○ワークシートの「ミッション D」「ミッション E」「ミッション F」について、第 1 時と同様に授業を展開する。

課題解決的な学習を通して学びを深めるポイント

　政府の経済活動である財政は、大人でも難しい内容となるため、生徒が学習に取り組む際に必然性などに気付かせ、自分事として学ぶ工夫が有効であると考える。そのため、経済の導入で活用した「無人島漂着シミュレーション」の○○年後という場面設定を行って家計の経済活動と企業の経済活動とのつながりをもたせた。生徒の興味・関心を高めながら、よりよい暮らしを目指すためには、法や行政の仕組みが必要となることに気付かせたり、企業だけでは成立しない経済活動があることに気付かせたりして、財政の意義につなげるねらいがある。

　更に、この中項目ではディベートを活用して生徒の学びを深めることをねらいとしている。そのために、講義を行いながら、財政に関する基礎的・基本的な内容を、事前に習得できるよ

単元の評価

知識・技能	思考・判断・表現	主体的に学習に取り組む態度
①社会保障の整備、公害の防止など環境の保全、少子高齢化における社会保障の充実・安定化、消費者の保護について、それらの意義を理解している。 ②財政及び租税の意義、国民の納税の義務について理解している。	①対立と合意、効率と公正、分業と交換、希少性などに着目し、市場の働きに委ねることが難しい諸問題に関して、国や地方公共団体が果たす役割について多面的・多角的に考察、構想し、表現している。 ②対立と合意、効率と公正、分業と交換、希少性などに着目し、財政及び租税の役割について、多面的・多角的に考察し、表現している。	①国民の生活と政府の役割について、現代社会に見られる課題の解決を視野に主体的に関わろうとしている。

第3時・第4時	第5時
展開	展開
〔第3時〕**財政の仕組みについて①** 〇財政に関わる基礎的・基本的な内容について、ワークシートと教師の講義を通して学ぶ。 ・ワークシートのQ1〜Q7の内容に取り組む（財政の目的、財政の働きと意義、租税の種類と仕組み、租税の意義と問題点）。 ・生徒が発表しながら教師の講義を受ける。 〔第4時〕**財政の仕組みについて②** 〇財政に関わる基礎的・基本的な内容について、ワークシートと教師の講義を通して学ぶ。 ・ワークシートのQ8〜Q14の内容に取り組む（社会保障制度の意義、日本の社会保障制度の柱、日本の少子高齢社会の特徴や課題、公害問題と対策、財政の課題）。 ・生徒が発表しながら教師の講義を受ける。	〔第5時〕**財政の仕組みについて③** 〇財政に関わる基礎的・基本的な内容について、ワークシートと教師の講義を通して学ぶ。 ・ワークシートQ15〜Q20の内容に取り組みながら、これからの財政や税の仕組みの在り方について考える。

うにワークシートを活用しながら、教師とのやり取りでディベートに取り組むための下地をつくっている。ディベートは三つの論題を設定した3連続ディベートを行う。事前に学習した学び深めるために、有効だと考えたからである。ディベートを行う際には、それぞれの論題に対して肯定側・否定側のどちらの立場を担当しても、相手側の立場の主張点や論拠について

も調査する必要があり、多面的・多角的な考察が必要となる。これは、主体的・対話的で深い学びを成立するためにも必要なことである。まとめのワークシートの記述内容を見ても、ディベートという活動型の授業を中項目の学習に取り入れることによって、講義中心の授業展開よりも深い学びとなっていることが分かる。

無人島漂着シミュレーションの○○年後の社会①

本時の目標

社会が発展していく過程で、法や行政の仕組みの必然性に気付くことができる。

本時の評価

社会が発展していく過程で、法や行政の仕組みの必然性に気付いている。

ワークシート

	年 月 日

経済って何だろう（経済と法・政治）

組　番　氏名

≪無人島漂着シミュレーションでのその後（将来）を考えてみよう≫

無人島からいかだで脱出を図り、たどり着いた島のその後を考えてみましょう。

　舞台は無人島漂着シミュレーションにおいて漂着した島から、いかだを造って脱出を図った際にたどり着いた島のおよそ○○年後です。当然のことながら社会は発展してきました。現在の島の状況は以下のとおりです。それぞれのミッションを考えながら、学習していきましょう。

【現在の島（島の名称は「ムジン島」）の状況】

◇人口100人程度の島　　　→　人口は1000人　現在も人口増加中

◇たどり着いた島の漁業　　→　島の中心的な産業へ

◇たどり着いた島の造船　　→　遠くの海まで航海できるような大きな船を造る技術
　レベル

◇元の島で採れたパパイヤ　→　たどり着いた島でも栽培が始まり、生産量は輸出できるレベル

◇たどり着いた島で採れた　→　順調に生産量が増えて生産量は輸出できるレベル
　バナナ

◇文明社会との交流　　　　→　文明社会の文化や生活習慣が徐々に広がっている

◇他地域（地国）との貿易　→　貿易が広がっている

◇通貨　　　　　　　　　　→　通貨が流通するようになり、通貨単位は「ジン」

本時の学習活動

【社会が発展していく過程で、法や行政の仕組みの必然性に気付く】

○無人島漂着シミュレーションの○○年後という前提条件を知る。

・この実践では、経済の三主体のうち、家計と企業の学習を終えたところで、政府の経済活動である財政につなげる目的がある。つまり、学習指導要領解説に示された「市場の働きに委ねることが難しい諸問題」に対処する役割である政府の仕組みが、人類の発展の過程で必然性をもって生まれてきたことに気付かせ、これまでの学習とストーリー性をもたせようとするものである。

・前提条件として、無人島漂着シミュレーションでいかだを造って脱出してたどり着いた島の○○年後の暮らしが舞台であることを説明する。

○ワークシートの「ミッションA」で、そうなった場合にどのようにするかを考える。

・「ミッションA」では、教育に焦点を当てる。生徒が義務教育を受けていることから、歴史的に教育という仕組みが整ってきたことに気付かせるとともに、資金を誰が負担するのかという点にも目を向けさせたい。

○隣同士などで意見交換し、何人かが発表して考えを共有する。

○ワークシートの「ミッションB」で、そうなった場合にどのようにするかと、両者の合意案を考える。

・「ミッションB」では、「ミッションA」を受

ミッションA
「今後の島の発展にも教育は欠かせないと考えたマサオさんは島に学校をつくることを考えました。あなたならどのようにしますか」

専門の教師を雇う　　学校を建設する　　資金を出し合う
→　行政の仕組みの必要性　　金融の仕組みの必要性

ミッションB
「学校を建設するために約束した大工さんとの間に以下のような問題が起こりました」

大工さん　：建設の約束をした時点で代金の半分を支払ってください。
マサオさん：すべてできあがってからの支払いではだめですか。大きな金額ですし心配です。
大工さん　：その資金を木材などの材料費にしたいのです。雇っている他の大工さんの賃金にもしたいのです。
マサオさん：困りましたね。私たちも村で話し合ってお金をみんなから集めているのですが、まだ全額は集めきれていないのです。
大工さん　：それはうちも困りましたね。もし村人から全額を集めきれていなかったら、木材などの材料費も雇っている他の大工さんの賃金も払えなくなってしまいますよね。逆にうちが心配です。大損してしまいます。

「あなたならどのようにしますか。それぞれマサオさんと大工さんの立場で考えなさい」

マサオさん	大工さん
資金を借りられるところを探す	お金を支払ってもらった部分まで工事を進める

両者の合意案
どちらかが融資を受ける　　法律を整備する　　監督する機関を設置する
→　情報の非対称性　　契約　　取引・決済の仕組み
　　金融の仕組みの必要性　　法律の整備　　行政の仕組みの必要性

ミッションC
「学校を建設するために契約した大工さんが、約束どおりに建設を進めてくれません。あなたがマサオさんなら、どのような方法で解決を考えますか」

訴える　　契約を破棄する　　法律を整備する　　別の大工さんと契約する
→　情報の非対称性　　契約　　新規参入
　　法律の整備　　行政の仕組みの必要性

ワークシートを使用する際のポイント

　この「無人島漂着シミュレーションの○○年後の社会」の授業はストーリー性を大切にしている。

　ワークシートの七つのミッションは、個人の努力を超えた法や行政の仕組みの必要性に気付くような問が繰り返されている。それは、経済の導入である「無人島漂着シミュレーション」をから始まり、「家計のシミュレーションゲーム」「企業の企画書づくり」と続き、経済の三主体の最後となる政府の経済活動（財政）へとつながるストーリーとして学ぶことが、財政や政治単元の学習にも有効だからである。

　本書は、経済単元を先習するプランを想定している。既に消費行動を行っている生徒にとって、経済を先に学ぶことのメリットは大きいからである。

　学習指導要領には大項目Aと大項目D以外には順序性は定められていないため、政治先習も考えられる。状況に応じて判断したい。生徒の理解が深まる配列例としては、「大項目A→人権→経済単元→政治単元→経済単元の財政（政策判断）→大項目D」が有効であると考える。

けて、学校建設に当たっての資金トラブルから、契約や法整備、金融の仕組みの必要性に気付かせる。

○隣同士などで意見交換し、何人かが発表して考えを共有する。

○ワークシートの「ミッションC」で、そうなった場合にどのようにするかを考える。

・「ミッションB」では、業者に支払う代金のための資金を甘く見ていたマサオさん側に問題（瑕疵）があったが、「ミッションC」は、業者側に問題（瑕疵）があるケースである。

○隣同士などで意見交換し、何人かが発表して考えを共有する。

ワークシートの評価のポイント

　ここでは、「評定に用いる評価」ではなく、「学習改善につながる評価」がふさわしい。生徒の発言を引き出しながら、生徒の関心・意欲を高めていくことが大切である。授業後にワークシートを回収して「学習改善につながる評価」を見取る。

無人島漂着シミュレーションの○○年後の社会②

本時の目標

社会が発展していく過程で、法や行政の仕組みの必然性に気付くことができる。

本時の評価

社会が発展していく過程で、法や行政の仕組みの必然性に気付いている。

年　　月　　日

経済って何だろう（経済と法・政治）

組　　番　氏名

ミッションD
「今後の島の発展にも漁業の振興は欠かせないと考えたノリコさんは、より遠くの海に漁に出かけることを考えました。あなたならどのようにしますか」

大きな船を造る　　港を整備する　　みんなに呼びかけて資金を出し合う
→企業へ　　行政の仕組みの必要性　　金融の仕組みの必要性

ミッションE
「漁業の振興のために、遠くの海に漁に出かけるようになると、漁獲量は順調に増えましたが、別の島との間に以下のような問題が起こりました」

他の島の漁師　：ムジン島の漁船が自分たちの島の沿岸まで来て漁を始めたため、漁獲量が減ってしまった。

ムジン島の漁師：私たちの島は人口も増えていて、漁獲量を増やしたいのです。海はみんなのものだから獲ってもいいではないですか。

他の島の漁師　：私たちだって生活がかかっています。海はみんなのものと言いますが、自分たちの島の近海で獲れる魚は自分たちのものですよ。逆に、ムジン島の沿岸で私たちが漁をして、ムジン島の漁獲量が減ったら、苦情を言いませんか。

ムジン島の漁師：ですが、島の人口も違うので、分かってほしいのですが……。

「あなたならどのようにしますか。それぞれ他の島の漁師さんとムジン島の漁師さんの立場で考えなさい」

他の島の漁師さん	ムジン島の漁師さん
どこかに訴える	漁獲量を制限する

両者の合意案
法律を整備する　　監督する機関を設置する
→　主権　　経済活動のルール　　法律の整備　　行政の仕組みの必要性

ミッションF
「ケイコさんはバナナとパパイヤを扱う貿易会社をおこしました。ところが、売り上げをだまし取られてしまいました。困ったケイコさんは島の保安官に相談しました。あなたがケイコさんなら、どのような方法で解決を考えますか」

訴える　　法律を整備する　　警察組織をつくる
→　財産権を確立する　　法律の整備　　行政の仕組みの必要性

本時の学習活動

【社会が発展していく過程で、法や行政の仕組みの必然性に気付く】

○ワークシートの「ミッションD」で、そうなった場合にどのようにするかを考える。

・ここでは、教育から産業振興に目を向けさせ、個人や民間の力以外に、政府の役割が必要になってくることに気付かせる。

○隣同士などで意見交換し、何人かが発表して考えを共有する。

○ワークシートの「ミッションE」で、そうなった場合にどのようにするかと、両者の合意案を考える。

・ここでは、自国（自分たちの地域）だけでなく、国際社会に目を広げさせる。国（地域）同士で利害関係が対立する場合には、国際法や国際的なルールの整備が必要となることや、貿易を通して交換することの有効性などに気付かせたい。

○隣同士などで意見交換し、何人かが発表して考えを共有する。

○ワークシートの「ミッションF」で、そうなった場合にどのようにするかと、両者の合意案を考える。

・ここでの問題はどちらかに瑕疵あるというよりは、明らかに悪意があるケースであり、犯罪である。このような事態には、警察や検察のような、一定の権限や権力をもつ機関が必要となることに気付かせる。

○隣同士などで意見交換し、何人かが発表して考えを共有する。

ミッションG
「発展してきたこの島に必要なものを挙げてみましょう」

モノ（財）	サービス、仕組み
学校　役所　港湾施設　大型船	教育制度　医療制度
大企業　など	銀行・金融の仕組み
	行政の仕組み　法律の整備
	外交の仕組み　国際的な法律　など

【メモ】

教師がまとめを行う際には、地理的分野や歴史的分野での学習の成果を踏まえて、中学校社会科のパイ型構造を生かすようにすること大切である。

具体的には、「ミッションA」は歴史的分野で学習した「学制」の仕組みと関連付けることができる。

また、「ミッションD」は、同じく歴史的分野で学習した「殖産興業」や「官営の模範工場」と関連付けることができる。

更に、「ミッションE」は地理的分野で学習した「排他的経済水域」と関連付けることができる。

このように他分野との関連付けることは、生徒の理解を深めることにつながる。

ワークシートの評価のポイント

ここでは、「評定に用いる評価」ではなく、「学習改善につながる評価」がふさわしい。生徒の発言を引き出しながら、生徒の関心・意欲を高めていくことが大切である。授業後にワークシートを回収して「学習改善につながる評価」を見取る。

○ワークシートの「ミッションG」を考え、社会の発展に際して、必然性があって様々な仕組みができ上がっていることを確認する。

・ワークシートの「ミッションG」に取り組むことによって、七つのケースのシミュレーションを通して、現代社会の法や行政の仕組みなどが、人類や社会の発展の過程で必然的に整ってきたことを理解する。

○教師が振り返りを行ってまとめる。

・地理的分野や歴史的分野での学習の成果を踏まえて、中学校社会科のパイ型構造を生かすようにすることが大切である。

財政の仕組みの理解①

本時の目標

財政の目的、財政の働きと意義、租税の種類と仕組み、租税の意義と問題点について理解することができる。

本時の評価

財政の目的、財政の働きと意義、租税の種類と仕組み、租税の意義と問題点について理解している。

	年　　月　　日

福祉社会と財政（国民生活と財政の役割）

組　　番　氏名

Q1. 政府の経済活動についてまとめてみよう。

元　手	・税金・租税
目　的	・国民の生活を助ける　・国民の生活の向上　・国民の福祉の向上
どのような活動	・民間企業が利益を生み出せないようなこと ・民間企業が提供しないモノやサービスを提供する

Q2. 財政とはどういうことですか。

Q3. 財政には三つのはたらきがありますが、その三つを挙げてみましょう。

・社会資本の整備・公共サービスの提供（資源の配分）
・所得の調整（所得の再分配）
・景気の調整（財政政策）

Q4. 政府の経済活動の元手となる税金の種類を、分類しましょう。

		直接税	間接税
国税			
地方税	都道府県税		
	市町村税		

本時の学習活動

【財政に関わる基礎的・基本的な内容について、ワークシートと教師の講義を通して学ぶ】

○ワークシートのQ1〜7に取り組む。

・財政の目的、財政の働きと意義、租税の種類と仕組み、租税の意義と問題点。

○生徒が発表しながら教師の講義を受ける。

・Q1：「元手」→税金、租税。「目的」→国民や住民の福祉の向上（国民や住民の生活の向上）。「どのような活動」→民間企業が提供しないモノやサービスを提供する。

・Q2：財政とは、政府が家計や企業から税金を集めて、それを財源として、国民や住民に必要なモノやサービスを提供すること。

・Q3：①社会資本の整備、公共サービスの提供（資源の配分）。②所得の調整（所得の再分配）。③景気の調整（財政政策）。

・Q4：「直接税」→所得税、法人税、相続税（国税）など。「間接税」→消費税、揮発油税、酒税、関税（国税）など。

・Q5：直接税とは、税金を納める人と負担する人が同じ税金。間接税とは、税金を納める人と負担する人が違う税金。

・Q6：累進課税とは、所得税で、所得の高い人ほど所得に占める税金の割合が高くなるという制度。

・Q7：①税金の公平性の問題。②直税と間接税の比率（割合）の問題。③歳入が不足し、財政赤字が膨らんでいる問題。④少子高齢社会による生産年齢人口の減少と高齢者の増加の問題。⑤国民の受益と負担のバランスの問

Q5. 直接税と間接税の違いを整理してみましょう。

直接税とは

間接税とは

Q6. 累進課税制度とはどのようなことですか。

Q7. 租税の問題点を考えてみましょう。

・税金の公平性の問題　・直接税と間接税の比率（割合）の問題
・歳入が不足している問題　・少子高齢社会による生産年齢人口の減少の問題
・国民の受益と負担のバランスの問題

【メモ】

題　など。

板書例

◇政府の経済活動
①元手→税金、租税
②目的→国民や住民の福祉の向上
　（国民や住民の生活の向上）
③どのような経済活動か
　→民間企業が提供しないモノや
　　サービスを提供する
◇財政とは
　→政府が家計や企業から税金を集
　　めて、それを財源として、国民
　　や住民　に必要なモノやサービ
　　スを提供すること
◇財政の三つの働き
①社会資本の整備、公共サービスの
　提供（資源の配分）
②所得の調整（所得の再分配）
③景気の調整（財政政策）
◇直接税＝税金を納める人と負担す
　　　　　る人が同じ税金
　間接税＝税金を納める人と負担す
　　　　　る人が違う税金
◇累進課税
　→所得税では、所得の高い人ほど
　　所得に占める税金の割合が高く
　　なる制度

ワークシートの評価のポイント

　ここでは、生徒のワークシートへ
の取組に対して、教師が生徒とやり
取りをしながら確認し、助言を与え
て進めることが大切である。
　授業後にはワークシートを回収し
て〔知識・技能〕を見取る。また、
定期考査において見取る。

財政の仕組みの理解②

本時の目標

社会保障制度の意義、日本の社会保障制度の柱、日本の少子高齢社会の特徴や課題について理解することができる。

本時の評価

社会保障制度の意義、日本の社会保障制度の柱、日本の少子高齢社会の特徴や課題について理解している。

年　月　日

福祉社会と財政（国民生活と財政の役割）

組　番　氏名

Q8. 社会保障制度とはどのようなことですか。

個人の力では避けられないリスクに対して、社会全体で支え合い、助け合おうとする仕組み

Q9. 日本の社会保障制度の四つの柱をまとめましょう。

種類	内容
社会保険	・医療（健康）保険　・年金保険　・雇用（失業）保険　・介護保険 ⇒加入者や国・事業所が社会保険料を積み立てておき、必要なときに給付を受ける
公衆衛生	・感染症対策　・予防接種　・下水道　・公害対策 ⇒国民の健康増進を図り、感染症などの予防を目指す
社会福祉	・児童福祉　・障害者福祉　・高齢者福祉 ⇒働くことが困難で社会的に弱い立場の人々に対して、生活の保障や支援のサービスをする
公的扶助	・生活保護（生活・住宅・教育・医療） ⇒収入が少なく、最低限の生活を営めない人に生活費を給付する

Q10. 高齢化（長寿化）とともに、女性が子供を生む数が減ってきたため、今の日本のような社会は何と呼ばれますか。

Q11. 日本の高齢化の特徴を挙げてみましょう。

・急速に進んだ　・高齢化率が高い

Q12. 少子高齢社会の問題点を挙げてみましょう。

本時の学習活動

【財政に関わる基礎的・基本的な内容について、ワークシートと教師の講義を通して学ぶ】

○ワークシートのQ8～14に取り組む。

・社会保障制度の意義、日本の社会保障制度の柱、日本少子高齢社会の特徴や課題。

○生徒が発表しながら教師の講義を受ける。

・Q8：社会保障制度とは、私たちの生活にはリスクがあるが、個人の努力だけでそれらを回避するには限界があるため、社会全体で助け合い、支え合おうとする仕組みのこと。

・Q9：①社会保険。②公衆衛生。③社会福祉。④公的扶助。

・Q10：少子高齢社会。

・Q11：①諸外国に比べて急速に高齢化が進んだ。②高齢化率（人口に占める高齢者の割合）が高い。

・Q12：歳入が減る一方で歳出が増加するため、財政赤字が拡大している点など。地理的分野で学習した人口動態の変化や公民的分野の現代日本の特色での学習と関連付けて、解決は容易ではないが、様々な努力を続けていく必要性を確認する。

・Q13：介護保険制度。女性の社会進出などにより、専業主婦層が減少し、家族で高齢者の介護をすることが難しくなった実態を踏まえ、介護保険制度の意義を確認する。

・Q14：「優しく接してほしい」「介護などの不安をなくしてほしい」など。日本の実態として、地方公共団体や社会福祉法人が運営し、比較的少ない費用で入所できる特別養護老人

◇社会保障制度
　→生活にはリスクがあるが、個人の努力だけでそれらを回避するには限界があるため、社会全体で助け合い、支えようとする仕組み
◇日本の社会保障制度の四つの仕組み
　→①社会保険　②公衆衛生
　　③社会福祉　④公的扶助
◇日本の高齢化の特徴
　→①急速に高齢化が進んだ
②高齢化率（高齢者の割合）が高い
◇少子高齢社会の問題点
　→歳入が減る一方で歳出が増加するため、財政赤字が拡大している点
◇介護保険制度
　→高齢化社会に対応するため、2000年度から導入された制度（40歳から社会保険料を支払う）
◇特別養護老人ホーム
　→比較的少ない費用で入所可能だが、入所待ち
◇介護付き有料老人ホーム
　→費用が高く負担が大きい

Q13. 高齢社会に対応するため、日本で 2000 年度から新たに導入された制度を何といいますか。

Q14. 現在、青春まっさかりの君たちも、やがて、必ず高齢者になるときが来ます。そこで、高齢者の立場で、「こうしてもらいたい」と思うことを挙げてみましょう。

【メモ】

ホーム、いわゆる特養は入所待機者が多く、数年待つことも多い。施設数が不足しているのである。一方、民間が運営する介護付き有料老人ホームは費用が高く、入所が難しい現状があることを補足しておきたい。

ワークシートの評価のポイント

　ここでは、生徒のワークシートへの取組に対して、教師が生徒とやり取りをしながら確認し、助言を与えて進めることが大切である。
　授業後にはワークシートを回収して〔知識・技能〕を見取る。また、定期考査において見取る。

財政の仕組みの理解③

公害問題と対策、財政の課題について理解することができる。

公害問題と対策、財政の課題について理解している。

福祉社会と財政（国民生活と財政の役割）

年　　月　　日

組　　番　　氏名

Q15. 日本の四大公害病を挙げてみましょう。

・イタイイタイ病　・水俣病　・四日市ぜんそく　・新潟水俣病

Q16. 国が公害・環境問題の新しい展開に対処するため、公害対策基本法にかわって、1993年に制定した法律を何といいますか。

Q17. 現在、国が目指している社会の在り方はどのような方向ですか。

Q18. 国の財政の課題を挙げてみましょう。

・税収が不足しているため、歳出を歳入でまかなうことができず財政赤字が続いていること
・財政赤字を埋めるために、国債が発行され続けていて、政府の借金である国債の累積高（発行残高）が増え続けていること
・こうしたことが将来の世代の負担になること

Q19. これからの財政や税の在り方について、あなたの考えをまとめてみましょう。

財政再建のために増税などをして税収の増加を優先するか、歳出の削減を優先するかは、とても難しい問題だと思う。増税などをして国民の負担を重くする代わりに充実した社会保障や公共サービスを提供するような大きな政府を目指す選択をすべきなのか、税の負担を軽くする代わりに政府の役割を減らして自己責任を増やす小さな政府を目指す選択をすべきなのかを、真剣に考えていくために、関心をもってこれからもっと学んでいく必要がある。

【財政に関わる基礎的・基本的な内容について、ワークシートと教師の講義を通して学ぶ】

○ワークシートのQ15〜20に取り組む。

○生徒が発表しながら教師の講義を受ける。

・Q15：イタイイタイ病、水俣病、四日市ぜんそく、新潟水俣病。歴史分野の学習と関連付け、高度経済成長期には、日本の経済が飛躍的に成長した明るい側面と、公害の発生のように、結果として企業の利益が優先され、犠牲が生まれた負の側面があったことを振り返る。また、人権に関する学習とも関連付けて、人権を保障していくことの重要性を確認する。

・Q16：環境基本法。

・Q17：現在国が目指している社会の一つは、循環型社会である。2001年には環境庁が環境省となるなど、循環型社会の実現に向けての動きが進んでいることも説明する。

・Q18：急速に少子高齢化が進み、歳入が伸び悩む中、歳出は増加し続けているため、財政赤字が拡大している。これを国債の発行で賄っているため、将来の世代の負担となる可能性がある。

・Q19：財政や税の在り方についての各自の意見に対してコメントする。

・Q20：教科書や資料集などを参考にして、経済の三主体の関連図を書かせる。

○これからの財政や税の仕組みの在り方について考える。

```
Q20. 経済の三主体のかかわりをまとめて図にしてみましょう。
┌─────────────────────────┐
│                         │
│                         │
│                         │
│                         │
│                         │
└─────────────────────────┘

【メモ】
┌─────────────────────────┐
│                         │
│                         │
│                         │
│                         │
│                         │
│                         │
│                         │
│                         │
│                         │
│                         │
└─────────────────────────┘
```

◇日本の四大公害病
　→イタイイタイ病、水俣病、
　　四日市ぜんそく、新潟水俣病
◇公害対策基本
　→環境基本法（1993年）
◇環境庁→環境省へ（2001年）
◇循環型社会
　→現在国が目指している社会
◇国の財政の課題
　→急速に少子高齢社化が進行
　→歳入が伸び悩む中、歳出は増加
　→財政赤字が拡大
　→国債の発行で賄う
　⇒将来の世代の負担

ワークシートの評価のポイント

　ここでは、生徒のワークシートへの取組に対して、教師が生徒とやり取りをしながら確認し、助言を与えて進めることが大切である。

　授業後にはワークシートを回収して〔思考・判断・表現〕及び〔主体的に学習に取り組む態度〕を見取る。

5 国民の生活と政府の役割②

単元の目標

　社会資本の整備、公害の防止など環境の保全、少子高齢社会における社会保障の充実・安定化、それらの意義と財政及び租税の意義、国民の納税の義務について理解することができる。

学習指導要領との関連　B(2)「国民の生活と政府の役割」アの(ア)(イ)及びイの(ア)(イ)

第1時・第2時	第2時・第3時・第4時
導入・展開	展開

第1時・第2時　導入・展開

〔第1時〕「希少性」について概念を理解し習得する
　○「希少性」について理解し概念を習得する。ワークシートに取り組み、歳入や歳出などの基本的な用語と、税の集め方と使い道について理解する。

〔第2時〕学習の見通しを立て、クラス内での役割分担を行う
　○単元を貫く問いは「私たちの生活はどのようにして守られているのか」であることを理解する。その問いに迫るために、ディベート形式の発表を目指して、課題を追究することを理解し、学習の見通しを立てる。論題は「老朽化する社会資本整備のため、社会保障関係費を削減するべきである」「消費税を20%に引き上げ、社会保障関係費を充実させるべきである」「2020年までに、再生可能エネルギー（水力含む）の発電割合を30%に引き上げるべきである」であることを理解する。グループで話し合い、どの論題の肯定、否定いずれの立場を希望するか発表する。
　・希望が重なった場合は協議するが、決まらな

第2時・第3時・第4時　展開

い場合はくじ引きなどで決める。
　○論題と立場が決まったら、ディベートワークシートの「ディベート前の意見」に現時点での各論題に対する個人の意見を記入する。残りの時間を使って個人で情報を収集する。

〔第3時〕立論を考える
　○前時に決めた、担当する論題と立場に沿って、立論を考える。はじめに20分時間を取り、個人で前時に収集した情報を基に、立論で主張する内容を考える。
　○20分経ったら、グループ内で、個人で考えた立論を発表し合う。その発表した内容を基に、グループで立論を考える。
　・立論は三つ以上あることが望ましい。また、必ず信頼できる情報を根拠としたものとする。

〔第4時〕反論を考える
　○個人で反論を考える。相手の立場に立ち、どのような立論をするか考える。想定した相手の立論に対して、どのように反論するか考える。はじめに20分時間を取り、教科書や資料集、あるいは情報端末を利用してインターネットから情報を収集する。個人で考えた内容をグループ内

課題解決的な学習を通して学びを深めるポイント

　この単元は「ディベート形式」の発表を目指して追究を行う計画となっている。ここでは「ディベート形式」の発表を行うのであり、決して「ディベート」を行う技能を習得させようとしているのではない。

　ディベート形式を採用する利点は、最終的に勝敗を付けるので、生徒の意欲と関心を喚起できる点である。

　また、論題に対して肯定、否定の立場に立って追究するので、対立が理解しやすいところである。また、ディベートの中で論題に対する様々なメリット・デメリットが発表されるので、論題の解決策、つまり合意案を考えることができる。

　更に、それぞれの論題をディベートでの勝利を目指して追究することで、本単元の内容の理

単元の評価

知識・技能	思考・判断・表現	主体的に学習に取り組む態度
①社会資本の整備、環境の保全、少子高齢社会における社会保障の充実・安定化について、それらの意義を理解している。 ②財政及び租税の意義、国民の納税の義務について理解している。	①対立と合意、効率と公正、希少性などに着目して、市場の働きに委ねることが難しい諸問題に関して、国や地方公共団体が果たす役割について多面的・多角的に考察、構想し、表現している。 ②対立と合意、効率と公正、希少性などに着目して、財政及び租税の役割について多面的・多角的に考察し、表現している。	①国民の生活と政府の役割について、現代社会に見られる課題の解決を視野に主体的に社会に関わろうとしている。

第5時・第6時・第7時・第8時	第6時・第7時・第8時・第9時
展開	展開・まとめ

で発表し合う。発表し合った内容を基にして、想定される相手の立論に対しての反論を考える。

(第5時)前時までの学習から、立論の原稿、反論の準備、レジュメの作成を行う

○前時までの学習内容を基に、作戦カードを記入する。作戦カードを基に、立論の原稿と反論の準備、レジュメの作成を行う。立論は原稿をつくり、読み上げることができるようにしておく。また、最終弁論の原稿も準備する。反論も、極力原稿をつくっておく。レジュメは、立論の内容を要約したものとする。本時では、グループの中で立論原稿作成、反論作成、レジュメ作成と役割分担をする。また、ディベートを実施する際の役割も決めておく。全員が何らかの形で発表する。

(第6〜8時)ディベートを実施する

○1単位時間につき、1テーマのディベートを実施する。ディベートは「①　肯定側立論　3分」「②　否定側立論　3分」「③　作戦タイム　3分」「④　否定側反論　3分」「⑤　肯定側反論　3分」「⑥　作戦タイム　3分」

「⑦　肯定側から否定側への質問／フロアーから否定側への質問　2分」「⑧　否定側から肯定側への質問／フロアーから肯定側への質問　2分」「⑨　否定側最終弁論　3分」「⑩　肯定側最終弁論　3分」「⑪　判定　1分」で進める。

・判定は挙手で行う。

・⑦⑧については、議論に慣れていない生徒であればディベーター同士、慣れていればフロアーから、とするとよい。

・司会は教師が務める。

○終了したら、ディベートワークシートの「ディベート後の意見」を記入する。

(第9時)ディベートのまとめを行い、最終意見を記述する

○教師によるディベートのまとめを聞き、これまでの学習を振り返る。事実と異なる発表があった点について、正しい知識を習得する。これまでの学習を振り返り、「日本の財政の課題や解決策」などについて最終意見を考察し、レポートに記述する。

解と知識の習得が確実に行われることが期待できる。生徒個人は一つの論題にしか取り組まないが、他テーマのディベートを聞き、ワークシートに取り組むことで、内容理解や概念の確実な習得ができる。

更に、本単元で働かせることが求められている「見方・考え方」である「希少性」についても確実な習得と活用ができる。財政は限られた

財源の適正な配分をいかに実現するか思考することが大切である。これは「希少性」について考えることと同義である。ここから、本単元では、「受益と負担」の「見方・考え方」を第1時で確実に習得することで、ディベートに向けた追究の際に「受益と負担」の「見方・考え方」を働かせることも期待できる。

財政に関する基礎知識の習得

本時の目標

財政についての知識と「希少性（受益と負担）」という「見方・考え方」を習得することができる。

本時の評価

財政についての知識と「希少性（受益と負担）」という「見方・考え方」を確実に習得している。

年　　月　　日

税とは私たちの社会を成り立たせるために納める"会費"である

組　　番　氏名

1. みなさんが通う学校は「公立中学校」です。校舎など、税でまかなわれているものを思いつく限りあげてください。（3分）

> 校舎、体育館、机、椅子、掃除用具、校庭のサッカーゴール、教科書、照明の電気代、水道代、先生たちのお給料など。

2. 資料から、以下の空欄にあてはまる数字を入れましょう。（3分）

東京都の今年度当初予算の歳出総額は（①円）で、教育と文化は（②円）です。これは歳出総額の（③%）にあたります。また、東京都の歳出における教育費は（④円）で、その中で小中学校費は（⑤円）で、（⑥%）を占めています。生徒一人当たりで計算すると、中学生は年間（⑦円）の費用が充てられています。

| ① | 7兆4,250億円 | ② | 1兆1,680億円 | ③ | 15.7% | ④ | 8,637億円 |
| ⑤ | 4,659億円 | ⑥ | 53.9% | ⑦ | 約1,286,000円 | | |

3. 学校以外で、「税」によってまかなわれているものを思いつく限りあげてください。（3分）

> 道路、信号、公園、公民館、図書館、公立の体育館、役所、水道管、ガス管、警察や消防の活動など。

4. 税について、私たちの生活とどのような関わりがあるか理解したことを以下に書いてください。（3分）

> 税があるので、私たちが安心安全な学校生活を送ることができていることがわかった。毎日水道から綺麗な水が出たり、舗装された道路を使って学校に通学できたりするなど、生活全体が税によって支えられていることがわかった。

5. 班で発表しましょう。ほかの班員の意見を以下にメモしてください。（3分）

> （省略）

本時の学習活動

1　ワークシートの発問1に取り組む

○学校の校舎や設備、教科書やプリントに使われている紙や情報端末、教員など学校で働く人の給料など税で賄われているものを思い付く限り記入する。学校全体が税によって賄われていることを理解する。

2　ワークシートの発問2に取り組む

○資料から、空欄①〜⑥に当てはまる数字を調べ記入する。そして、税によって学校生活が成り立っており、自分自身が税による利益を受けていることを理解する。

・本資料では「東京都」となっているが、各道府県庁や財務局、税務署、納税貯蓄組合（間税会）などが発行する資料を利用すること

で、解答を調べることができる。

3　ワークシートの発問3に取り組む

○学校生活以外の、日常生活の中で税によって賄われているものやサービスを考え記述する。様々な生活部面で税が活用されている様子を理解し、税による利益を理解する。

4　ワークシートの発問4に取り組む

○自分自身や社会が税によって支えられていると理解したことを記述する。

5　ワークシートの発問5に取り組む

○グループ内で発表することで、他の人の記述から、自分では気付かなかった点を聞き、更

6. 主な税を、資料を参考に分類しましょう。

	国税	地方税
直接税	所得税 法人税　相続税　贈与税	都道府県民税　市区町村民税 事業税　自動車税　不動産取得税
間接税	酒税 消費税　揮発油税　関税　印紙税	ゴルフ場利用税 地方消費税　入湯税

7. なぜ、税の納め方やかけ方は多種多様なのでしょうか。その理由を考えましょう。

自分の考え：

みんなの考え：
　税はみんなが納得できるよう公正に集める必要があり、様々な方法で納めることができるようになっていることがわかった。

に理解を深める。

6　ワークシートの発問6に取り組む

○資料から、国税・地方税、直接税・間接税を分類し、税の種類について理解する。

7　ワークシートの発問7に取り組む

○税は、自分自身の生活を支える大切なものであるという理解を基に、負担もなるべく納税者が納得できるように様々な種類があることを理解する。

・教師は、受益のためには負担が必要であること、受益同様負担も公正でなければならないことを指導する。また、受益は負担した分しか得られないことも確認しておく。

「希少性（受益と負担）」の理解

　財政を考える上で、「希少性（受益と負担）」の概念は重要である。「限られた財源の効率的で公正な配分」を考えることが財政の学習の本質である。

　学習を進めるうちに、「納めた税が形を変えて自分に戻ってきている」ことに気付くことで、納税の意義を理解することもできる。

ワークシートの評価のポイント

〔知識・技能〕
・学校生活をはじめとする日常生活が税によって支えられていることを理解している。

〔思考・判断・表現〕
・日常生活を支える税が、様々な方法によって国民（住民）が納得して納めることができるよう工夫されていることに気付くことができ、そのことについて記述されている。

〔主体的に学習に取り組む態度〕
・資料から粘り強く解答を調べ、税について自分なりの考えを記述しようとしている。

展開

ディベートの役割分担

本時の目標

ディベートの役割分担から、発表に向けた見通しを立てることができる。

本時の評価

ディベートの役割分担にグループで協働的に取り組み、学習の見通しを立てている。

ディベートワークシート

年　　月　　日

組　　番　氏名

賛成・反対の当てはまるものに○をつけ、その理由も記入をしてください。この場合は自分の意見です。

1. 学習前の意見

(1) 論題1「老朽化が進む社会資本整備のため、社会保障関係費を削減するべきである（社会資本）」肯定・**否定** である。なぜなら

> 日本は外国よりも道路や港が整っている印象がある。現在は前に学習した「少子高齢化」のほうが深刻で、「少子高齢化」の対策になりそうな「社会保障費」は削減するべきでないと考えるから。

(2) 論題2「消費税を20%に引き上げ、社会保障関係費を充実させるべきである（社会保障）」肯定・**否定** である。なぜなら

> 現状の10%の税率でも親は負担が重いと言っている。文房具を買うにも10%の負担が重く感じる。20%になったら、ますますものが高くなって買えなくなるから。

(3) 論題3「2030年までに、再生可能エネルギー（水力含む）の発電割合を30%に引き上げるべきである（環境保全）」**肯定**・否定 である。なぜなら

> 温暖化が進み、地球環境が悪化しているのは温室効果ガスが原因だとこれまで習ってきた。温室効果ガスを減らすためなら、再生可能エネルギーの比率を増やすべきだ。

本時の学習活動

1　ディベートの役割分担を行う

○教師の説明から、ディベート形式の発表や、その準備について説明を受けて、内容を理解する。

○グループごとに、論題1〜3のうちどの論題に取り組みたいか話し合い、順位を付ける。クラスの各グループで希望順位を発表し、班長を中心に調整する。

・調整が付かない場合はくじ引きなどで決定する。1論題につき、2グループが担当する。

○担当する論題が決定したら、肯定・否定のどちらの立場を担当するか決める。

・肯定・否定は教師立会いの下、くじ引きで決める。くじで決めるのは、ディベートが個人の意見を表明するための活動ではなく、与え

られた立場で論を組み立て発表するゲームであるからである。

2　ワークシートに取り組む

○自分の所属するグループの役割が全て決定したら、ワークシートの「1　学習前の意見」に取り組む。自分のグループが取り組む論題だけでなく、他の論題に対しても、現時点での「個人の考え」を記述する。

・調査や発表を聞く前の意見なので、根拠が甘かったり、見方・考え方が働いていなかったりしていてもよい。教科書や資料集などを参考にしながら、現時点での自分の考えを記述する。

2. ディベート後の意見（班内発表　クラス発表）
(1)　論題 1「老朽化が進む社会資本整備のため、社会保障関係費を削減するべきである（社会資本）」
肯定・否定　である。なぜなら

(2)　論題 2「消費税を 20％に引き上げ、社会保障関係費を充実させるべきである（社会保障）」
肯定・否定　である。なぜなら

(3)　論題 3「2030 年までに、再生可能エネルギー（水力含む）の発電割合を 30％に引き上げるべきである（環境保全）」
肯定・否定　である。なぜなら

テーマ：　社会資本　・　消費税　・　再生エネ　　　　立場：　肯定　・　否定
＊必ず○をつけてください。

3　情報収集を行う

○ワークシートの記述が終わり、時間があるようなら、教科書や資料集を活用し自分のグループの主張に使えそうな情報を収集しておく。

・ここでは情報端末は使用しない。まずは教科書や資料集などに目を通し、自分のグループが担当することになった課題について知ることが重要である。

立論の作成

	年	月	日

ディベート立論カード

組　番　氏名

論題「 社会資本 ・ 消費税 ・ 再生エネ 」(肯定 ・ 否定)

インターネットや教科書・資料集、また自ら集めた資料などを参考に立論をつくりましょう。まず、個人で立論を考え、班で立論をまとめます。

1. 個人で考えた立論

論題1：肯定の立論例
・社会資本の多くは高度経済成長期に建設されていて、耐用年数の限界を迎えている。補修しないと人命に関わる事になる可能性があり、高速道路のトンネル天井の崩落事故や水道管破裂などが起きている。
・社会資本は経済発展の基盤である。社会保障はどちらかというと経済活動に参加しにくい子供や障害のある方、高齢者を助けるものである。経済発展をすることで、社会保障に回せる資金も増やすことができるため、基盤となる社会資本整備への支出を増やすべきである。

論題1：否定の立論例
・少子高齢化が進む日本では、これからますます社会保障に資金が必要となるので、論題を否定する。
・政府の役割は、社会的に弱い人を助けることである。今社会保障に頼らなくてもよい人も、病気や怪我、年齢を重ねることで社会保障に頼るときが来る。そのときのために制度を維持しなければ、誰も安心して生活できない。

論題2：肯定の立論例
・少子高齢化を解決しなければ、安心して生活できない。少子化の解決のためには、保育所の整備などだけが不足している部分がある。そのためには、広く国民が納めることができる消費税率を上げるべき。
・日本は北欧諸国に比較して消費税率が低い。現状より税率が上がっても、社会保障に使われていることを国民が実感できれば不満も出にくい。

本時の目標

　自らの論題と立場の立論を考えることができる。

本時の評価

　個人で収集した情報と、グループの仲間の収集した情報を根拠として、グループの立論の内容を検討している。

本時の学習活動

1　個人で情報を収集する

○教科書や資料集、学校図書館などで収集した資料、情報端末などを活用し、自分のグループの論題と肯定・否定の立場に応じた立論に利用できる情報を収集する。肯定であれば、論題によるメリットを中心に情報を集める。否定であれば、デメリットや現状でも課題がないことを主張できる情報を収集する。

・情報は、信頼できる書籍や機関が発信するものを収集するようにする。インターネット百科事典や、個人の見解を発表しているWebサイトは参考にしないよう留意する。20分程度時間を取る。

2　個人で収集した情報をグループで発表する

○個人で収集した情報をグループ内で発表し、情報を共有する。

○他のメンバーの発表では、自分が収集しきれなった情報や、違う角度からの情報が必ず発表されるので、真剣にメモを取りながら聞き取るようにする。

・情報は必ず出典を明らかにするようにして、ディベートでの相手側の追及に耐え得るようにする。

2. 班でまとめた立論

論題2：否定の立論例
・消費税率を上げると消費が落ち込み、経済が停滞する。企業の生産活動が低下すると給与も下がるので、不況になってしまう。
・消費税では、社会保障で支えられるべき人々も高負担となってしまう。累進課税ができる所得税や法人税を改正するほうがよい。

論題3：肯定の立論例
・温室効果ガスの排出量が増えたため、温暖化の問題が起こり、気候変動などで世界中に悪い影響が出ている。早急に改善しないと、人類の存亡に関わる。日本も世界に貢献するために論題を肯定する。
・日本は国土の7割が山地で、水資源も豊富である。水力発電に適した自然環境と言えるので、発電用ダムを開発することで論題を実現できる。

論題3：否定の立論例
・再生可能エネルギーは不安定で発電量も小さい。様々な技術が開発されているが、まだ火力発電はどの発電量や安定性を確保できていない。2030年という目標は早すぎて、経済成長に悪影響を及ぼしてしまう。もう少し目標とする年を先におくべきだ。
・水力発電は日本の自然環境に適しており、発電量の安定性やコントロールのしやすさにメリットがあるが、森林や集落を破壊する自然破壊の要素ももっている。それ以外の再生可能エネルギーの発電力が少ないことを考えると、30%にするのは無理である。

※完成したら班長は点検を受けること。

3　グループで立論を考える

○論題に対して、なぜ肯定・否定なのか、理由を発表できるようにする。

・理由は三つ以上発表できるようにする。どの理由を採用するかは後に考えることになるので、この時点ではなるべくたくさんの理由を考えておく。また、理由の一部は最終弁論でも使うことができることに留意する。

　本時は立論を考えるための時間である。前半は個人で立論を考える時間となる。初めからグループで立論を考えてもよいが、個人で考える時間をつくると、社会科が苦手な生徒も立論を考えざるを得ない。苦手な生徒は自分の意見に自信がもてないかもしれないが、机間指導をしながらアイディアのよい点を口頭で評価し、生徒に自信を付けさせたいものである。

ワークシートの評価のポイント

〔知識・技能〕
・担当している論題と立場からの立論に必要な情報を理解し、立論にまとめている。

〔思考・判断・表現〕
・担当している論題と立場の立論を、収集した情報を基に思考し、最適な選択肢を判断し、表現している。

〔主体的に学習に取り組む態度〕
・個人やグループで、見通しをもって主体的に学習に取り組もうとしている。

反論の作成

本時の目標

　自らの論題と立場の反論を考える
ことができる。

本時の評価

　個人で収集した情報と、グループ
の仲間の収集した情報を根拠とし
て、グループの反論の内容を検討し
ている。

年　　月　　日

ディベート反論カード

組　　番　氏名

論題「　**社会資本** ・ **消費税** ・ **再生エネ** 」(肯定 ・ 否定)

反論をつくりましょう。まず、個人で反論を考え、班で反論をまとめます。

1. 個人で考えた反論

論題1：肯定の反論例
・少子高齢化が進んでいる現在こそ、様々な状況を抱える人々が安心・安全に生活できるよう、バリ
アフリーをはじめとした社会資本の整備が重要である。
・社会的に立場が弱い人だけでなく、経済発展に労働で寄与している人々の生活が安定することも重
要で、そのためにも社会資本のさらなる整備が必要である。
論題1：否定の反論例
・社会保障は、子供や障害のある方、高齢者を支える制度であり、社会保障制度こそ、人々の命に直
結している。社会保障にかける費用を削減するべきではない。むしろ増額するべきだ。
・経済発展を重視すると、どうしても社会的弱者に対する人々の意識が薄くなり、社会保障の精度が
充実しない。弱い人々の安心・安全こそが財政では最優先されるべきである。憲法でも生存権の保
障が国の重要な責務となっている。
論題2：肯定の反論例
・消費税率を上げると、駆け込み需要と増税直後の消費控えで一時的に景気が下降するが、過去の増
税時もその後消費は持ち直し、経済成長を遂げることができている。
・直接税は課税逃れも必ず起こり、公正と言いがたい面がある。間接税なら等しく負担することにな
るので不公平感が少ない。また、社会保障で支えられている人々の負担も大きくなるように見える
が、様々な形で税による補助があるために、最終的には負担は重くならない。

本時の学習活動

1　個人で情報を収集する

○教科書や資料集、学校図書館などで収集した
　資料、情報端末などを活用し、自分のグルー
　プの論題と肯定・否定の立場に応じた反論に
　利用できる情報を収集する。肯定であれば、
　論題によるデメリットを中心に情報を集め
　る。否定であれば、メリットに関する情報を
　集める。

・情報は、信頼できる書籍や機関が発信するも
　のを収集するようにする。インターネット百
　科事典や、個人の見解を発表している Web
　サイトは参考にしないよう留意する。20分
　程度時間を取る。

2　個人で収集した情報をグループで発表する

○個人で収集した情報をグループ内で発表し、
　情報を共有する。

○他のメンバーの発表では、自分が収集しきれ
　なった情報や、違う角度からの情報が必ず発
　表されるので、真剣にメモを取りながら聞き
　取るようにする。

・情報は必ず出典を明らかにするようにして、
　ディベートでの相手側の追及に耐えうるよう
　にする。

本時は反論を考えるための時間である。前時の立論に対して、反対の立場から論題を考えることになるので、多面的・多角的な思考を行うための大切な時間となる。立場を反転して考えるだけでなく、「政治的」「経済的」「文化的」など様々な視点から考えるように指導する。

〔知識・技能〕
・担当している論題と立場からの反論に必要な情報を理解し、反論にまとめている。
〔思考・判断・表現〕
・担当している論題と立場の反論を、相手の立論を予測しながら収集した情報を基に思考し、最適な選択肢を判断し、表現している。
〔主体的に学習に取り組む態度〕
・個人やグループで、見通しをもって主体的に学習に取り組もうとしている。

3　グループで立論を考える

○集めた情報を基に、相手の立論を予測する。

・相手の立論はできる限り多く想定しておく。相手がどの立論を採用するかはディベートを実施しないと分からない。ディベート時に相手が想定した立論をすれば余裕をもって反論できるため、相手の立論を可能な限り想定することが重要となる。また、相手の立場に立つことで、自分のグループの立論や最終弁論の足りない部分が見えてくる。

・教師は、ある課題について肯定・否定の両面から考える習慣を付けることが大切であることを指導し、生徒の学習に取り組む意欲と関心を喚起する。

作戦カード等の作成

┌─────────────────────────────────┐
│   年　　月　　日 │
│   │
│   ディベート作戦カード   │
│   組　　番　氏名   │
│   │
│ ディベートの論題「 **社会資本** ・ **消費税** ・ **再生エネ** 」立場（ 肯定 ・ 否定 ）│
│ ＊主張するべき点について、調査した内容をディベートのどの場面で使うことが有効か作戦を立てましょ│
│ う。   │
│ 1. 立論で使う内容　担当者（　　　　　　　　　　）│
│ ┌──────────────────┐＊予想される相手側の │
│ │   │発言内容   │
│ │   │   │
│ │   │   │
│ └──────────────────┘   │
│ 2. 反論で使う内容　担当者（　　　　　　　　　　）│
│ ┌──────────────────┐＊予想される相手側の │
│ │   │発言内容   │
│ │   │   │
│ │   │   │
│ └──────────────────┘   │
│ 3. 予想されるフロアーからの質問とそれに対する内容　担当者（　　　　　　　）│
│ ┌──────────────────────────┐│
│ │   ││
│ │   ││
│ └──────────────────────────┘│
│ 4. 最終弁論で使う内容　担当者（　　　　　　　　　）│
│ ┌──────────────────┐＊予想される相手側の │
│ │   │発言内容   │
│ │   │   │
│ │   │   │
│ └──────────────────┘   │
└─────────────────────────────────┘

本時の目標

　立論の原稿、反論の準備、最終弁論の原稿、レジュメを作成することができる。

本時の評価

　グループで分担された原稿やレジュメ作成に意欲的に取り組んでいる。

本時の学習活動

1　作戦カードを作成する

○前時までに作成した立論、反論、最終弁論を、作戦カードを用いて整理する。ディベートを実施する際にどのように立論するか、などをカードに書き込み、発表の全体像をつくる。

2　原稿等を準備する

○立論の原稿、反論の準備、最終弁論の原稿、レジュメ作成をグループ内で分担する。立論はこれまでに準備した内容を、発表する際の原稿に仕上げる。反論は、用意した内容を整理して、ディベートに備える。最終弁論は、立論を考える際のアイディアを利用して原稿を仕上げる。

・レジュメは立論の内容を箇条書きにして、読みやすいようレイアウトを工夫する。

3　ディベートにおける役割分担をする

○立論はグループの中で朗読が得意な生徒が担当するとよい。また、事前に原稿を用意できるため、社会が苦手な生徒が担当してもよい。

○反論は、相手の立論次第なので、相手の立論に対応できるようにしておく。反論はグループの中でも社会科が得意な生徒が担当するとよい。

○最終弁論も立論と同じく原稿を用意できる。そのため、立論と同じように朗読が得意な生徒、あるいは社会が苦手な生徒が担当すると

ディベート論述カード（発表原稿）

ディベートの論題「　**社会資本　・　消費税　・　再生エネ**　」立場（肯定・否定）

主張すべき内容	使用資料
（立論・反論・最終弁論）部分	
【肯定側立論の原稿の書き出し】	
これから、肯定側の立論を始めます。私たちは「（論題）」を進めるべきだ／するべきだ／について肯定の立場です。理由は○個あります。理由の一つは……。	
……以上で肯定側の立論を終わります。	
【否定側立論の原稿の書き出し】	
これから、否定側の立論を始めます。私たちは「（論題）」について反対します／すべきではないと思います。理由は○個あります。理由の一つは……	
……以上で否定側の立論を終わります。	
【肯定側／否定側最終弁論の書き出し】	
これから、肯定／否定側の最終弁論を始めます。	
（最終弁論は、立論として考えたアイディアの一部を利用する。また、相手側の反論に対する再反論を行ってもよい）。	
……以上で肯定／否定側の最終弁論を終わります。	

＊完成したら班長は点検を受けること。

3 年　　　組　　　番　氏名　　　　　　　　　　　

よい。
・レジュメは、立論の内容をプリントにまとめる。立論原稿を担当する生徒と協働して、発表の内容がよく分かるようにレイアウトなどを工夫する。「質問」はグループのメンバー全員で対応することを確認しておく。

ディベートの実施

ディベート記録カード

年　月　日

組　　番　氏名

論題「　社会資本　・　消費税　・　再生エネ　」

1. ディベートの流れメモ

肯定（Yes）	否定（No）
立論	立論
反論	反論
質問	質問
最終弁論	最終弁論

本時の目標

ディベートを実施することができる。

本時の評価

相手に分かりやすく発表したり、他者の発表を意欲・関心をもって聞いたりしている。

本時の学習活動

1　座席をディベート隊形に変え、レジュメを配布する

2　立論を行う
○はじめに肯定側が立論を行う。
○肯定側が発表を終えたら、続いて否定側が立論を行う。

3　作戦タイム
○３分間の作戦タイムを取り、相手側の発表に対して、どのように反論するか検討する。

4　反論を行う
○否定側が反論を行う。
○否定側が反論を終えたら、肯定側が反論を発表する。

5　作戦タイム
○ここまでの相手方の発表を考慮しながら、最終弁論での発表内容と反論に対する再反論も検討する。次の「質問」がディベーター同士であるなら、相手への質問を考える。

6　質問
○ディベーター同士の質問であるなら、はじめに肯定側から否定側へ質問する。
○肯定側が終了したら、否定側が質問を受ける。

7　最終弁論
○否定側が最終弁論を行う。

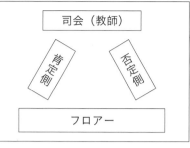

ディベート隊形

司会（教師）

肯定側　否定側

フロアー

2. ディベートを聞いて新しくわかったこと，またはわからなかったことや疑問に思ったこと

3. 判定表

〈立論〉

	肯定（Yes）	否定（No）
筋道がしっかりとしているか	1 2 3 4 5	1 2 3 4 5
根拠をもって発表できていたか	1 2 3 4 5	1 2 3 4 5
時間は適切に配分されていたか	1 2 3 4 5	1 2 3 4 5
資料・情報をうまく使っているか	1 2 3 4 5	1 2 3 4 5
内容に納得できたか	1 2 3 4 5	1 2 3 4 5
小計	点	点

〈反論〉

	肯定（Yes）	否定（No）
筋道がしっかりとしているか	1 2 3 4 5	1 2 3 4 5
根拠をもって発表できていたか	1 2 3 4 5	1 2 3 4 5
相手の立論に反論できていたか	1 2 3 4 5	1 2 3 4 5
資料・情報をうまく使っているか	1 2 3 4 5	1 2 3 4 5
内容に納得できたか	1 2 3 4 5	1 2 3 4 5
小計	点	点

〈最終弁論〉

	肯定（Yes）	否定（No）
筋道がしっかりとしているか	1 2 3 4 5	1 2 3 4 5
根拠をもって発表できていたか	1 2 3 4 5	1 2 3 4 5
相手の反論に再反論できていたか	1 2 3 4 5	1 2 3 4 5
資料・情報をうまく使っているか	1 2 3 4 5	1 2 3 4 5
内容に納得できたか	1 2 3 4 5	1 2 3 4 5
小計	点	点
合計	点	点

合計点から判断すると（ 肯定 ・ 否定 ）の勝利！

4. 感想

3年　　組　　番（テーマ：**社会資本 ・ 消費税 ・ 再生エネ** 　肯定・否定）

　　　　　　氏名

ワークシートの評価のポイント

〔知識・技能〕

・ディベートで発表された情報を理解してワークシートを記入している。

〔思考・判断・表現〕

・ディベートで発表された内容を、根拠があるか、論理が通っているか思考して結果を判断し、採点やワークシートの記述を行っている。

〔主体的に学習に取り組む態度〕

・発表に意欲的に取り組んだり、他の生徒の話を聞きながら、根拠のある自分の意見を記述しようとしたりしている。

○否定側の発表が終わったら、肯定側が最終弁論を行う。

8　採点する

○肯定側が最終弁論を発表し終えたら、1分間時間を取る。その間、フロアーは記録シートの最終弁論の採点を行い、どちらが勝ったか判断する。

9　結果の発表

○ディベーターも含めて全員机に伏せさせ、挙手により勝敗を決する。

10　ディベートワークシートに記入する

○「2　ディベート後の意見」欄を記入する。

学習を通して考察した内容の記述

本時の目標

　ディベート形式の発表学習を通して追究した内容を基に、自らの意見を記述することができる。

本時の評価

　ディベート形式の発表学習を通して追究した内容を基に、よりよい財政の在り方について、根拠をもって改善策を提案している。

年　　月　　日

ディベートを終えて、財政に対する自分の意見

組　　番　氏名

　財政のはたらきである、「社会資本」「社会保障」「公害の防止と環境保全」について、ディベートを通して学習しました。
　みんなで税としてお金を出し合う「財政」にはたくさんの、そして重要な働きがあることが理解できたと思います。さて、財政は多額のお金を扱いますが、しかし、それでも限りがあります。貴重な税を使う財政、あなたは今後、どのようにあるべきだと思いますか。ディベートを通じて考えたことを以下に書いてください。

1. 「財政（政府の経済活動）」にはどのような意義と役割がありますか。「社会資本の整備」「社会保障の充実」「環境の保全」の観点から、あなたの考えを具体的に述べなさい。

> 財政には、私たちの生活を支えたり、憲法で保障されている諸権利を保障したり、所得格差を縮めたりして社会の安定性を実現したりする意義と役割があることがわかった。

2. ディベートを通して「財政（政府の経済活動）」を考えてきましたが、「財政」によってどのように私たちの生活が守られているのか、あなたの考えを述べなさい。

> 例えば、社会資本整備では、老朽化した公共施設を改善して、経済活動が円滑になることを支えたりしている。また、バリアフリーのまちづくりなどを通して、私たちがより生活しやすい社会をつくることを支えていることがわかった。

本時の学習活動

1　ディベートの振り返りを行う

○教師によるディベートの振り返りを聞き、ディベート形式の発表を行ったり聞いた内容を整理したりする。また、誤った認識があれば訂正する。

・教師は、発表の内容やレジュメを用いて、各論題の肯定側や否定側の主張を振り返る。どのような対立があったか、あるいはメリットとデメリットなどを整理して生徒に伝えるなどする。また、発表の中に事実誤認や誤りがあった場合には、訂正して正しい情報を伝える。

2　「最終意見」ワークシートを記述する

○ワークシートの発問1では、財政の意義と役割について、「社会資本の整備」「社会保障の充実」「環境の保全」の観点から記述する。

○発問2では、「どのように私たちの生活が守られているのか」について、自らの考えを根拠をもって記述する。

・三つの論題それぞれの発表内容から記述してもよいし、自ら発表に取り組んだ論題を例として記述してもよい。

○ワークシートの発問3(1)では、学習を通して気付いた、日本の財政の課題について記述する。

○発問3(2)では、(1)で記述した課題に対する解決策を提案する。

・これまでの追究活動や他グループの発表で得た知識や概念を根拠として、具体的に記述す

〔主体的に学習に取り組む態度〕の評価

　ワークシートの記述から〔主体的に学習に取り組む態度〕を評価することができる。

　特に、「3．日本の財政の課題とその解決策について、あなたの考えをまとめましょう」の「⑵　あなたの考える解決策」において、これまでの学習を根拠として、自分なりに解決策を提案することができていれば、すなわち主体的に社会に参画しようとする態度が養われていると評価できる。このような記述あれば評価をＡとする。

┌─────────────────────────┐
│ 3．日本の財政の課題とその解決策について、あなたの考えをまとめましょう。 │
│   │
│ ⑴　あなたの考える日本の財政の課題   │
│   │
│ 　直接税と間接税の比率に課題があると考えた。歳入において、消費税率を上げて間接税の比率を増 │
│ やす方向性であることがわかったが、間接税は低所得者の負担が重くなる。各種補助で利益が返って │
│ くることは理解できるが、日々の生活は苦しくなってしまい、心理的な負担が大きい。心理的な不安 │
│ が多いと社会の秩序が乱れると考えた。   │
│   │
│ ⑵　あなたの考える解決策   │
│   │
│ 　歳入に占める、直接税の比率を上げるべきであると考える。特に、税率を下げている法人税や事業 │
│ 税の税率を引き上げるべきである。国際的には法人税の税率を下げて、企業を呼び込む競争が起きて │
│ いるが、結局は各国の財政を悪化させているので、国連などの場で話し合い、各国財政が持続可能に │
│ なるよう、法人税については揃えるようにしていくべきである。   │
│ 　私は将来税理士になりたいと考えている。企業の税務を担当した際には、法律にのっとり、公正に │
│ 税を納めるようにして、みんなが納得して税を納めることができることに貢献していきたい。   │
│   │
│ 担当した論題【　社会資本整備　・　消費税20%　・　再生可能エネルギー　】【　肯定　・　否定　】 │
└─────────────────────────┘

┌─────────────────────────┐
│ 　　　ワークシートの評価のポイント   │
│   │
│ 〔知識・技能〕   │
│ ・ディベートで発表された情報を正確に理解してワークシートに記述 │
│ 　している。   │
│ 〔思考・判断・表現〕   │
│ ・ディベートで発表された内容を根拠として、論理の破綻がないよう │
│ 　思考・判断して、ワークシートに文章を記述することで表現してい │
│ 　る。   │
│ 〔主体的に学習に取り組む態度〕   │
│ ・財政の課題を認識し、解決策を提案し、その解決策に主体的に参画 │
│ 　しようとしている。   │
└─────────────────────────┘

る。
・更に、課題解決に向けて、日常生活や将来の職業生活を通して、どのように自らが参画できるのかを記述する。
・教師は、論理的であることはもとより、根拠をもつことと、自らの生活や将来に引き付けて記述することが大切であることを指導することが肝要である。

C

私たちと政治

（8 時 間）

人間の尊重と日本国憲法の基本的原則

単元の目標

　対立と合意、効率と公正、個人の尊重と法の支配などに着目し、人間の尊重についての考え方を基本的人権を中心に深めることができる。

学習指導要領との関連 C(1)「人間の尊重と日本国憲法の基本的原則」アイ

第1時・第2時	第3時・第4時
導入	展開
〔第1時〕日本国憲法の概略を学ぶ ○憲法が、国民の権利を守るため権力を縛る最高法規であることを前提とし、「基本的人権の尊重」「平和主義」「国民主権」を三つの柱としていることを教科書や資料集を用いて学習する。 〔第2時〕憲法が保障する「基本的人権」について学ぶ ○「自由権」「平等権」「生存権」「参政権」「請求権」などの憲法の条文で保障された諸権利について条文を確認しながら理解する。 ○第13条「幸福追求権」に基づく、いわゆる「新しい人権」について、「環境権」「プライバシーの権利」「知る権利」「自己決定権」など代表的な概念を、教科書や資料集を用いて学習する。 ○「公共の福祉」の概念、憲法改正についても学習する。	〔第3時〕人権が保障されているとは言いがたい課題を調べ、情報を収集 ○「人権が保障されていないと考えられる事例を調べ、どの権利の保障が最優先であるべきか考えよう」をテーマにパネルディスカッションを行う。 ・テーマ1として「表現の自由」を取り上げる。テーマ1を論じる立場として「表現の自由が侵害されたと訴える作家／被告側の弁護士」を設定する。テーマ2として「両性の本質的平等」を取り上げる。立場として「夫婦別姓に賛成論者／反対論者」を設定する。テーマ3として「教育を受ける権利」を取り上げる。立場として「奨学金返済に苦しむ社会人／文部科学省の奨学金担当者」を設定する。 ・担当するテーマと立場を班に割り振る。テーマに沿って、個人で教科書、資料集などから情報を収集する。 〔第4・5時〕各班で主張を作成 ○テーマ1については「作家」、テーマ2では「賛成論者」、テーマ3では「奨学金返済に苦

課題解決的な学習を通して学びを深めるポイント ･････････････････････････

　この学習計画は「パネルディスカッション形式の発表」を採用している。パネルディスカッション形式の利点は、多様な立場や視点から論題を考察できる点である。本指導計画では、テーマ1は自由権に関するもの、テーマ2は平等権に関するもの、テーマ3は教育を受ける権利（社会権）に関するものと設定している。人権に関して、「自由権」「平等権」「社会

権」の視点から探究することができる。

　パネルディスカッションは、ある事例に対して単純に賛成／反対ではなく、多様な視点を設定できるところが利点である。ここから、「多面的・多角的」な思考・判断・表現や考察が可能となる。

　ところで、この学習計画における「パネルディスカッション」のテーマは「人権が保障さ

知識・技能	思考・判断・表現	主体的に学習に取り組む態度
①人間の尊重についての考え方を、基本的人権を中心に深め、法の意義を理解している。 ②民主的な社会生活を営むためには、法に基づく政治が大切であることを理解している。 ③日本国憲法が基本的人権の尊重、国民主権及び平和主義を基本的原則としていることについて理解している。	①対立と合意、効率と公正、個人の尊重と法の支配、民主主義などに着目して、我が国の政治が日本国憲法に基づいて行われていることの意義について多面的・多角的に考察し、表現している。	①人間の尊重についての考え方や日本国憲法の基本的原則などについて、現代社会に見られる課題の解決を視野に主体的に社会に関わろうとしている。

第 5 時・第 6 時	第 7 時・第 8 時
展開	**展開・まとめ**
しむ社会人」が、それぞれ人権が保障されておらず、改善が必要であることを訴える立場であるという方向で主張する。 ・テーマ 1 について「弁護士」、テーマ 2 では「反対論者」、テーマ 3 では「文科省担当者」が、人権はある程度保障されているという主張をするよう教師が示唆する。 ・それぞれの方向性に沿って資料を収集し、主張するための原稿を作成する。 ・主張をまとめたレジュメを作成する。その際、反論や質問を予測し、準備原稿も作成する。 〔第 6 時〕パネルディスカッションを実施① ○テーマ 1 からテーマ 3 まで、それぞれの立場から主張を発表する。 ・各班の主張は 3 分間とし、レジュメや資料を提示する。5 分間時間を取り、他班の主張に対して、質問や反論を考える。その際、同じテーマを担当した班と、担当とは別の班のそれぞれ 1 班以上に質問や反論をする。質問や反論をメモし、回答を考える。	〔第 7 時〕パネルディスカッションを実施② ○授業の冒頭から、教師による前時の論点整理を聞き、それぞれの主張や質問・反論を確認する。 ・10分時間を取り、回答を確認する。各班 3 分で前時の質問や反論に回答する。 〔第 8 時〕パネルディスカッションを通して考察した内容をレポートにまとめる ○「人権保障に関する課題を取り上げ、『効率と公正』『個人の尊重』『法の支配』などの『見方・考え方』から、人権が保障されよりよい社会を実現するためにはどうしたらよいか」というテーマでレポートを作成する。

れていないと考えられる事例を調べ、どの権利の保障が最優先であるべきか考えよう」である。当然、どの権利も重要なものであり、優先度を付けることは適当ではない。しかし、あえて優先度を付けることで、議論が生まれることとなる。教師は、生徒が「どの権利を優先することが適当であるか」を考えることが目標ではなく、あくまでも議論を生むための工夫であ

り、それぞれの権利の意義を追究させる工夫であることを念頭に置いて指導することが肝要である。

日本国憲法の基本原則の理解

本時の目標

憲法が、国民の権利を守るため権力を縛る最高法規であることを前提とし、「基本的人権の尊重」「平和主義」「国民主権」を三つの柱としていることを教科書や資料集を用いて理解することができる。

本時の評価

憲法が国民の権利を守るため権力を縛る最高法規であること、憲法の三つの柱の内容と意義を理解している。

日本国憲法の基本原則を理解しよう

年　　　月　　　日

組　　　番　氏名

1. 「基本的人権の尊重」について書かれている憲法の条文を確認しましょう。
【憲法第11条】国民は、すべての（　①　）を妨げられない。この憲法が国民に（　②　）は、侵すことのできない（　③　）として、（　④　）に与へられる。
【第13条】全て国民は、（　⑤　）される。(以下略)

① 基本的人権の享有	② 保障する基本的人権
③ 永久の権利	④ 現在及び将来の国民
⑤ 個人として尊重	

2. 「国民主権」について書かれている憲法の条文等を確認しましょう。
【前文】(略) ここに（　①　）を宣言し、この憲法を確定する。そもそも国政は、国民の厳粛な（　②　）によるものであって、その（　③　）は国民に由来し、その（　④　）は国民の代表者がこれを行使し、その（　⑤　）は国民がこれを享受する。(以下略)
【第1条】天皇は、（　⑥　）の象徴であり、（　⑦　）の象徴であって、この地位は、（　⑧　）の総意に基づく。

① 主権が国民に存すること	② 信託
③ 権威	④ 権力
⑤ 福利	⑥ 日本国
⑦ 日本国民統合	⑧ 主権の存する日本国民

3. 「平和主義」について書かれている条文を確認しましょう。
【前文】日本国民は、（　①　）を念願し（略）
【第9条】【第1項】日本国民は、正義と秩序を基調とする国際平和を誠実に希求し、（　②　）と、（　③　）又は（　④　）は、（　⑤　）としては、永久にこれを放棄する。
【第2項】前項の目的を達するため、（　⑥　）はこれを保持しない。国の（　⑦　）は、これを認めない。

① 恒久の平和	② 国権の発動たる戦争
③ 武力による威嚇	④ 武力の行使
⑤ 国際紛争を解決する手段	⑥ 陸海空軍その他の戦力
⑦ 交戦権	

本時の学習活動

1 「基本的人権の尊重」を憲法の条文から確認する

○憲法第11条と第13条を確認し、ワークシートの空欄に当てはまる単語を記入する。条文を確認することで、憲法が国民に基本的人権を保障していることを確認する。

・教師は、第11条には国民が常に「よりよい社会」を追求する必要がある、という意味合いが含まれているという学説があることを紹介し、地理・歴史・公民的分野の全ての社会科学習において、「よりよい社会」を追究してきたことの根拠とする。このことにより、社会科を学ぶことの必然性を生徒に感じさせることが期待できる。

2 「国民主権」を憲法の条文から確認する

○憲法前文と第1条を確認し、ワークシートの空欄に当てはまる単語を記入する。条文を確認することで、憲法が国民に主権者であることを保障していることを確認する。

・前文中の文章は、リンカーン米大統領の有名な「人民の、人民による、人民のための政治」と同じ意味合いであることを捉えさせる。歴史的分野での既習事項を利用することで、生徒の理解が促進されることが期待される。

・第1条に関しては、天皇は国と国民統合の「象徴」であり、「主権者」ではないことを理解する。そのために、皇族には参政権がなく厳密に政治に携わることができないようになっていることを確認する。

【メモ】

指導のポイント

本時の目標は憲法の条文を覚えさせることではない。小学校でも既習である「日本国憲法の基本原則」を、条文から確認することが目的である。基本原則の概念を捉えさせたい。

ワークシートの評価のポイント

〔知識・技能〕
・条文から正確に語句を発見し記入している。
〔思考・判断・表現〕
・憲法から当該の条文を探し出し、正確な語句かを判断し記入している。
〔主体的に学習に取り組む態度〕
・憲法の三つの柱を主体的に理解しようとしている。

---

3 「平和主義」を憲法の条文から確認する

○憲法前文と第9条を確認し、ワークシートの空欄に当てはまる単語を記入する。条文を確認することで、憲法が平和主義（戦争放棄）を宣言していることを確認する。

・第1項では、国際社会における対立の解決方法（合意）として「戦争」という手段を取らないと宣言していることを確認する。

・第2項では戦争を行うための軍隊を放棄していることにも注目する。ただし、交戦権を放棄しているが、他国等による武力侵攻に対する自衛権は放棄していないという解釈が一般的であり、自衛隊はその解釈に基づいて創設、運用されている必要最小限の戦力であることを確認する。

憲法で保障された基本的人権の確認

本時の目標

憲法の条文で保障された諸権利について条文を確認しながら、教科書や資料集を用いて理解することができる。

本時の評価

憲法の条文によって、「基本的人権」を構成する諸権利がどのように保障されているのか理解している。

憲法で保障された基本的人権について確認しよう

年　　月　　日

組　　番　氏名

1. 以下の表の（　）に当てはまる条文の数字を記入しましょう。また、数字を記入した条文は必ずマーカーペンなどで印をつけながら一読しましょう。

分類		条文
自由権	精神活動の自由	思想・良心の自由（ 19 ）条 信教の自由（ 20 ）条 集会・結社・表現の自由（ 21 ）条 学問の自由（ 23 ）条
	経済活動の自由	居住・移転及び職業選択の自由（ 22 ）条 財産権の保障（ 29 ）条
	生命・身体の自由	奴隷的拘束および苦役からの自由（ 18 ）条 法定手続きの保障（ 31 ）条 不当逮捕に対する保障（ 33 ）条 拷問及び残虐刑の禁止（ 36 ）条 刑事被告人の権利（ 37 ）条 黙秘権（ 38 ）条
平等権		個人の尊重（ 13 ）条 法の下の平等（ 14 ）条 両性の本質的平等（ 24 ）条 参政権の平等（ 44 ）条
社会権		生存権（ 25 ）条 教育を受ける権利（ 26 ）条 勤労の権利（ 27 ）条 勤労者の団結権・団体交渉権・団体行動権（ 28 ）条
参政権		選挙権（ 15・44・93 ）条 公務員の選定・罷免の権利（ 15 ）条 最高裁判所裁判官の国民審査権（ 79 ）条 特別法の住民投票権（ 95 ）条 憲法改正の国民投票権（ 96 ）条
国務請求権		請願権（ 16 ）条 国家賠償請求権（ 17 ）条 裁判を受ける権利（ 32 ）条 刑事補償請求権（ 40 ）条
国民の義務		普通教育を受けさせる義務（ 26 ）条 勤労の義務（ 27 ）条 納税の義務（ 30 ）条

本時の学習活動

1　ワークシートの空欄に当てはまる数字を記入する

○憲法の条文を見ながら、教科書の本文や各ページの柱書や記事、特集ページ、資料集などを参考にして、ワークシートへの記入に取り組む。

2　ワークシートの答え合わせを行う

○ワークシートの答え合わせを行う。

3　憲法の条文には記述されていない「新しい人権」について理解する

○憲法第13条の条文による「幸福追求権」を根拠に、「環境権」「プライバシーの権利」「知る権利」「自己決定権」など憲法の条文では記述されていないが、「新しい人権」として社会的に合意されている人権が存在することを理解する。

4　「公共の福祉」の概念を理解する

○国民には人権が保障され、個人として尊重され自由に考えたり行動したりすることができるが、他者の人権を侵害することは許されないことを理解する。また、全体の利益のために、個人の人権が制限される事例があることを理解する。

5　憲法改正について理解する

○憲法も法の一種であり、国民の総意に基づいて改正することができることを理解する。

【メモ】

　学習活動1では、確認した条文は傍線を引きながら一読する。必ず条文を一読させるための工夫である。

　学習活動2は、課題解決能力を向上させるものであり、主体的に取り組むことにより内容理解も向上することを伝えると、学習への意欲がより高まることが期待できる。

　学習活動3では、「個人の尊重」を追求する中で「人権」は常に改善され発展していく、動態的な概念であることを理解させることが重要である。

　学習活動4では、公共の福祉で制限されるのは「財産権」が多いこと、「公共の福祉」の下に人権が過剰に制限されないよう、事例ごとに個別に判断する必要があることを伝える。

　学習活動5では、手続きの詳細は「立法（国会）」の単元で学習させるので、憲法も国民の総意に基づいて改正できることのみを理解させることに留意する。

・憲法改正の手続きの詳細は「立法（国会）」の単元で学習するので、ここでは憲法も国民の総意に基づいて改正できるということを理解させるだけでよい。

ワークシートの評価のポイント

〔知識・技能〕
・各種資料から、正確に数字を発見し記入している。
〔思考・判断・表現〕
・各種資料から、正確な数字を判断し記入している。
〔主体的に学習に取り組む態度〕
・時間内でワークシートを完成させるために作業を計画的に進め、諸権利を保障する条文を主体的に追究しようとしている。

パネルディスカッションの準備①

本時の目標

パネルディスカッションにおける自らの立場に関する情報を個人で収集し、収集した情報をグループ内で発表し合うことができる。

本時の評価

班で割り振られた立場に沿った情報を、信頼できる情報源から収集し、グループで発表している。

パネルディスカッションの準備をしよう

年　月　日

組　番　氏名

テーマ「人権が保障されていないと考えられる事例を調べ、どの権利の保障が最優先であるべきか考えよう」

論題「 表現の自由 ・ 夫婦別姓 ・ 奨学金 」

立場「 作家 ・ 弁護士 ・ 賛成論者 ・ 反対論者 ・ 社会人 ・ 文科省 」
＊自分の班が担当しているテーマと立場に丸をつけましょう。

1. 個人で収集した情報を記録しましょう。

情報	資料名等
ヘイトスピーチも表現行為によるものであるため、その制限については、表現の自由との関係が問題になります。この問題を扱った裁判例として、大阪地方裁判所・令和2年1月17日判決があります。ここでは、「大阪市ヘイトスピーチへの対処に関する条例」が表現の自由を保障する憲法第21条第1項に違反するかどうか等が争われました。（中略）この裁判例が示しているとおり、表現の自由が保障されているからといって、ヘイトスピーチが許されるとか、制限を受けない、ということにはなりません。表現の自由を保障している憲法は、その第13条前段で「すべて国民は、個人として尊重される。」とも定めています。自分と異なる属性を有する者を排斥するような言動は、全ての人々が個人として尊重される社会にはふさわしくありません。ヘイトスピーチは、あってはならないのです。	法務省ウェブサイト (https://www.moj.go.jp/JINKEN/jinken05_00037.html)

本時の学習活動

1 パネルディスカッションにおける立場を設定する

○パネルディスカッションにおける立場を決める。

・教師がテーマと学習の進め方を説明し、どの立場を希望するか各グループに考えさせる。それぞれの希望を発表させ、最終的にはくじ引きなどを利用しながら各グループが担当する立場を決定する。

2 個人で情報を取集する

○パネルディスカッションにおける自分のグループの立場に必要な情報を収集する。

・まずは、手元の教科書や資料集を活用する。司書教諭等と事前に相談し、関係する資料を集めておくことができるのであれば、学校図書館の書籍を活用することも重要な学習となる。

・タブレット端末を活用させることも効果的である。その際は、信頼できる発信者の情報を根拠とすること、学習と関係のないサイトを閲覧しないことなど、情報モラルに関する注意をすることが肝要である。20分程度の時間を設定する。

3 個人で収集した情報をグループで共有する

○個人で収集した情報をグループで発表し合う。

・グループのリーダー（班長）に進行役をさせ

2.　個人で収集した情報を班で発表しましょう。他の班員が調べた内容をメモし、情報を共有しましょう。

情報	資料名等

収集が期待される情報

1　表現の自由（例）
・ヘイトスピーチに関する裁判例
2　夫婦別姓（例）
・日本弁護士連合会「選択的夫婦別姓制導入並びに非嫡出子差別撤廃の民法改正に関する決議」
・参議院「第173回国会　請願の要旨　選択的夫婦別姓の法制化反対に関する請願」
・内閣府男女共同参画局男女共同参画会議基本問題専門調査会ウェブサイト
3　奨学金
・独立行政法人日本学生支援機構「給付型奨学金の例」
・独立行政法人日本学生支援機構「平成29年度奨学金の返還者に関する属性調査結果」
・日本政策金融公庫「教育ローンの例」
・文部科学省「奨学金に関する政策」
・全国大学生活協同組合連合会「特集　奨学金問題を考える」

るとよい。リーダーから発表するように指示すると、発表が苦手な生徒も比較的スムーズに発表することができる。
・多くは同じような情報であるが、他の人が収集できなかった情報や、同じ情報を違う視点から発表する生徒がいる。1人では集めきれない情報も、グループであれば集めることができるところが、対話的な学習方法の利点である。教師がこの点を生徒に伝えることで、生徒の興味を喚起することが期待される。

ワークシートの評価のポイント

〔知識・技能〕
・各種資料から根拠をもって情報を収集している。
〔思考・判断・表現〕
・信頼できる発信元であるか思考しながら自らの立場に沿った情報を収集し、収集した情報を必要であるか判断し、他者に分かりやすく表現している。
〔主体的に学習に取り組む態度〕
・自らの立場を考え、計画的かつ粘り強く情報を収集し、他者の収集した情報を意欲的に聞こうとしている。

パネルディスカッションの準備②

本時の目標

　パネルディスカッションにおけるグループの主張を議論しながら作成することができる。

本時の評価

　グループが主張する内容を、根拠をもち、対話的に作成している。

年　　月　　日

パネルディスカッションの準備をしよう【主張】

テーマ「人権が保障されていないと考えられる事例を調べ、どの権利の保障が最優先であるべきか考えよう」

論題「　表現の自由　・　夫婦別姓　・　奨学金　」
立場「　作家　・　弁護士　・　賛成論者　・　反対論者　・　社会人　・　文科省　」

1. 個人で主張を考えましょう。

個人で考えた主張	資料名等
1　表現の自由 （例） 【作家例】 　作家の三島由紀夫は「フィクション小説とは、作家が現実世界から刺激を受けて、独自の視点から再構成して作られるものであるから作品内のすべての事象は、どれほど現実の事実と似ていてもすべて異なる次元に属するのだ」と述べている。また、「名もなき道を事件」（東京地判平成7.5.19）では「モデルが同定できる場合でも、芸術的な昇華の度合いによっては権利侵害の問題は生じない」という判決が出ている。 　芸術作品を発表するのは憲法第21条で保障された権利であり、作品の芸術性によって、プライバシーの権利より表現の自由が優先されるべきだ。 【弁護士例】 　「宴のあと事件」では「公共の利益に係わらないプライバシーにわたる事項を公表されることによって、公的立場にない者の名誉を侵害され、重大で回復困難な損害を被らせるおそれがある。」（最高裁判決平成 14.9.24）という判決が出ており、内容によっては芸術表現よりプライバシーの権利が優先されることがある。作家は文章のプロフェッショナルなので、関係者が不快感を味わうことのない表現をしながら表現するべきだ。	

本時の学習活動

1　個人で主張を考える

○自ら収集した情報と、前時にグループで交換した情報を基に、グループの主張を個人で考える。

・テーマ1については「作家」、テーマ2では「賛成論者」、テーマ3では「奨学金返済に苦しむ社会人」が、それぞれ人権が保障されておらず、改善が必要であることを訴える立場であるという方向で主張するよう教師が示唆する。

・テーマ1については「弁護士」、テーマ2では「反対論者」、テーマ3では「文科省担当者」が、人権はある程度保障されているという主張をするよう指導者が示唆する。

・テーマ1では「猥褻表現」についての事例が多く出てくる。中には不快感を覚える生徒がいる可能性があるので、事前に担当するグループには「猥褻表現」に関する事例は取り扱わないよう指導しておくとよい。

・作業時間は20分取る。

2　個人で作成した主張をグループで共有し、グループの主張を作成する

○個人で作成した主張をグループで発表し合う。

・グループのリーダー（班長）に進行役をさせるとよい。リーダーから発表するように指示すると、発表が苦手な生徒も比較的スムーズに発表することができる。

・各自が発表した主張をまとめて、グループと

指導のポイント

　テーマ1では、「作家」の立場のグループには、「表現の自由を侵害された」と主張する創作者の事例を収集するよう示唆する。「弁護士」の立場のグループには「表現の自由によりプライバシーの権利が侵害された」と訴える事例資料を集めるよう示唆する。

　テーマ2では「夫婦別姓」は国会でも取り上げられるテーマであり、賛成／反対どちらの立場でも多くの事例を収集できる。

　テーマ3では「奨学金返済に苦しむ社会人／文部科学省の奨学金担当者」としている。「社会人」の立場では、奨学金の返済に苦慮し、生活が圧迫されている事例を収集するよう示唆する。「文科省」の立場では、奨学金制度のあらましを中立的に解説する資料を中心に集めるようにするとよい。

ワークシートの評価のポイント

〔知識・技能〕
・各種資料から根拠をもって主張を作成している。

〔思考・判断・表現〕
・根拠をもった情報を基に、自らの立場に沿った主張を作成している。

〔主体的に学習に取り組む態度〕
・自らの立場を考え、計画的かつ粘り強く主張を作成しようとしている。

---

2. 班で主張を考えましょう。

班で考えた主張	資料名等
2　夫婦別姓（例） 【賛成論者】 （本文） 【反対論者】 （本文） **3　奨学金** 【奨学金返済に苦しむ社会人】 （本文） 【文部科学省の奨学金担当者】 （本文）	

しての主張をつくるよう指導する。発表原稿はワークシートの「2　班で主張を考えましょう」欄に書くように指導する。グループのうちの1人のワークシートにまとめてもよいし、内容ごとに複数人のワークシートに書いてもよいと指導する。
・作業時間は、授業終了までの時間とする。

パネルディスカッションの準備③

本時の目標

パネルディスカッションにおけるグループへの反論への回答を議論しながら作成することができる。

本時の評価

グループに対する反論への回答の内容を、根拠をもち、対話的に作成している。

（ワークシート）

年　月　日

パネルディスカッションの準備をしよう【反論・質問への回答】

組　番　氏名

テーマ「人権が保障されていないと考えられる事例を調べ、どの権利の保障が最優先であるべきか考えよう」

論題「　表現の自由　・　夫婦別姓　・　奨学金　」
立場「　作家　・　弁護士　・　賛成論者　・　反対論者　・　社会人　・　文科省　」
＊自分の班が担当しているテーマと立場に丸をつけましょう。

1. 個人で考えた、予想される反論や質問を考えましょう。

2. 個人で考えた、予想される反論や質問を発表しあい、どう答えるか考えましょう。

本時の学習活動

1　個人で反論と回答を考える

○自ら収集した情報と、前時に収集した情報を基に、グループへの反論と回答を個人で考える。

・前時に作成した主張を、反対の立場に立って吟味し、反論を考える。反対の立場から見たときの主張の弱点や、矛盾点を見付けることにより、反論を考えることができる。その反論に対しての回答を個人で作成する。反対の立場に立つことで、論題に対して、多面的な思考を促すことができる。教師は、反論への回答を考えることで、客観的で幅広い視野を得ることができるようになるという学習の意義を伝え、生徒の関心を引き出すようにしたい。

・「政治」「経済」「人権」など、様々な視点から、グループの主張を考えてみるよう指導するとよい。様々な視点からグループの主張を検討することで、多角的な思考をすることが期待できる。

・作業時間を20分間に設定する。

2　個人で作成した主張をグループで共有し、グループの主張を作成する

○個人で作成した主張をグループで発表し合う。

・グループのリーダー（班長）に進行役をさせるとよい。リーダーから発表するように指示すると、発表が苦手な生徒も比較的スムーズに発表することができる。

| | | 年　　　月　　　日 |

パネルディスカッションの準備をしよう【反論・質問への回答】

組　　番　氏名

テーマ「人権が保障されていないと考えられる事例を調べ、どの権利の保障が最優先であるべきか考えよう」

論題「　表現の自由　・　夫婦別姓　・　奨学金　」

立場「　作家　・　弁護士　・　賛成論者　・　反対論者　・　社会人　・　文科省　」

＊自分の班が担当しているテーマと立場に丸をつけましょう。

1. 個人で考えた、予想される反論や質問を考えましょう。

予想される反論や質問への回答（個人）

3　奨学金（例）

【奨学金返済に苦しむ社会人】

給付型の奨学金制度を整備しているとの主張に反論が予想される。

これに対しては、給付型の奨学金は条件が厳しく、なかなか利用できない。そもそも給付型の奨学金が想定する経済状況より上位の少子家庭や保護者の所得が高くて、学費を払えばかり厳しい生活になるケースが多い。給付型の奨学金が利用できる条件を緩和せずに、制度ばかりをうたってっても意味がない。給付の条件を緩めるべきである。また、学生は将来の社会を支える人材であり、日本社会発展への将来への投資と考え、給付型の奨学金を拡大すべきである。

【文部科学省の奨学金担当者】

給付型の奨学金の条件が厳しすぎて、学費を払うと生活がままならない所得の家庭の学生が利用しづらいという主張が反論が予想される。

これに対しては、現状の財政の状態を考えると、これ以上給付型の奨学金を増額できない、と反論する。国や地方の文教予算を見ると、現状の教育を維持することで精一杯で、更に予算を増額するのは厳しい状態であると言わざるを得ない。少子高齢化により、高齢者への社会保障にかかる予算が必要であり、学生に予算を割り向けることが難しい。受益者負担の考え方により、貸与型の奨学金を拡大することで、奨学金制度を充実させることが財政の現場から必要である。

2. 個人で考えた、予想される反論や質問を発表しあい、どう答えるか考えましょう。

予想される反論や質問への回答（班）

・各自が発表した主張をまとめて、グループとしての反論への回答を作成するよう指導する。発表原稿はワークシートの「2　個人で考えた、予想される反論や質問を発表しあい、どう答えるか考えましょう」欄に書くように指導する。グループのうちの1人のワークシートにまとめてもよいし、内容ごとに複数人のワークシートに書いてもよいと指導する。また、発表内容をまとめたレジュメやフリップを作ると発表時に聞き手が理解しやすくなる。

・作業時間は、授業終了までの時間とする。

テーマ1では、「作家」の立場のグループには、「表現の自由を侵害された」と主張する創作者の事例を収集するよう示唆する。「弁護士」の立場のグループには「表現の自由によりプライバシーの権利が侵害された」と訴える事例資料を集めるよう示唆する。

テーマ2では「夫婦別姓」は国会でも取り上げられるテーマであり、賛成／反対どちらの立場でも多くの事例を収集できる。

テーマ3では「奨学金返済に苦しむ社会人／文部科学省の奨学金担当者」としている。「社会人」の立場では、奨学金の返済に苦慮し生活が圧迫されている事例を収集するよう示唆する。「文科省」の立場では、奨学金制度のあらましを中立的に解説する資料を中心に集めさせるとよい。

ワークシートの評価のポイント

〔知識・技能〕

・各種資料から根拠をもって反論を作成している。

〔思考・判断・表現〕

・根拠をもった情報を基に、相手の立場に立って思考し、自らの立場に沿った反論を作成している。

〔主体的に学習に取り組む態度〕

・自らの立場を考え、計画的かつ粘り強く反論を作成しようとしている。

パネルディスカッション①

本時の目標

　パネルディスカッションを実施し、自らの立場から主張をし、かつ他班の主張に対し質問や反論を行うことができる。

本時の評価

　パネルディスカッションにおいて、相手に理解できるように発表し、他グループの発表に対して質問や反論をしている。

発表内容記録カード

年　　月　　日

組　　番　氏名

テーマ「人権が保障されていないと考えられる事例を調べ、どの権利の保障が最優先であるべきか考えよう」

論題「　表現の自由　・　夫婦別姓　・　奨学金　」
立場「　作家　・　弁護士　・　賛成論者　・　反対論者　・　社会人　・　文科省　」

1. 表現の自由（例）

発表内容メモ

　表現の自由が優先されるべきか、プライバシーの権利が優先されるべきか、などの主張がされることが予想される。過去の判例や具体的な訴訟の例などが根拠とされることが期待される。

発表を聞いて考えた質問・反論

2. 夫婦別姓（例）

発表内容メモ

　夫婦別姓、同姓のそれぞれの主張がされることで、夫婦別姓をめぐる意見が発表されることが期待される。法的に同姓であることが義務付けられている日本でも、近年、選択的夫婦別姓を認めるべきではないかという議論がある。特に、女性が改姓する傾向が強いが、女性の社会進出が一般的になったことで改姓する際の負担が特に女性に大きい点や、女性ばかりが慣れ親しんだ姓を変えることが多いことが両性の本質的平等に反しているという点が議論として挙げられている。

本時の学習活動

1　グループの主張を発表する

○準備した主張を発表する。

・発表はグループ全員が必ず発表に関わることができるように、複数人で発表させるとよい。特に主張は事前に原稿を用意でき発表しやすいので、グループの中で社会科に苦手意識をもっていて、発表に自信がない生徒が担当するとよい。

・発表時に、レジュメやフリップを示すと聞き手が理解しやすくなる。

・発表時間は3分とする。3分を超える場合でも、最後まで主張させるとよい。

・司会は教師が務める。

2　他グループの発表に対して質問や反論を行う

○他グループの主張に対して、質問や反論を行う。

・自グループと同じ論題のグループには必ず質問や反論をするだけでなく、他の論題を担当している1以上のグループに質問や反論をさせると、議論が活発となる。

・他グループからの質問や反論にはその場で答えるのではなく、メモを取って、検討した後回答する。

このような現実の主張がパネルディスカッションにおいても行われることが期待される。

発表を聞いて考えた質問・反論

3．奨学金（例）

発表内容メモ

　　奨学金に関しては、家庭の状況においては「自分事」と捉えられる生徒もいることが予想される。国際的には日本は教育の自己負担が多いと言われている。給付型の奨学金を拡充することで、負担を減らすことができるが、一方で財政に対する負担は大きくなる。しかし、学生への投資は将来の人材育成への投資とも捉えられ、経済発展によるリターンが期待されるという見方もできる。限られた財源の適切な配分という視点で主張がされるとより深い議論となる。

発表を聞いて考えた質問・反論

3　他グループからの質問や反論に対しての回答を検討する

○メモをした他グループからの質問や反論に対しての回答を検討する。

・想定していた質問や反論があった場合、準備した質問や反論への回答から適切なものを選択して回答する。想定外の質問や反論が出た場合、これまでの調査を基にして、回答を検討して用意する。

パネルディスカッション②

本時の目標

前時に自分のグループに寄せられた質問や反論に対して回答する中で、論題に対しての思考を深めることができる。

本時の評価

質問や反論への回答をする中で、論題に対する思考を深めている。

質問・反論への回答

年　　月　　日

組　　番　氏名

テーマ「人権が保障されていないと考えられる事例を調べ、どの権利の保障が最優先であるべきか考えよう」

論題「　表現の自由　・　夫婦別姓　・　奨学金　」

立場「　作家　・　弁護士　・　賛成論者　・　反対論者　・　社会人　・　文科省　」

＊自分の班が担当しているテーマと立場に丸をつけましょう。

他班からの質問や反論への回答を考えましょう。

確認となるが、テーマ1は自由権に関するもの、テーマ2は平等権に関するもの、テーマ3は教育を受ける権利（社会権）に関するものと設定している。パネルディスカッションを通して、「自由権」「平等権」「社会権」の視点から探究することが本指導計画の目標である。

「自由権」に関しては特に表現の自由を取り上げている。表現の自由がどこまで許されるのか、特にプライバシーの権利や、公共の福祉との対立が鮮明になることが期待される。一方で表現の自由は、自由に意見を表明できるという民主主義の根幹でもある。この対立点に対して、生徒が様々な合意案を提案することが期待される。

「平等権」に関しては特に婚姻に伴う改姓について、女性が改姓するケースが多いことに対して、両性の本質的平等が達成されているかどうかが議論となる。同姓であることの利点と選択的別姓の利点が主な対立点となる。現代の日本において、実際に議論されている論点であり、これから社会に参画する生徒には本単元を通して思考してほしいテーマである。

「社会権」に関しては特に学ぶ権利を取り上げている。学ぶ権利を保障する手段である奨学金の制度をどのような形で整備するかが論点である。特に、発表の中で「給付型」と「貸与型」での対立が浮き彫りになることが期待される。「給付型」は所得格差による学歴格差を埋めることが期待される制度であるが、財政における負担が重くなる。一方「貸与型」は財政への負担は軽くなるが、個人の負担が重くなる可能性がある。権利の保障と、財源の分配をいかにするべきかという議論がなされることが期待される。

本時の学習活動

1　グループの回答を検討する

○前時に寄せられた質問や反論に対する回答を再検討する。

・前時の後半で検討した質問や反論に対して用意した回答を再確認し、併せてグループ内で発表する人を決めたり、発表の練習をしたりする。

・10分程度設定する。

2　他グループの質問や反論に対して回答する

○最初に同じテーマのグループに対して、回答を発表する。

・回答に対して、再反論や再質問があれば発表する。このように回答することをきっかけとして、論題に対する議論が生まれることが期待される。

・司会は教師が務める。

指導のポイント

質問や反論への回答を発表する。発表の際に、これまで調査した内容や他班の発表内容などを根拠として回答できるとよい。

また、これまで努力して調査した内容に反論や質問をされると、反発を覚える生徒もいるかもしれないが、あくまでも授業なので冷静に回答するよう助言するとよい。

ワークシートの評価のポイント

〔知識・技能〕
・質問や回答の主旨を理解し、的確に回答している。
〔思考・判断・表現〕
・質問や反論に対して、用意した回答案を基に適切な情報や内容を思考・判断して表現している。
〔主体的に学習に取り組む態度〕
・質問や反論に対して、粘り強く自らの主張を考え表現しようとしている。

3 議論の内容を整理する

○各テーマの回答や議論が終わったら、教師が内容を整理する。

・整理する要点は、「議論を通してどのような対立点と合意案が出されたか」「論題をめぐってテーマとしている諸権利に関してどのような課題があることが浮き彫りとなったか」である。この要点を押さえて内容整理をすることで、生徒の理解が深まることが期待される。また、議論の内容に誤りがあれば、この時点で訂正するとよい。

まとめ

学習を通して考察した内容の記述

本時の目標

　パネルディスカッションの準備や議論を通して追究した内容を、テーマに沿ってレポートとして記述することができる。

本時の評価

　「人権が保障されよりよい社会を実現するためにはどうしたらよいか」というテーマに対して、これまでの授業の内容を基に根拠をもってレポートを作成している。

年　　月　　日

学習のまとめレポート

組　　番　氏名

テーマ「人権が保障されていないと考えられる事例を調べ、どの権利の保障が最優先であるべきか考えよう」

論題「　表現の自由　・　夫婦別姓　・　奨学金　」
立場「　作家　・　弁護士　・　賛成論者　・　反対論者　・　社会人　・　文科省　」
＊自分の班が担当しているテーマと立場に丸をつけましょう。

1．今回のパネルディスカッションにおいて、どのような「対立」があり、その「対立」に対してどのような「合意」がありましたか。説明してください。

> 表現の自由と、プライバシーの権利や公序良俗の対立、夫婦別姓と同姓のメリットとデメリット、夫婦別姓と同姓に対する明治民法以来の伝統、奨学金の公費援助と限りある財源の配分などの対立や、パネルディスカッションの発表や調査を根拠とした解決策が書かれていれば B 評価とする。更に、身近な例や、将来の自分との関わりについて書かれていれば A 評価とする。

2．今回のパネルディスカッションの内容を、「効率（＝社会全体で資源や時間、労力などの無駄を省き、資源や時間、労力を有効に活用できている）」という見方や考え方から分析すると、どのようなことが言えますか。自分の考えを書きましょう。

> 人権を学習する単元なので、「効率」の概念にそぐわない場合が多いが、例えば夫婦別姓にした際の手続きの煩雑化や、高等教育への公費負担が限られた財源の配分が妥当であるかという記述があれば B 評価とする。更に、身近な例や、将来の自分との関わりについて書かれていれば A 評価とする。

3．今回のパネルディスカッションの内容を、「公正（課題に関係する人々が議論に参加できているか、みんなの意見が尊重されているか、議論の結果が立場を変えても受け入れられるものになっているか）」という見方や考え方から分析すると、どのようなことが言えますか。自分の考え方を書きましょう。

> 表現の自由について、作家側と作品によって権利を侵害された側の両面から公正を考えていたり、夫婦別姓について男性側、女性側から比較して記述していたり、奨学金について生まれた家庭の経済状況から考察していたりした場合は B 評価とする。更に、身近な例や、将来の自分との関わりについて書かれていれば A 評価とする。

本時の学習活動

1　レポートのテーマについて理解する

○配布されたワークシートを基に、教師からレポートのテーマについて説明を受ける。

・レポート全体のテーマは「人権が保障されていないと考えられる事例を調べ、どの権利の保障が最優先であるべきか考えよう」であることを理解させる。そのために、発問1〜4の順でレポートを記述することを理解させる。

・発問1は、パネルディスカッションの準備と発表を通して浮き彫りになった対立点、及び、自分のグループや他のグループの発表から読み取れる合意案を記述するよう指導する。全てではなく、自分が印象に残ったものを特に取り上げるよう指示する。

・発問2は、パネルディスカッションの準備と発表を通して、「効率」の視点から気が付いた点を記述するように指導する。この視点は回答が難しいと考えられるので、「奨学金を給付型にするか、貸与型にするか」という議論は、権利を保障するための財源をどうするかという「効率」に関する問題であるなど、実際にパネルディスカッションを通して発表された例を挙げて説明するとよい。

・発問3はパネルディスカッションの準備と発表を通して、「公正」の視点から気が付いた点を記述するように指導する。本単元は「人権」を取り扱っているため、この発問は生徒にとっては比較的記述しやすいと考えられる。

〔主体的に学習に取り組む態度〕の評価

　このワークシートでは、単元全体における〔主体的に学習に取り組む態度〕の評価ができる。

　また、人権を実現するための解決策を提案することができれば、「主体的に社会に参画する態度」が養われていると評価することができる。

ワークシートの評価のポイント

〔知識・技能〕
・これまでの学習を通して習得した知識を活用してレポートを記述している。

〔思考・判断・表現〕
・これまでの学習で取り組んだ課題に対して、「見方・考え方」を働かせて思考、判断してレポートに表現している。

〔主体的に学習に取り組む態度〕
・よりよい社会を築くために、社会参画する意欲をもち、改善策を構想してレポートを記述しようとしている。

---

4. 人権が保障されよりよい社会を実現するためにはどうしたらよいか、自分の意見を書きましょう。その際、パネルディスカッションで調べたことや発表した内容、他の班が発表した内容を参考にしてください。また、上記の設問 1～3 で記述した内容もいかしてください。
　さらに、「人権が保障されよりよい社会を実現するため」に現在や将来の自分には何ができるでしょうか。社会をつくる一員として意見を書いてください。

> 人権全体について記述されていなくとも、自分が調べたテーマや他班の発表内容を例として考察していてもよい。
> 「人権が保障されよりよい社会を実現するためにどうしたらよいか」ということに対する自らの考えを根拠をもって記述し、かつ、日本国憲法が人権を保障していること、人権保障が人間を尊重するための根本的な考え方であるという意義を理解していることなどが記述から読み取ることができれば B 評価とする。更に、身近な例や、将来の自分との関わりについて記述し、かつ人権保障の更なる前進についての提言がなされていればA 評価とする。
> 今後の社会に対する提言がなされているということは主体的に社会に参画しようとする姿勢であるので、「主体的に学習に取り組む態度」である。あるいは「構想」していると評価することができる。

・発問 4 は本レポートの中心発問と言える。単に「～であるべきだ」「政府が～すべきだ」という思考で終わらず、その課題解決に対して、自分自身が日々の生活を通して、あるいは将来の生き方や職業を通してどのように参画することができるか、ということを記述するように指導する。

2　レポートを記述する
○これまでに作成したワークシートの内容や、教科書、資料集、あるいは情報端末を利用したインターネットの情報などを参照しながら、レポートを作成する。
・1 単位時間内で終わらない場合は宿題とする。

2 民主政治と政治参加
～日本の民主主義の課題を考える～

単元の目標

　対立や合意、効率と公正、個人の尊重と法の支配、民主主義などに着目して、国会を中心とする我が国の民主政治の仕組みやあらましや政党の役割、議会制民主主義の意義、多数決の原理とその運用の在り方について理解するとともに、民主政治の推進と公正な世論の形成や選挙など国民の政治参加との関連について多面的・多角的に考察、構想し、表現することができる。

学習指導要領との関連　C（2）民主政治と政治参加ア（ア）（イ）及びイ（ア）

第1時・第2時・第3時	第4時・第5時・第6時
導入・展開	展開
〔第1時〕民主主義を実現するために ○国民主権 ・直接民主制や間接民主制の違いを理解する。 ・三権分立について理解する。 ・天皇の地位について理解する。 〔第2・3時〕国会と内閣について ○国会の地位について ・日本国憲法の条文から、国会の地位を理解する。 ・二院制の違いを理解し、なぜ、二院制を採用しているか考える。 ・衆議院の優越について考える。 ○内閣について ・内閣の役割について理解する。 ・内閣と国会の関係について考える。	〔第4時〕パネルディスカッションの準備 ○論題を「日本の民主主義の課題を考える」として、以下の立場でリサーチ学習を行う。 　生活班をベースに自分たちが調べたい対場を話し合い決定する。 ①女性議員・閣僚が少ない（国会・内閣） ②議員立法が少ない（国会） ③参議院のカーボンコピー化 ④首相の第7条解散権（内閣） ⑤マスメディアの問題（民意形成） ⑥投票率の低下（選挙） 〔第5・6時〕リサーチ学習 ○それぞれの立場に分かれ、リサーチを行う。 　以下の視点は必ず調べるように指示をする。 ・その課題の現状と背景 ・諸外国ではどうなのか ・解決案の提示 ○発表補助資料を作成する。

課題解決的な学習を通して学びを深めるポイント

　本単元では、日本の民主主義の問題点をリサーチ学習、パネルディスカッション方式で行っていく。

　政治単元の学習では、国会・内閣・裁判所・地方自治・選挙などそれぞれの仕組みを学習し、それぞれの時間で課題や問題について考えることが多い。それも、教科書の構成がそのようになっているからという部分もある。

　しかし、これでは生徒にとってみると、単発の学習と課題の追究になってしまい、つながりが見えてこないことが多い。国会・内閣・裁判所・地方自治・選挙などのそれぞれの課題は、いわば日本の民主主義の課題でもある。つまり、個別事象でそれぞれ学習するよりも、民主主義の課題という大きな枠で捉え、学習を進めていくほうが中学校社会科の目標でもある「平

単元の評価

知識・技能	思考・判断・表現	主体的に学習に取り組む態度
①国会を中心とする我が国の民主政治の仕組みのあらましや政党の役割を理解している。 ②議会制民主主義の意義、多数決の原理とその運用の在り方について理解している。	①対立と合意、効率と公正、個人の尊重と法の支配、民主主義などに着目して、民主政治の推進と、公正な世論の形成や選挙など国民の政治参加との関連について多面的・多角的に考察、構想し、表現している。	①民主政治と政治参加について、現代社会に見られる課題の解決を視野に主体的に社会に関わろうとしている。

第7時・第8時	第9時
展開	まとめ
〔第7時〕パネルディスカッション ○「日本の民主主義の課題を考える」 ・それぞれの立場から発表と質疑応答を行う。 ・司会進行は教師が行う。 　①発表（5分×6班）　　30分 　②質疑応答　　　　　　15分 　③教師からのまとめ　　5分 〔第8時〕パネルディスカッションの振り返り ○それぞれの立場を離れて、教師が中心となり、発表補助資料を活用しながらパネルディスカッションの振り返りを行う。 ○「民主主義を推進を考える上で、大切な要素は？」 ・生活班になり、今までの学習内容を活用して、上記の内容を考え、発表する。 ・代表者が発表して、クラスで意見を共有する。	〔第9時〕単元のまとめ ○今までの学習を振り返り、「日本の民主政治の発展のために必要なこと」に対するレポートを作成する。

和で民主的な国家及び社会の形成者に必要な公民としての資質・能力の基礎」の育成につながる。

　主体的な学習を通して学びを深めるポイントとしては、パネルディスカッションに向けて、自分たちの興味・関心に基づいた立場の決定、それに沿ったリサーチ学習、そしてパネルディスカッションで主張し合うことで、教師の一方的な授業からの脱却を図ることができる。また、パネルディスカッションのまとめや単元のまとめでは、生徒自身で作成した発表補助資料を活用しながら進めていくことで、作成における責任感や達成感、成就感などを育てることができる。

国民主権の理解

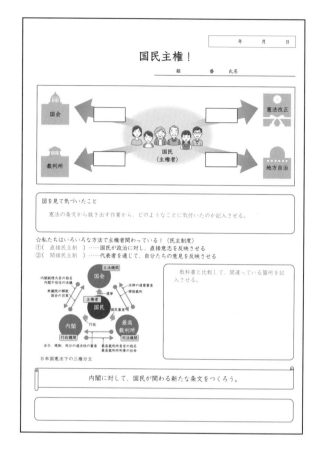

本時の目標

　パネルディスカッションに向けて、基本的な知識を身に付けることができる。

本時の評価

　民主政治において大切な国民主権について、基本的な知識を身に付けている。

本時の学習活動

1　国民主権について理解する

○直接民主制と間接民主制

・プリントの空白に、日本国憲法の第何条が入るか、憲法の条文を確認しながら穴埋めをする。

・スイスの直接民主制のビデオを見て、日本と比較し、直接民主制と間接民主制の違いを理解する。

2　三権分立について理解する

○教科書の三権分立の図と、プリントにある2020年の首相官邸HPにある三権分立の図の違いを見付ける。

○三権が分立していないとどのようなことが起きるか話し合う（ペアワーク）。

○学習課題「内閣に対して、国民が関わる新たな条文をつくろう」を設定し、現行の憲法を参考にしながらグループワークをする。

3　天皇の地位について理解する

○大日本帝国憲法下で主権者だった天皇が、日本国憲法ではどのような地位になったのか、条文の穴埋めを行い理解する。

○日本青少年研究所「中学生・高校生の生活と意識・調査報告書」2009年のグラフを見て、日本の若い人たちが諸外国に比べ、主権者意識が低いことを問題提起し、どうすれば日本の若い人の主権者意識が高まるか、グループで考える。

○最後に、憲法改正における条件を教科書を活

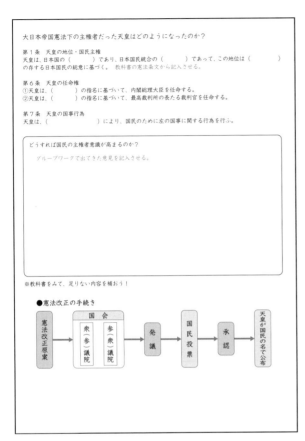

ワークシートの評価のポイント

ワークシートの記入状況から、民主政治において大切な国民主権について、基本的なことを理解しているか、主に〔知識・理解〕の習得を見取る。

用して確認する。

○まとめとして、民主主義とはどのようなことか、また民主主義でも戦争が起こる例（ナチスドイツ、ウクライナなど）から、どのようなことが大切なのか考える。

国会と内閣の仕組みの理解①

本時の目標

国会の仕組みについて理解することができる。

本時の評価

国会の仕組みについて理解し、立法府の役割について考えている。

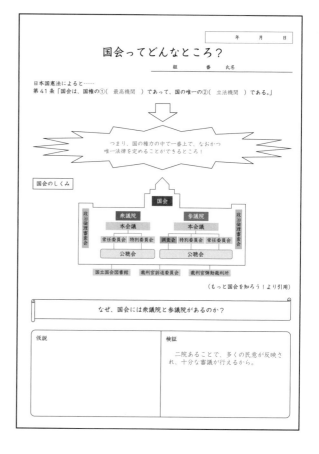

本時の学習活動

1　国会の地位について理解する

○憲法の条文から、国会がどのような位置付けかを読み取る。

○国会が二院制であることを理解し、なぜ、衆議院と参議院があるのかを考える（二院制の意義について考える）。

2　衆議院と参議院の違いについて考える

○衆議院と参議院の違いについて、表の穴埋めを行う。

○完成した表から、気付いたことをワークシートに記入し、クラスで共有する。

○様々にある違いの中で、衆議院の優越について注目する。

○憲法に見られる衆議院の優越について書き抜きをする。

○一院制と二院制の違い（メリット・デメリット）を効率と公正の視点から考える。

ワークシートの評価のポイント

　ワークシートの記入状況から、国会の仕組みや衆議院・参議院の違い、二院制の意義などについて理解しているか、主に〔知識・技能〕の習得を見取る。

☆衆議院と参議院の違い☆

| 衆議院 | 国会 | 参議院 |

図をみて気付いたこと

衆議院の方が……
人数が多い
被選挙権が若い
内閣不信任の権限がある

衆議院の方が権限が強い！
これを「衆議院の優越」という！

衆議院と参議院の議員定数等の比較

衆議院		参議院
465名	定数	245名※
4年 解散すれば地位を失う	任期	6年 3年ごとに半数改選
18歳以上	選挙権	18歳以上
25歳以上	被選挙権	30歳以上
小選挙区289名 比例代表176名	選挙区	選挙区147名 比例代表98名
有	解散	無

（図は衆議院HPより引用）
※令和元年改選から令和4年改選までの間の定数は245名、令和4年改選以降は248名（選挙区148名、比例代表100名）となります。

☆憲法から③（　衆議院の優越　）を探してみよう！

・第59条【法律案の議決、衆議院の優越】
・第60条【衆議院の予算先議、予算議決に関する衆議院の優越】
・第61条【条約承認に関する衆議院の優越】
・第67条【内閣総理大臣の指名、衆議院の優越】

どうして、衆議院の優越が認められているのか？

仮説	検証
	任期が短く、解散もあるので、より民意を反映させていると考えられているから。

今日のわかったこと・疑問

3　衆議院の優越について理解する

○なぜ、衆議院の優越が憲法で認められているのかグループで考える。

○衆議院の優越がなければ、どのようなことが想定されるのか、それが国民にとってどのような影響を及ぼすのかなど、教師の助言を基に考える。

○「対立と合意」「効率と公正」の視点を意識する。

　例）二院が対等な場合、それぞれが異なる議決をした場合、どうするのか。更に議論を重ねることも重要だが、時間がかかり過ぎることは、国民にとってどうなのか（効率を重視した考え）。など

国会と内閣の仕組みの理解②

本時の目標
　内閣の仕組みについて理解することができる。

本時の評価
　国会と内閣の仕組みについて理解し、立法府と行政府の関係について考えている。

本時の学習活動

1　内閣の役割について理解する
○憲法の条文から、内閣がどのような位置付けかを読み取る。
○具体例を出して、どの省庁の仕事かを考えて、内閣の組織図を見る。
　例）教育に関する仕事
　　　道路を整備したりする仕事
　　　農業に関わる内容
　　　国の予算に関わる仕事
・近年では、デジタル庁やこども庁の創設が話題になっていることを紹介する。
○閣議について理解する。
○花押について興味をもつ。

2　内閣の仕事について理解する
○憲法の条文から、内閣の仕事を理解する。
○内閣が制定する決まりを政令ということを理解する。
○唯一の立法機関である国会で定められた法に則って、行政機関である内閣が仕事をすることを理解する。

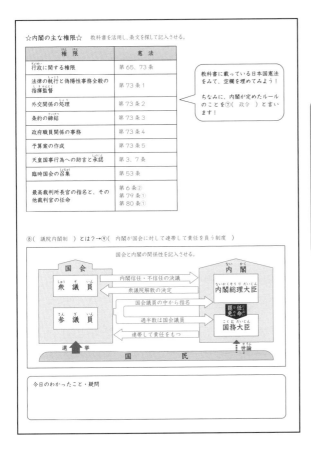

ワークシートの評価のポイント

　ワークシートの記入状況から、内閣の仕組みとともの議院内閣制についても理解しているか、主に〔知識・理解〕の習得を見取る。

3　議院内閣制について考える

○ワークシートの図を活用して、国会と内閣の関係性を理解する。

○国会と内閣、そして国民はどのような関係の下に政治が行われているか、それぞれの立場で考える。

○議決方法として多数決が採用されていることを理解し、多数決の際にはどのようなことに注意が必要か考える。

パネルディスカッションの準備

本時の目標

　パネルディスカッションに向けて、班で役割を分担し、リサーチ学習・発表補助資料を作成し、立場の理解を深めることができる。

本時の評価

　自分の役割を果たし、立場の理解を深めるとともに、他者に分かりやすい発表補助資料を作成している。

年　　月　　日

「日本の民主主義の課題を考える」

組　　番　氏名

1. 自分の班の立場【パネリスト】の決定　　※自分の班が担当する立場に○をつけましょう！

女性議員	議員立法	参議院	9条解散	マスメディア	投票率
クラスで話し合い、自分たちの班が調べることとなった立場に○を付けさせる					

2. 班の中で担当する内容

視点1・視点2	視点3・質疑応答	レジュメ担当
班の中で、役割分担をさせる。ちなみに視点は、①その課題の現状と背景、②諸外国ではどうなのか→③解決案の提示→である。質疑応答は、パネルディスカッションでの質疑応答の担当、レジュメ担当は、発表補助資料担当であり、1班6名を想定している。		

3. 調べ学習で分かったこと（記録シート）　※足りない場合はノートを活用しましょう。

リサーチ学習において、調べた内容をメモさせる。

本時の学習活動

1　パネルディスカッションの立場を決める

○生活班になり、日本の民主主義の課題として調べたい内容を相談して決める。

○調べる立場が決まったら、役割分担を行う。

　視点1・視点2……2名

　視点3・質疑応答……2名

　発表補助資料（レジュメ）……2名

○残った時間で、それぞれの担当に応じて、リサーチ学習を始める。

2　リサーチ学習を行う

○前時の続きを行う。

・1人1台の学校端末やパソコン室、図書室を活用し、調べる環境や手段を整える。

○進捗状況を教師に説明する。

・教師は全ての班から進捗状況確認を行い、修正やアドバイスを行う。

○レジュメ（発表補助資料）と原稿シートを作成する。

○それぞれの生徒が調べた内容をレジュメにまとめていく。その際、パネルディスカッション時に必要となる資料やグラフを教師がレジュメ担当に渡し、言葉だけのレジュメではなく、視覚的に分かりやすいものをつくるように心がける。

原稿シート

年　　月　　日

組　　番　氏名

※自分の立場に○をつけましょう。

女性議員	議員立法	参議院	9条解散	マスメディア	投票率

パネルディスカッションの際に、スムーズに主張できるように原稿を作り、発表の練習もしましょう。

（　視点1　視点2　視点3　質疑応答　）

パネルディスカッションの際に、自分たちの主張を分かりやすく伝えるために、原稿を作成させる。

ワークシートを使用する際のポイント

　教師が資料を全て準備するのは大変なので、司書教諭と連携を図るとよい。また、パソコンも適宜活用させるとよい（本とネットワークの併用）。

　また、生徒が作成するレジュメ（発表補助資料）は、パソコンを使用してスライドにまとめるなどしてもよい。

ワークシートの評価のポイント

　ここでは、「評定に用いる評価」ではなく、「学習改善につながる評価」、いわゆる形成的評価が妥当である。

　生徒の学習状況の把握、取組などを観察するために、進捗状況の報告の場面を設定している。教師はパネルディスカッションで議論が活発になるように、ワークシートの記入状況から適宜、指導・助言を行う。場合によっては、生徒のリサーチが助かるような資料を作成しておくことも考えられる。

3　発表リハーサルを行う

○リサーチに基づいて、レジュメ（発表補助資料）、原稿シートが完成したら、全員で情報の共有、リハーサルを行う。

パネルディスカッションの実施

本時の目標

　パネルディスカッションを行い、日本の民主主義の問題点について議論することができる。

本時の評価

・自分たちの調べた立場から、分かりやすく主張したり質問したりしている。
・他の班の発表を聞いて、日本の民主主義の課題についてどのような実態があるのか理解している。

立場	主張内容	質問項目
		質問
		答え
		質問
		答え
	主張をメモ程度に書き留める。	質問 質問内容やその返答について書き留める。
		答え
		質問
		答え
		質問
		答え

パネルディスカッション「日本の民主主義の課題は？」記録シート　　年　月　日　　組　番　氏名

本時の学習活動

1　パネルディスカッションを行う

○司会は教師が行い、以下の手順でパネルディスカッションを進めていく。

①各班の発表補助資料を配る。
②パネルディスカッションの説明。
③1班主張時間5分（質疑応答を含む）。
④フリーディスカッション。
⑤教師からのまとめ。

・教師は、議論がかみ合うように論点整理をしたり、内容を分かりやすく生徒に伝えたりする。

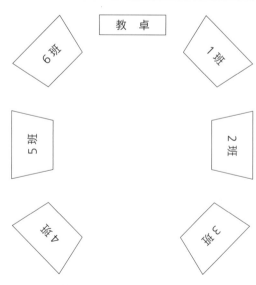

パネルディスカッションでの教室レイアウト例

【メモ】

ワークシートを使用する際のポイント

　本時では討論がメインになるため、書くことに集中し過ぎず、ワークシートへの記入はメモ程度にとどめるよう指示する。

ワークシートの評価のポイント

　ここでは、発表補助資料を活用し、分かりやすく根拠をもって主張できているかどうかを見取る。

　また、ワークシートの記入状況から、他の班が調べた内容（日本の民主主義の課題について）を理解しているかを見取る。

パネルディスカッションの振り返り

| 年　月　日 |
| パネルディスカッション「日本の民主主義の課題は?」振り返りシート |
| 組　番　氏名 |

立場	主張内容
	各立場の主張を発表補助資料や記録シートを見ながら整理をしていく。

本時の目標

　パネルディスカッションについて、振り返りを行うことができる。

本時の評価

　パネルディスカッションの内容を振り返り、それぞれの主張から日本の民主主義の問題点を理解している。

本時の学習活動

1　パネルディスカッションの振り返りを行う

○教師が中心となって、どのようなディスカッションだったかを振り返る。

○発表補助資料を活用しながら、各班の主張を振り返り、論点などが出てきたら整理を行う。

2　民主主義の発展について考える

○今までの学習を参考にして、グループで「民主主義を推進を考える上で、大切な要素は?」を考える。

○各班の代表者が発表し、意見の共有を行う。

【メモ】

ワークシートを使用する際のポイント

前時のパネルディスカッションの内容を活用して、教師が分かりやすく論点整理をすることで振り返りを行えるようにする。

また、誤った内容や主張があれば、ここで訂正を行うようにする。

ワークシートの評価のポイント

ワークシートの記入状況から、日本の民主主義の課題について理解しているかを見取る。

単元のまとめ

本時の目標
単元のまとめを行うことができる。

本時の評価
今まで学習してきた内容を根拠に、様々な視点を考慮した上で、自分の意見を述べている。

年 月 日

単元のまとめ

組　　番　氏名

パネルディスカッションお疲れ様でした。日本における民主主義の課題について、理解が深まったでしょうか。この時間では、今まで学習したことを振り返ったりまとめたりしていきましょう。

(1) 民主政治において、国会や内閣はどのような役割を果たしているか。

> 国会は立法府として法律の制定や予算の議決、内閣はその予算に基づいて仕事を行う。国会の議員は国民の正当な選挙で選出され、その国会の信任に基づいて内閣がつくられ、内閣が国会に対して責任を負う仕組みの下、民主政治が実現されている。

(2) 日本の民主主義の課題の中から興味のあるものを一つ選び、現状と課題について、効率や公正や民主主義などの視点から考えてみましょう。

> 例）女性の議員について
>
> ・男女比が大きいままだと、男性の声が主に反映されてしまうので、公正の視点から強制的に女性の国会議員の数を増やすべきだ。
>
> ・男女比が大きく異なるのは問題だが、数ありきで決めてしまうと、国会議員の質が低下してしまうのではないか。

本時の学習活動

1　単元のまとめを行う

○これまでの学習を振り返り、ワークシートに取り組む。

○発表補助資料、ワークシートを活用しながら振り返りを行う。

(3) これからの日本において、民主政治を発展させていくためにはどのようなことが必要か、今まで学習してきた内容を活用して自分の考えを述べなさい。

今までの学習内容を根拠に自分の意見を様々な視点から捉えられているか。

裏面 【 有 ・ 無 】

ワークシートを使用する際のポイント

　生徒が今までの学習を振り返りながら考えられるように、使用してきた資料やワークシートを見返すように促す。

ワークシートの評価のポイント

　ワークシートの(1)では、国会を中心とする我が国の民主政治の仕組みのあらましや政党の役割を理解している。

　ワークシートの(2)では、対立と合意、効率と公正、個人の尊重と法の支配、民主主義などに着目して、民主政治の推進について多面的・多角的に考察、構想し、表現している。

　ワークシートの(3)では、今まで学習してきたことを根拠に、様々な立場や視点を考慮した上で、自分の意見を表現している。

民主政治と政治参加～選挙～

単元の目標

選挙に参加することの重要性について理解を深め、良識ある主権者として、主体的に政治に参加することについての自覚を養うことができる。

学習指導要領との関連　C(2)「民主政治と政治参加」イ

第1時	第2時
導入	展開
〔第1時〕選挙と政党について基礎的な知識を習得する ○選挙が、主権をもつ国民の意思を政治に反映させるための主要な方法であり、議会制民主主義を支えるものであることの理解を基に、正しい選挙が行われることや、選挙に参加することの重要性について理解を深める。 ○政党については、それが同じ政治上の主義・主張を有する者により組織され、政策を示し多くの人々の合意を得て政権を獲得しそれを実現しようとする団体であり、議会制民主主義の運営上欠くことのできないものであることについて理解する。	〔第2時〕模擬政党を結成し、それぞれ選挙で訴える政策を策定する ○政策を大きく「社会資本整備と経済発展」「社会保障の充実」「環境保全の充実」の三つのテーマに分け、一つの政策につき2グループが担当する。 ・候補者、選挙公報、ポスター製作者など役割分担をさせる。 ・政策に沿った党名を考える。 ○残りの時間で、個人で自グループの政策に関する国政上の課題を調査し、政策を作成するための情報を取集する。

課題解決的な学習を通して学びを深めるポイント

本指導計画は、模擬選挙を通して、選挙の仕組みや意義、政党の役割、選挙に参加することの意義を理解することを目的としている。各グループが訴える政策は「社会資本整備と経済発展」「社会保障の充実」「環境保全の充実」に分けた。これは、国政における課題は多岐にわたり、テーマを限定しないと政策をつくりにくいためである。また、「財政」の学習等では「社

会資本整備と経済発展」「社会保障の充実」「環境保全の充実」が政府の仕事の大きな部分を占めていることを学習する。そのため「財政」の学習との連携も図っている。

一つのテーマを二つのグループが担当するために、当然同じ政策が発表されることが予想される。しかし、同じテーマでも、それぞれ収集する情報が違うため、一つのグループでは発見

単元の評価

知識・技能	思考・判断・表現	主体的に学習に取り組む態度
①国会を中心とする我が国の民主政治の仕組みのあらましや政党の役割を理解している。	②対立と合意、効率と公正、個人の尊重と法の支配、民主主義などに着目して、民主政治の推進と、公正な世論の形成や選挙など国民の政治参加との関連について多面的・多角的に考察、構想し、表現している。	①民主政治と政治参加について、現代社会に見られる課題の解決を視野に主体的に社会に関わろうとしている。

第3時・第4時・第5時	第6時
展開	展開・まとめ
〔第3・4時〕政策の決定と演説内容の作成、選挙公報とポスターを作成する ○各グループ、個人で収集した情報を基に、模擬選挙で訴える政策を作成する。 ○同時に、政策に対する反対意見も想定し、反対意見への反論も考える。更に、他のグループの主張を想定し、自分のグループの政策に引き付けた反論を考える。 ・教師は同じテーマのグループと他のテーマのグループのどちらかに、必ず質問や反論をするよう指導する。 ○主張を簡条書きでまとめた選挙公報とポスターを作成する。 〔第5時〕各候補者が演説を実施する ○各候補者が政策を演説会で発表する。 ・発表時間は3分間とする。 ○発表後、5分間反論・質問の時間を設ける。 ・質問や反論には、用意しておいた想定資料を基に答える。	〔第6時〕演説会の続きを実施する。全グループの発表が終了したら、投開票を行う。学習のまとめレポートを記述する ○1単位時間では全てのグループの演説が終わらないことが想定されるので、前時で演説できなかった候補者が演説をする。 ○全グループの発表が終了したら、所属するグループのテーマに縛られることなく、個人の考えで投票する。 ○投開票を行い、当選者1名を選出する。投票結果を基に、小選挙区や比例代表制の選出方法を理解する。 ○「よりよい社会をつくるために、選挙にはどのような意義があるか、理解したことを書きなさい。また、選挙にどのような姿勢で参画することができるか、考えを述べなさい」という発問のレポートに記述する。

できなかった情報や、発想できなかった政策が発表されることとなる。一つのテーマにより多くの生徒が関わることで、より深い学習ができることを企図している。また、二つのグループが同じ政策を発表するということは、その政策に関する情報が多かったり、多くの人が現代社会の課題であると認識していたりすることの証左でもある。二つのグループが発表した同じ政策は、現代社会の課題として生徒に深く認識されることとなる。

導入

1/6

選挙の仕組みと政党についての理解

本時の目標

選挙の仕組みと政党の役割、それぞれの意義について理解することができる。

本時の評価

選挙と政党が、民主主義の政治を実現するために重要な役割を果たしていることを理解している。

選挙の仕組みと政党について学習しよう

組　　番　氏名

1. 日本の選挙の原則を四つあげましょう。
   （　①　）＝18歳以上の全ての国民が選挙権を持つ。
   （　②　）＝1人1票。
   （　③　）＝代表を直接選ぶ。
   （　④　）＝無記名で投票する。

① 普通選挙	② 平等選挙
③ 直接選挙	④ 秘密選挙

2. 小選挙区制、大選挙区制、比例代表制のよい点と課題について、教科書を参考に説明しましょう。

選挙制度	よい点	課題
小選挙区制	最も多く得票した政党が得票率以上に多数の議席を得て、議会で物事を決めやすくなる。	落選して議席を得られなかった政党や候補者の得票である死票が多くなる。
大選挙区制	得票の少ない政党も議席を得やすくなる。	議会が数多くの政党に分かれ、物事を決めにくくなることがある。
比例代表制	大選挙区と同じように、得票の少ない政党も議席を得やすくなる。	大選挙区と同じように、議会が数多くの政党に分かれ、物事を決めにくくなることがある。また、候補者個人に投票できない。

3. 政党とはどのような団体ですか。教科書を参考にして説明しましょう。

政治によって実現しようとする政策について、同じ考えをもつ人々がつくる団体。国民の様々な意見を集めて、国や地方公共団体の政治に生かす働き、また政策や政治の動きを国民に知らせる働きをしている。

本時の学習活動

1　ワークシートの発問1に記入する

○日本の選挙の四つの原則を、教科書や資料集などから確認する。

・①では、国民主権に基づき、18歳以上の日本国籍をもつ国民が投票できることを理解するとともに、あと数年で選挙権を得ることを自覚させたい。②では、平等権との関連を確認する。③では、「間接選挙」という手法もあることを、アメリカ大統領選挙などを例として理解する。④では、権力による弾圧を防ぐ方法であることを確認する。

2　発問2に取り組む

○それぞれの選挙制度の「よい点」と「課題」を教科書や資料集を基に調べ、ワークシートに記述する。

・どの制度も、メリットとデメリットがあることを確認する。教師は、日本の国政選挙においては、衆議院においては政権交代が可能になり、国民の政治的な意思が反映しやすいように改革する方針で選挙制度が整えられてきたことを伝える。しかし、小選挙区制度による当選者が多いことから、死票が多いことや、大政党が得票しやすくなっていることを押さえる。また、選挙制度は国民の意思によってこれからも変更の可能性があることを伝える。

選挙
168

　本時の内容は次時以降の学習を進めるための基礎知識となる。

　選挙制度は国政選挙のものであり、本単元の地方自治の制度ではない。しかし、首長選挙は当選1名であるため、国政における小選挙制度と類似点がある。

　また、政党の役割は、生徒にとって初めて聞く内容であると思われる。今後の調査発表を通して理解させたい。

ワークシートの評価のポイント

〔知識・技能〕
・選挙制度の仕組みや政党の役割について理解している。

〔思考・判断・表現〕
・国民主権を実現し、国民の政治に対する考え方を議会に反映させるためには、どのような選挙制度が適切か、思考し判断したことを表現している。

〔主体的に学習に取り組む態度〕
・よりよい社会を築くために、選挙や政党の意義を理解し、政治に参画しようとしている。

3　発問3に取り組む

○教科書や資料集の記述を参考に、政党の役割や存在の意義をまとめる。

・政党は、国民の政治に対する意思を集約し、効率よく議会に反映させる役割を果たしていることを理解する。

模擬選挙の準備

模擬選挙の準備をしよう

年　月　日

組　番　氏名

1. 主に主張するテーマに○をつけましょう。

社会資本整備と経済発展	社会保障の充実	環境保全の充実

2. 政党名と名称にこめた思いを説明しましょう。

政党名	○○市の緑を守る会
名称に込めた思い	

環境保全のため、もともとある雑木林を保全したり、街路樹や公園の植物を整備したり、各家庭の敷地の緑化に補助するなど、○○市の緑化を進めることを政策としているため。

3. 役割分担　＊政策や質問・反論は全員で考えましょう。

立候補者：	選挙公報作成：
ポスター作成：	演説文作成：
反論・質問作成	自グループへの質問予測：

4. 政策のための情報を、個人で収集し以下にメモしましょう。

本中単元の学習活動では、学校所在地の市町村（東京23区）の議会議員選挙を想定しているため、市区町村の最新の歳入・歳出の内訳や額、各グループが取り組むテーマに沿った実際の政策などの情報が収集されることが望ましい。また、地方公共団体のウェブサイトなどには、「住民の要望」などのタイトルで、住民からの要望、要望に対する地方公共団体の取組などが掲載されていることが多い。教師は、住民の要望と具体的な政策をイメージするために大変参考になる情報があると助言するとよい。

本時の目標

模擬選挙に向けて、学習の見通しを立て、グループで協力して役割分担を行い、情報収集をすることができる。

本時の評価

学習の見通しを立て、グループで協力して学習活動に取り組んでいる。

本時の学習活動

1　役割分担をする

○教師からの説明を基に学習の見通しを立てる。

・教師は、模擬選挙を行うための授業の概略を説明する。特に、テーマは財政の役割である「社会資本の整備」「社会保障の充実」「環境保全の充実」に関連していることを確認し、財政の学習を生かすよう指導する。

○グループごとに話し合い、取り組みたいテーマを選択する。

・クラスで各グループの希望を発表し、希望が重なった場合は話合いやくじ引き、ジャンケンなどで決定する。グループで取り組みたいテーマを選択する際には、3分程度時間を取り、希望順位を付けさせるとよい。

2　ワークシートの発問2と3に取り組む

○政党名を考える。

・教師は、政党名を考えるに当たり、グループのテーマを確認させ、そのテーマに沿った政党名を考えるよう指導する。政党名を付ける際には生徒は高い関心をもつ傾向があるが、「こんぺい党」などの語呂合わせで満足してしまうことがある。政党名は政策を表す大切なものであり、安易に名付けることがないよう指導するとよい。

・役割分担においては、政策は全員で協力して考えることを押さえるとよい。社会科が不得意な生徒も意欲を保つことができるよう、「ポスターづくり」「選挙公報（＝レジュメ）づくり」の役割も設定している。各グループ

　政策を策定する際には、「対立と合意」「効率と公正」「個人の尊重」「民主主義」などの見方・考え方を働かせるようにしたい。

　政策を策定したり、自グループへの反論を予想したり、他グループへの反論を考えたりすることは、どのような「対立」があるか考察することにつながる。

ワークシートの評価のポイント

〔知識・技能〕
・グループのテーマに沿った情報を集めている。

〔思考・判断・表現〕
・収集した情報が、グループの取り組むテーマに沿った情報であるか判断している。

〔主体的に学習に取り組む態度〕
・学習の見通しを立て、対話的に学習活動に取り組みながら、粘り強く学習課題を追究しようとしている。

を個別に指導しながら、社会科が不得意な生徒の意欲が減退しないよう適切に助言するとよい。

・この部分は、生徒の意欲と関心を高めるための役割があるが、先にグループの政策を考えさせ、模擬選挙での演説内容が決まってから取り組ませてもよい。

3　ワークシートの発問4に取り組む

○個人で教科書や資料集、情報端末などを活用し、グループが取り組むテーマに沿って情報収集を行う。

・次時に、ここで収集した情報を共有し、グループとしての政策を立案するための大切な学習活動である。

政策の立案

政策を考えよう

	年　　月　　日

組　　番　氏名

1. 他の人の政策をメモしましょう。

内容メモ	発表者

本時の目標

　模擬選挙に向けて、グループで議論しながら政策を立案することができる。

本時の評価

　グループのテーマに沿った政策を議論しながら立案している。

本時の学習活動

1　前時に収集した情報をグループで共有する

○前時に個人で収集した情報をグループ内で発表し、情報を共有する。

・自分では見付けられなかった情報は必ずワークシートに記録する。班長などのリーダーが進行役を務め、全員が発表することが望ましい。

・教師は、生徒に、自分では気付かなかった、あるいは見付けることができなかった情報を仲間が発表する可能性があるので、発表は真剣に聞くよう、また自信をもって発表するよう助言するとよい。

2　共有した情報を基に政策を立案する

○各グループが担当するテーマから、学校所在地の地方公共団体をよりよい地域とするための政策をグループ内で議論しながら立案する。

・現在の政策をヒントとして、よりよい地域社会をつくるための政策を考える。

・演説会における演説の原稿となるので、聞き手に分かりやすく伝える工夫をする。また、必ず予算の裏付けをする。

・教師は、政策はなるべく実現可能な現実的なものを立案するよう助言する。その際、最新の予算案を参考に、どの項目の費用をどのくらい配分するのか考えさせる。道路整備や公園建設であれば、一般的な建設費用はウェブ

指導のポイント

より現実的で意義のある「政策（合意案）」を提案するには、

「財源を無駄にしていないか（効率）」

「社会の中で特に不利になる人がいないか（公正）」

「人権を侵害していないか（個人の尊重、民主主義）」

などの見方・考え方を働かせる必要がある。指導者は、「現代社会の見方・考え方」を意識しながら生徒の活動を支援するとよい。

ワークシートの評価のポイント

〔知識・技能〕

・収集した情報を根拠に、聞き手に分かりやすい演説文をつくっている。

〔思考・判断・表現〕

・収集した情報を活用して、必要な情報であることを判断し、グループのテーマに沿った政策をつくっている。

〔主体的に学習に取り組む態度〕

・演説会に向けて、粘り強く情報を収集し、対話的に作業をしながら主体的に政策を立案しようとしている。

---

2. みんなで考えた政策をメモしましょう。

【社会資本整備】
・学校の校舎を改装する。よりよいICT環境のために光ファイバーによる大容量通信を可能にする。
・トイレの洋式化を図る。
・夜道が暗いところに街灯を増設する。環境のために電灯は全てLEDとする。
・電柱の地中化を実施する。特に駅前など人が多く集まるところから段階的に行う。

【社会保障の充実】
・昨年閉校となった○○中学校の跡地を老人ホームと「子ども園」に改築し、少子高齢社会に対応する。
・子育て世代の支援のために、育児相談ができる窓口を町内会単位で設置する。
・歩道と車道の段差をなくしていくことや、点字ブロックを更に拡充するなどのバリアフリー化を推進する。

【環境保全の充実】
・もともとある○○公園に、自然学習施設を開設し、小学校の授業で活用する。
・ゴミ処理施設にスポーツセンターを併設し、ゴミを燃やす予熱で温水プールを造る。
・各家庭で垣根を設置したら補助金を出すなど、緑化に努める。

サイトなどに公開されているので、ある程度概算できることを助言する。ただし、正確さを追求すると時間がかかるため、ある程度の概算でよいと伝える。

・政策を追究すると、この政策はグループのテーマと合致するのか、と疑問が出てくる。教師は、三つのテーマはそれぞれ関連していることに気付くことができたと評価するとともに、それぞれ担当しているテーマの側面から政策を考えるよう助言する。

・1と2は時間を区切っても、1単位時間の中で各グループに任せてもよい。これまでの調べ学習の経験が少なければ、時間を区切るほうがよいと考えられる。経験があるようなら、生徒に時間配分を任せるほうがよい。

演説会の準備

候補者の演説文原稿

年 月 日

組　番　氏名

私は（政党名　　　　　　　　　　）の（　　　　　　　　　　　）です。
私たちの政策の第一は

【演説文】
　「私は○○党の○○○○です。私たちの政策の第一は社会資本整備（／社会保障の充実／環境保全の充実）を重視するべきだと主張します。そのための政策を発表します。第一に……」という書き出して演説文を作成する。最後は「私たちの政策は以上です。ご清聴ありがとうございました」など、演説が終わったことを聞き手に分かりやすく伝える形式にするとよい。

【選挙公報】
　演説文をそのまま掲載するのではなく、あくまでも演説文の要約である。見出しと簡単な説明、理解を助けるための写真やイラスト、グラフなどが掲載できるとよりよい。

【ポスター】
　政党名、重視する政策を表すスローガン、政策の見出しがデザインされていることが望ましい。授業や生徒の状況にもよるが、色彩豊かに政策できると説得力が増す。学校の設備にもよるが、印刷しなくとも、生徒の情報端末などで作成し、プロジェクター等で提示することも考えられる。

本時の目標

　政策の立案と、質問や反論に対する回答を用意することができる。

本時の評価

　グループのテーマに沿った政策を議論しながら立案し、かつ他の立場や角度からグループの政策を検討し、質問や反論を予測して回答を用意している。

本時の学習活動

1　立案した政策への質問や反論を考える

○グループで発表する政策を、立場を変えたり、視点を変えたりしながら再検討し、質問や反論を予測する。

・例えば「社会資本整備」の班であれば、役所・企業・住民・地域外の人などの様々な立場から政策を再検討する。「社会保障」や「環境保全」などの視点から自らの政策を再検討することで、どのような質問や反論があるか予測できるようになる。また、「効率と公正」「個人の尊重」などの「見方・考え方」を働かせて政策を再検討する。

・教師は、この作業が「多面的・多角的」な思考をしたり、「見方・考え方」を働かせたりする力が養われる大切な作業であると学習の

意義を助言し、生徒が意欲をもって学習に取り組めるようにしたい。

2　演説文・選挙公報・ポスターを作成する

○前時にグループで立案した政策を、ワークシート4を用いて演説文にまとめる。

・演説する担当者は、政策に説得力をもたせられるように音読の練習をする。なるべく原稿を見ないで発表できると聞き手に伝わりやすいので、ニュースキャスターのように原稿を発表できるよう練習する。

○選挙公報はグループが立案した政策をまとめる。

・演説をする際に、聞き手の理解を助けるため、演説文を箇条書きなどに要約する。ま

私たちの政策は以上です。ご清聴（せいちょう）ありがとうございました。

演説会を実施するに当たり、政策の内容や想定される反論や質問、あるいは他グループへの反論や質問は全員に考えさせる。その上で、グループ内で役割分担をさせるようにする。

候補者は発表が上手で物おじしない生徒を選ぶよう指導するとよい。また、ポスターや選挙公報はイラストやレイアウトが得意な生徒が行うよう指導すると、社会科に苦手意識をもつ生徒がいたとしても、意欲的に取り組む可能性が高い。

その際、必ず演説での主張と一致するようにして生徒間の対話を促すことが肝要である。

ワークシートの評価のポイント

〔知識・技能〕
・演説文や選挙公報、ポスターを作成している。

〔思考・判断・表現〕
・自らの政策を、聞き手に伝わるように分かりやすく説明できるようにまとめ、文章や選挙公報、ポスターによって表現している。

〔主体的に学習に取り組む態度〕
・自らの政策を、聞き手に理解できるように伝える工夫を粘り強く続けようとしている。

た、聞き手が見やすく、また引き付けられるようなレイアウトやデザインの工夫がされることが期待される。

○ポスターは、政策を分かりやすく伝える。

・有権者に政党の名称やイメージをもってもらうための工夫が求められる。

・「1」で用意した「回答」をまとめる作業と、演説文、選挙公報、ポスターを作成する作業は分担して同時並行で進める。

・生徒は社会科が得意な生徒ばかりではない。苦手意識をもつ生徒も、選挙公報のレイアウトを工夫したり、ポスターのデザインを考えたりすることで学習に関心をもつことが多い。様々な生徒の意欲と関心を喚起し、全員に学習に参加させる工夫である。

演説会の実施

本時の目標

　演説会で政策を発表し、互いに質問や反論をすることで政策を深めることができる。

本時の評価

　政策を聞き手に分かりやすく発表したり、他のグループの政策に質問や反論をしたり回答したりすることを通して、政策をよりよいものにしようとしている。

演説会聞き取り用紙

年　　月　　日

組　　番　　氏名

1. 自グループに対する反論・質問

2. 他グループの発表をメモし、反論や質問を考えましょう。

【　　】班　政党名【　　　　　　　】

【質問】
　立案した政策を実行するための予算はどのように確保するのか／どの項目を削ることになるのか。

質問・反論

【回答】
・私たちの政策を実現するために、受益者負担を求めることで予算を確保する。
・私たちの政策を実現するために、予算の○○を削減することで予算を確保する。

【　　】班　政党名【　　　　　　　】

【質問】
　政策を実行すると、ある特定の立場の人たちが不利益を被る可能性があるが、その救済策はあるのか。

質問・反論

【回答】
　政策を実行することで不利益を被ると考えられる立場の人たちには○○を行うことで、不利益が大きくならないよう配慮する。

本時の学習活動

1　立案した政策を発表する

○事前にグループ内で割り振った発表担当者が政策を発表する。

・時間は３分間とする。

・教師は発表に先立ち、演説をする際は「ゆっくり・はっきり・大きな声で・顔をなるべく上げて」など、演説の心得を伝える。また、聞き手に対しては「お互いに頑張って用意した演説なので、真剣に聞く。また、質問や反論ができるようにメモを取りながら聞く」などの注意をしておく。タイムキーパーも教師が務める。ただし、時間が３分を超えるようでも、演説を止めずに最後まで発表させることが望ましい。

2　質問や反論を発表し、回答する

○演説に対して、質問や反論を発表する。

・発表したグループと同じテーマに取り組んだグループは必ず質問や反論をする。また、違うテーマに取り組んだグループも、必ず違うテーマのグループ一つ以上に質問や反論をする。

・質問や反論には事前に用意した内容で回答するが、想定外の質問や反論には、その場でグループで協力しながら回答するよう努力する。

・教師が司会進行役を務める。質問や反論をする際に、相手を侮辱したり、挑発したりするような言い方や態度は慎むよう注意しておく。必ず、同じテーマに取り組んだ班を指名

指導のポイント

模擬投票を実施したら、その結果を利用して小選挙区や比例代表制の仕組みについて学習するとよい。選挙に関する具体的な事例となり、選挙の仕組みに関する知識の確実な習得が期待できる。

ワークシートの評価のポイント

〔知識・技能〕
・聞き手に分かりやすく発表している。
〔思考・判断・表現〕
・他グループの発表を理解し、多面的・多角的に思考することで質問や反論を導き出し、発表している。
〔主体的に学習に取り組む態度〕
・質問や反論に対して、粘り強く根拠をもって回答しようとしている。

【　　】班　政党名【　　　　　　　　　　　　】
【質問】
その政策は、予算に対しての効果が薄く、効率が悪いと考えられるが、どう思うか。

質問・反論
【回答】
政策を実行することで、○○という面では効果があるので、むしろ効率がよい。

【　　】班　政党名【　　　　　　　　　　　　】
【質問】
・私たちの地域の課題は○○であり、その政策は地域をよりよくするためには貢献しないと考えられるが、どう思うか。
・私たちは○○という理由から、私たちの主張した政策こそが地域をよくすると考えるが、どう思うか。
質問・反論
【回答】
私たちの地域の課題は○○であることが、住民アンケートや自分たちの生活実感から言えるので、私たちの政策こそ大切であると考える。

【　　】班　政党名【　　　　　　　　　　　　】

質問・反論

して、質問や反論をさせる。発表後、1分ほど時間を与え、選挙公報などを確認しながら演説を振り返らせると、スムーズに質問や反論が出やすくなる。また、教師が簡潔に発表内容を振り返ってもよい。

投票と学習を通して考察した内容の記述

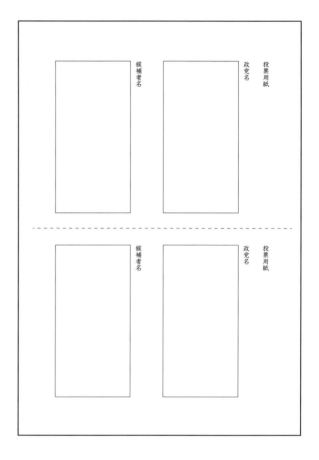

政党名　投票用紙

候補者名

政党名　投票用紙

候補者名

本時の目標

学習を通して追究した内容を基に、よりよい地域や社会をつくるためにはどうしたらよいか構想し、レポートにまとめることができる。

本時の評価

学習を通して得た根拠を基に、よりよい地域をつくるためにはどのようにしたらよいか提言し、かつ自らがどのように参画していくことができるか考え、レポートに記述している。

本時の学習活動

1　演説会の続きを実施する

○前時の演説会が終わっていなければ続きを実施し、全グループが政策の発表と質問、反論への回答を行う。

2　模擬投票を行う

○自分が所属するグループの立場を離れて、個人の考えと最も近いと判断したグループ、あるいは地域をよりよくすると判断できる政策を発表したグループに投票する。

3　開票する

○開票結果を教師や生徒が発表する。

・学級に生徒会活動の選挙管理委員がいれば、教師と一緒に開票作業をすることが望ましい。実際の選挙管理委員会の活動を理解することができる。

学習を通して考えたことをレポートにまとめよう

年　　月　　日

組　　番　氏名

よりよい社会をつくるために、選挙にはどのような意義があるか、理解したことを書きなさい。また、選挙にどのような姿勢で参画することができるか、考えを述べなさい。

・選挙に参加することで、地域をよりよくできることが分かった。
・投票するだけでなく、立候補したり、選挙運動に参加したりすることも考えてみたい。
・選挙に参加しないと、一部の人の考えだけで地域が運営されてしまい、自分が暮らしにくくなってしまうことが分かった。
・地域の課題が理解できた。また、課題を解決するためのヒントも理解することができた。選挙だけでなく、様々な形で地域をよくしていきたい。
・将来、○○という職業に就きたいと考えているが、選挙に参加するだけでなく、仕事を通して地域をよりよくすることができると分かった。
・選挙をすることで、様々な立場の人の希望が政治に反映されることが理解できた。
・少数派の意見が正しいことがあると分かった。現在の選挙制度では少数意見が反映しづらいと感じたので、○○のように改善するべきだと思った。
・選挙が民主主義の政治を支える大切なものだと実感することができた。

4　選挙制度について確認する

○第1時の学習内容を実際の開票結果に当てはめることにより、選挙制度に関する知識を確実に習得する。

5　レポートを記述する

○これまでの学習を基にして、「選挙の意義」について理解したことをレポートにまとめる。

・教師は、選挙に参加することで、どのようによりよい地域づくりに参加することができるか、自分の生活や将来の進路などを考えながら、具体的に記述するように助言する。

指導のポイント

　まとめのレポートでは、本指導計画の授業全体を振り返らせ、選挙の意義や主体的な社会参画について考えさせたい。

　具体的な政策を立案し、演説会を通して議論する経験をした生徒は、選挙の意義や政治参加についてより理解を深めており、学習指導要領解説に記述されている「良識ある主権者として、主体的に政治に参加することについての自覚」を深めることが期待できる。

ワークシートの評価のポイント

〔知識・技能〕
・学習を通して習得した知識を基に、レポートを記述している。

〔思考・判断・表現〕
・選挙の意義を考えるとともに、よりよい地域をつくるためにどのような政策があるか考え、判断してレポートに記述している。

〔主体的に学習に取り組む態度〕
・よりよい社会をつくることに、自分なりの方法で参画するという意欲をもち、根拠をもって提言しようとしている。

4 民主政治と政治参加
～地方自治～

単元の目標

地域の抱える課題や住民の声・要望を基に予算案を編成し、根拠を示して表現できる。

学習指導要領との関連 C⑵「民主政治と政治参加」ア㈈及びイ㈀

第1時・第2時・第3時	第4時・第5時・第6時
導入・展開	展開
〔第1時〕地方公共団体の役割 ○公園を造るお金はどこから出ていると言えるか、資料を基に考える。 ○地域の歳出予算のグラフを過去と現在で比較し、その特色を考察する。 ○よりよい地域の形成という観点から、自分ならどのような地域にしていきたいかを考える。 〔第2時・第3時〕地域の課題把握 ○陳情書やパブリックコメント、地域の刊行物などの資料から地域の課題や住民の声・要望をグループで整理する。 ○特に重要だと思う課題や住民の声・要望を、根拠を明確にして四つ取り上げる。	〔第4時・第5時〕予算案編成 ○前時で取り上げた地域の課題や住民の声・要望を踏まえて、民生費、土木費、衛生・環境費、教育費、消防費の予算の配分を考える。 ○模擬予算特別委員会での発表原稿と想定問答集をグループで分担して作成する。 〔第6時〕予算案審議 ○各グループが予算案を提案説明する。 ○提案説明された予算案への質疑応答を行う。

課題解決的な学習を通して学びを深めるポイント ・・・・・・・・・・・・・・・・・・・・・・・・・

　各地方自治体では、国税及び地方税を財源とした一般会計予算が組まれている。その編成に当たっては、地域住民の声・要望も反映されていると言える。生徒自身も地域の一員であり、公園の設立などを事例として、自分の住む地域のお金がどのように使われているのかを考える、すなわち適切な予算の分配が行われているかを考えることで、地域の政治への関心を高め

たい。

　学習指導要領では、公民的分野の学習全体を通して働かせる見方・考え方として「対立と合意」と「効率と公正」が挙げられており、「財政」の取扱いについても、「希少性」に加えて「効率と公正」について触れられている。そのため、予算の審議の際には、一方を追求すれば他方を犠牲にせざるを得ない場合があるという

知識・技能	思考・判断・表現	主体的に学習に取り組む態度
①地方公共団体の役割、地方自治の基本的な考え方や仕組みについて、自身が住んでいる市区町村の事例を基に理解している。 ②地域の予算には、地域住民の声・要望も反映されていることを理解している。一方で、財源には限りがあり、全ての声や要望に応えることはできないという、選択と希少性の関係についても理解している。	①地域の課題や地域住民の声・要望を、多面的・多角的に考察している。 ②考察を基に、どのような予算が組まれるべきか個人及びグループとして判断し、グループで編成した予算案について、根拠を示しながら発表している。	①自身も地域に生きる一員として、地域の予算がどのように編成され、どのような目的で使われているのかということに関心をもち、個人及びグループで主体的に追究しようとしている。

第7時・第8時・第9時	第10時
展開	**まとめ**
〔第7時・第8時〕予算案再編成 ○前時での質疑応答や他のグループの提案説明を踏まえ、予算案を各グループで再編成する。 ○発表原稿と想定問答集をグループで分担して作成する。 〔第9時〕予算案再審議 ○再編成した予算案を提案説明していく。 ○提案説明された予算案への質疑応答を行う。 ○各グループから提案説明された予算案の中で最もよいと思う予算案を一つ決める。	〔第10時〕地域公共団体への提言 ○予算案編成を個人で振り返る。 ○これまでの学習活動を振り返り、考えたことや気付いたことを踏まえ、地域への提言を個人でワークシートに記述する。

トレードオフの概念に生徒が直面しながら、予算案を編成することで、その難しさに気付かせたい。また、再編成に当たっては、「効率と公正」の観点からも予算案を見直してみるよう指導する。

本単元のまとめにおいては、個人で内省的思考を働かせることがメインである。予算には、地域の課題や住民の声・要望も反映されること、予算の編成には「選択」と「希少性」の関係があること、「効率と公正」の観点から何を優先していくのか決めていくことなど、この単元で身に付けさせたい概念が身に付いたか、生徒の記述から確認したい。

導入　

地方公共団体の役割の理解

本時の目標

　地域の公園はどのように設営・運営されるかなど、自身が住んでいる市区町村の事例を基に地方公共団体の役割を考え、地方公共団体の財源について理解することができる。

本時の評価

　地方公共団体の役割、地方自治の基本的な考え方や仕組みについて、自身が住んでいる市区町村の事例を基に理解している。

年　　月　　日

地方自治

組　　番　氏名

学習課題：地域のお金はどのように使われているのか考えよう

個人ワーク

公園を造るお金はどこから出ていると考えられるか記述しましょう。

> 政府、国、都道府県、市区町村、働いている人の税金、企業、寄付

解説

【　地方公共団体　】の役割
（　警察・消防、上下水道の整備、ごみの収集、図書館・公立学校の設置　）など
地方自治は（　民主主義の学校　）
→（　住民が身近な問題の解決を通して民主主義を実感できる　）
→（　地方分権　）の動きが強まる

ペアワーク

過去と近年の歳出のグラフを比較して、気付いたことや読み取ることができる特色を記述しましょう。

自分
　予算の総額が違う、民生費が大きく増えている、土木費が減っている、環境費が増えた、重視している項目が年代によって違う。
　　　　　　　　　　　　　　　　　　　　　　　　　　　　　　など

ペア

本時の学習活動

1　導入

○公園を造るお金はどこから出ていると考えられるか、ワークシートに記述し、発表する。

・プレゼンテーションソフトで地域にある公園をいくつか見せる。

○ワークショップによる住民参加型の公園づくりについての資料、子供のアイデアを生かした公園整備についての資料を読む。

・地方公共団体の役割を解説する。その役割を果たすために、自分たちが住む地域のお金をどのように使うかを決めていること、そしてそこには住民の声・要望も反映されていることに気付かせる。

2　展開1

○過去と近年の、地域の歳出のグラフを比較し、気付いたことや読み取ることができる特色をワークシートに記述する。その後ペアで気付いたことや読み取った特色について意見交換し、発表する。

・予算は時代や社会背景によって何を重視してきたかが見えてくること、そしてそこから目指そうとする街の姿も変化してきたことに気付かせる。また、財源の規模についても変化していることに気付かせる。

・地方公共団体の歳入について解説する。

地方自治

182

解説

財源の種類

- [　地方税　] ……（　地方公共団体に納められる税金　）
- [　地方債　] ……（　地方公共団体の借金　）
- [　地方交付税交付金　] ……格差をおさえるために国から分配されるお金。使い道は指定されない。
- [　国庫支出金　] ……特定の事業のために国から分配されるお金。使い道が指定される。

個人・グループワーク

「よりよい地域社会をつくる」という視点から、自分が住む街を自分ならどのような街にしていきたいか記述しましょう。

自分

性別や年齢を問わず誰もが住みやすい街、スポーツの活動が盛んで全国で最も健康な街、ショッピングセンターなどの娯楽施設もありながら自然も大事にする街、防災や防犯への対策がしっかりしていて安心・安全に暮らせる街。　　　　　　　　　　　　　　　　など

グループ

個人ワーク

地方自治の難しさや課題はどのような点にあると考えられますか。

・地域に対する思いは人それぞれなので、政策などを決めていく上で難しさがあると思う。
・私たちの生活の様々なことに税金が使われているので、税金が少なくなったら、大きな影響が出る。

ワークシートを使用する際のポイント

「自分ならどのような街にしていきたいか」という問いに対する記述が、「明るい街」「豊かな街」など安易で抽象的な記述に留まらないよう、できるだけ具体的に記述させることに留意する必要がある。

ワークシートの評価のポイント

「個人ワーク」の記述・評価要素

「要望は立場によって違うと思うので、方針などを決めていく上で難しさがあると思う。税金が少なくなったら、生活に大きな影響が出てしまう」

本時の内容を踏まえて、合意形成の難しさや安定した財源の確保の必要性に気付いている記述があればB評価とする。

物事の決定における「効率と公正」「対立と合意」、少子高齢化に伴う税収の減少など、これまでの公民の学習で学んだ内容にも言及していればA評価とする。

3　展開2

○「よりよい地域社会をつくる」という視点から、自分が住む街を自分ならどのような街にしていきたいか考え、ワークシートに記述する。その後、グループとなり、個人で考えたよりよい街づくりについて、意見交換する。

・生徒それぞれが記述した内容を参考に、教師は次回以降の予算編成のグループを構成する。

4　まとめ

○本時を振り返り、学んだこと、疑問に思ったことをワークシートに記述する。

展開

地域の課題把握

2・3/10

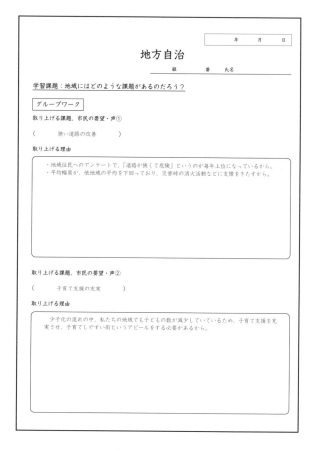

本時の目標

　パブリックコメントや陳述書、地域の刊行物などから、地域の課題や住民の声・要望を読み取り、根拠をもって重点課題を選択することができる。

本時の評価

　自らが住む地域の課題や地域住民の声・要望を、多面的・多角的に考察している。

本時の学習活動

1　導入

○前時の振り返りから、地方公共団体の役割や地方公共団体の財源について確認する。

・前時の振り返りを行う。

・本時以降、グループごとに地域の予算案を編成していくことを伝える。グループは、前時の展開2で生徒それぞれが記述した内容を参考に構成する。

2　展開1

○構成されたグループになり、陳情書やパブリックコメント、地域の刊行物などの資料から地域の抱える課題や住民の声・要望をグループのメンバーで分担して読み取る。読み取った内容は付箋にまとめ、ホワイトボードに貼って整理していく。

・必要に応じてタブレット端末も活用させる。

3　展開2

○読み取り、整理したものの中から、特に重要だと思う課題や住民の声・要望を四つ取り上げる。そしてなぜそれらを取り上げるのか、グループで意見交換し、ワークシートに記述する。

取り上げる課題、市民の要望・声③

（　　　　　水害への対策　　　　　）

取り上げる理由

> 台風の影響から川が氾濫し、多くの被害が発生した過去があるため。特に床上浸水の被害件数は地域と比べても多く、対策を強化する必要がある。

取り上げる課題、市民の要望・声④

（　　　公園率・緑率の増加　　　）

取り上げる理由

> 住民一人当たりの公園面積が目標数値に届いておらず、自然も減少傾向であるから。

個人ワーク

本時を振り返り、もっと調べてみたいと思ったこと、疑問に思ったことをワークシートに記述しましょう。

ITC 活用のアイディア

地域の課題を把握する上で必要となる資料に関しては、リーフレットなどの現物を配付するほか、生徒の情報端末に Web ページや PDF ファイルなどを配信して共有することも可能である。

ワークシートの評価のポイント

地域の課題や住民の声・要望について、資料から内容を正確に読み取り、取り上げる理由が明確に記述されていれば B 評価とする。

また、理由については、「自分にとって」「私たちにとって」望ましいという恣意的な理由ではなく、地域社会の様々な立場の人を多面的・多角的に考察した上での理由付けであれば A 評価とする。

・数多くある地域の課題や住民の声・要望の中から焦点化させるため、「たくさんある地域の課題や住民の声・要望の中でも、あなたたちのグループは、何を優先するか」ということを指摘する。四つ取り上げる際は、なぜそれを選択するのか理由を明確にするように指摘する。

4　まとめ

○本時を振り返り、もっと調べてみたいと思ったこと、疑問に思ったことをワークシートに記述する。

予算案編成

本時の目標

　前時で取り上げた地域の課題や住民の声・要望を根拠としながら、歳出費目の分配を考え、具体的な予算案を作成することができる。

本時の評価

　どのような予算案が組まれるべきか、根拠を明確にしながら個人及びグループとして判断している。

年　　月　　日

地方自治

組　　番　　氏名

学習課題：地域の予算案を編成してみよう

民生費

　民生費は、社会福祉の充実を図るための費用です。例えば、子育て支援や介護サービスの充実、保育園や老人ホームなど福祉施設の運営・整備などに使われます。

土木費

　土木費は、地域の生活基盤の整備を図るための費用です。例えば、道路を舗装したり、公園を新しく建設したり、市街地の再開発など公共施設の建設や整備・維持に使われます。

衛生・環境費

　衛生・環境費は、健康で衛生的な生活環境を保持し、自然環境を保護するための費用です。例えば、ごみの処理、予防接種、清掃やリサイクル事業、騒音などの都市型公害対策にも使われます。

教育費

　教育費は、学校教育、生涯学習、文化、スポーツなどの振興を図るための費用です。例えば、小・中学校の教材、校舎の整備・改修、体育館や図書館の運営などに使われます。

消防費

　消防費は、消防や災害対策のための費用です。例えば、消防・救急活動のほか、消防車や救急車の管理・購入、防災訓練、災害対策備蓄品の購入などに使われます。

グループワーク

歳出費目に1〜5の優先順位をつけましょう。

民生費　（　　　2　　　）　　　土木費　　（　　　4　　　）

衛生・環境費　（　　　5　　　）　　教育費　　（　　　1　　　）

消防費　（　　　3　　　）

本時の学習活動

1　導入

○前時の振り返りを行う。

2　展開1

○歳出費目の詳細について確認する。

・予算案の編成に当たっては、歳出費目を民生費、土木費、衛生・環境費、教育費、消防費の5項目に絞り、それぞれがどのような歳出費目であるのか確認し、解説する。

○前時で分類、取り上げた地域の課題や住民の声・要望を踏まえて、民生費、土木費、衛生・環境費、教育費、消防費の優先順位を各グループで考える。

○各グループで民生費、土木費、衛生・環境費、教育費、消防費の分配を考える。

・本単元では、3000億円を全体予算とし、その内、使途が多岐にわたる総務費の400億円、公債費の50億円、議会費も含む「その他の費用」200億円を固定費とする。

・直近3年の地域の歳出予算を参考に、モデル案を教師が用意する。生徒が作成した予算案とモデル案との各費目の金額差もワークシートに記述させる。

○なぜそのような予算案を組んだのか、理由をワークシートに記述する。

グループワーク

　前回の話し合いで取り上げた、地域の課題や、住民の声・要望を参考にしながら、民生費、土木費、環境・衛生費、教育費、消防費の配分について考えましょう。全体予算は 3000 億円としますが、総務費の 400 億円、公債費の 50 億円、その他の費用の 150 億円はすでに固定費として決まっています。予算の上限を超えないよう、予算案を作成しましょう。

予算案編成の方針・テーマ

・教育費に特に重点を置き、ICT を充実させ、将来的に地域を発展させる人材を育てる。
・民生費にも重点を置き、子どもを育てやすい地域にしていく。

費目	分配	モデル案との差
民生費	1600 億	＋100 億
土木費	100 億	－200 億
衛生・環境費	50 億	－150 億
教育費	550 億	＋250 億
消防費	100 億	なし

予算案編成の理由

　日本は教育への公的支出が他の先進諸国と比べて低く、私たちの住む地域も他の地域と比較して、教育費が少ない。もっと教育にお金をかける必要がある。また、教育費にお金をかけても子育てがしにくい街では意味がないので、民生費についても主に「子育て支援」を中心に予算を増やした。教育費、民生費を重視した分、土木費、環境・衛生費は削減せざるを得なかったけれど、無駄な事業をなくすことで、大きな影響はないと考えた。

ワークシートを使用する際のポイント

　本時では、歳出費目について民生費、土木費、衛生・環境費、教育費、消防費の 5 項目としているが、モデル案であるため、学校が所在する地域の実態に合わせて変更することも可能である。

　予算審議の録画映像は、概ね各自治体 HP のインターネット議会中継のアーカイブなどから視聴可能なため、参考にされたい。

ワークシートの評価のポイント

「予算案編成の理由」

　重視した費目やモデル案に比べて増やした費目について、合理的に理由が記述されていれば B 評価とする。

　また、重視しなかった費目やモデル案に比べて減らした費目について、そこから起こり得る問題点や対応策まで言及されていれば A 評価とする。

3　展開2
○模擬予算特別委員会での発表原稿と想定問答集をグループで分担して作成する。
・タブレット端末を活用させる。

4　まとめ
○地方議会の予算審議の録画映像を見る。
・地方公共団体の HP から予算審議の録画映像の一部を見せる。
○次回の模擬予算特別委員会の流れと、守らなければいけないルールや注意点について確認する。

予算案審議

本時の目標

　作成した予算案のポイントや、なぜそのような予算案を組んだのかその根拠について、グループで協力しながら発表し、質疑応答に対応できる。

本時の評価

・地域の課題や住民の声・要望を、多面的・多角的に考察している。
・グループで作成した予算案について、模擬予算特別委員会の場で根拠を示しながら発表している。

年　　　月　　　日

地方自治

組　　　番　氏名

学習課題：予算案を審議しよう

　提案説明を聞きながらメモを取り、質疑の内容をまとめましょう。

グループ1

1回目
・教育にお金をかける。子育てしやすい街。
・消防費。特に災害対策は。

2回目

グループ2

1回目
　駅周辺市街地の再開発事業。再開発に対して、衛生・環境費を減らすことの影響は。

2回目

グループ3

1回目
・自然と共に暮らす街。
・防災公園の整備。
・民生費を極端に減らすのは可能なのか。

2回目

本時の学習活動

1　導入

○模擬予算特別委員会の流れと守らなければいけない議会でのルールを再確認する。
・前時でそれぞれのグループが作成した予算案について、グラフ化した議案資料を配布する。

2　展開

○各グループが予算案の提案説明を行う。
・多く予算を分配した費目、少なく分配した費目を中心に、なぜそのような予算を組んだのか、その根拠をしっかりと述べさせる。
・提案説明の時間は、1グループにつき4分とする。タイムキーパーは教師が行う。
・予算案についての説明を聞いているグループは、説明を聞きながら質疑のためのメモをワークシートに取る。
○質疑応答へ移る。

グループ4

1回目
　多文化共生の街づくり。多言語対応のゴミ分別アプリ。需要はどれくらいか。

2回目

グループ5

1回目
　交通渋滞の解消、通学路・スクールゾーンの整備。パークアンドライドについて。

2回目

グループ6

1回目
　各小中学校への電子黒板の導入。スポーツの振興。教育効果は。

2回目

3　まとめ

○本時の学習を振り返る。

予算案再編成

本時の目標

　前時の予算案審議を踏まえ、グループで協力しながら予算案を見直し、改善することができる。

本時の評価

・どのような予算案が組まれるべきか、根拠を明確にしながら個人及びグループとして判断している。
・地域に生きる一員として、より適切な予算案を考えようと試行錯誤しながら、主体的に追究しようとしている。

本時の学習活動

1　導入

○前時の振り返りを行う。
・実際の議会の流れや仕組みについて解説する。

2　展開

○前時での質疑応答や他のグループの提案説明を踏まえ、各グループで民生費、土木費、衛生・環境費、教育費、消防費の分配を再び考える。
○変更した点などを中心に、なぜそのような予算案を組んだのか、理由をワークシートに記述する。
○模擬予算特別委員会での発表原稿と想定問答集をグループで分担して作成する。
・タブレット端末を活用させる。

前時の審議を受けて，予算案を修正してみましょう。

グループワーク

修正前

費目	分配	モデル案との差
民生費	1600億	＋100億
土木費	100億	−200億
衛生・環境費	50億	−150億
教育費	550億	＋250億
消防費	100億	なし

修正後

費目	分配	モデル案との差
民生費	1500億	なし
土木費	100億	−200億
衛生・環境費	100億	−100億
教育費	500億	＋200億
消防費	200億	＋100億

変更のポイント，理由

教育にお金をかけ，子育てがしやすい街という方針は変えなかった。しかし，民生費をモデル案から増やさず，教育費も＋300億から＋250億に変更した。その分，消防費を＋100億とした。これは前回の審議で防災に力を入れていない地域に子育て世帯が安心して住めないという指摘を受けたから。当初は，起きるとは限らない災害に対して備蓄品など多くの費用をかけることに反対だったけれど，子育て世帯の防災意識の高さを知り，防災も重視することにした。

ワークシートを使用する際のポイント

ワークシート内の自習学習の項目は、生徒の実態や授業進度に合わせて授業内での取組に変更することも可能である。

ワークシートの評価のポイント

「変更のポイント、理由」

重視した費目やモデル案に比べて増やした費目について、合理的に理由が記述されていればB評価とする。

また、重視しなかった費目やモデル案に比べて減らした費目について、そこから起こり得る問題点や対応策まで言及されていればA評価とする。

3　まとめ
○次回の流れを確認する。

予算案再審議

本時の目標

　作成した予算のポイントや、なぜそのような予算案を組んだのかその根拠について、グループで協力しながら発表し、質疑応答に対応できる。

本時の評価

・地域の課題や地域住民の声・要望を、多面的・多角的に考察している。
・グループで作成した予算案について、模擬予算特別委員会の場で根拠を示しながら発表している。

年　　月　　日

地方自治

組　　　番　氏名

学習課題：予算案を審議しよう

提案説明を聞きながらメモを取り、質疑の内容をまとめましょう。

グループ1

1回目
・教育にお金をかける。子育てしやすい街。
・消防費、特に災害対策は。

2回目

グループ2

1回目
　駅周辺市街地の再開発事業。再開発に対して、衛生・環境費を減らすことの影響は。

2回目

グループ3

1回目
・自然と共に暮らす街。
・防災公園の整備。
・民生費を極端に減らすのは可能なのか。

2回目

本時の学習活動

1　導入

○模擬予算特別委員会の流れと守らなければいけない議会でのルールを再確認する。
・前時でそれぞれのグループが作成した予算案について、グラフ化した議案資料を配布する。

2　展開

○各グループが予算案の提案説明を行う。
・多く予算を付けた費目、少なく付けた費目を中心に、なぜそのような予算を組んだのか、その根拠をしっかりと述べさせる。
・提案説明の時間は、1グループにつき3分とする。タイムキーパーは教師が行う。
・予算案についての説明を聞いているグループは、説明を聞きながら質疑のためのメモをワークシートに記入する。
○質疑応答へ移る。

グループ4

1回目
多文化共生の街づくり。多言語対応のゴミ分別アプリ。需要はどれくらいか。

2回目

グループ5

1回目
交通渋滞の解消、通学路・スクールゾーンの整備。パークアンドライドについて。

2回目

グループ6

1回目
各小中学校への電子黒板の導入、スポーツの振興。教育効果は。

2回目

ワークシートを使用する際のポイント

第6時での予算案審議と同様に、質疑応答における生徒間の対話に関しては、基本的に教師は干渉しないようにする。

しかし、議論がかみ合わなかったり、主張などに明確な誤りがあったりした場合などは介入し、それぞれの主張を整理しながらファシリテートしていく必要がある。

ワークシートの評価のポイント

本時のワークシートでは評価は行わない。

3 まとめ

○各グループが提案説明した予算案の中で最も適切と考えられるものを、採決を取り決定する。

・予算を決めることは、地域社会をよりよいものにしていくための重要な営みであり、実際の議会では、予算決定までに時間をかけて審議をしていることを補足する。

地方公共団体への提言

本時の目標

　これまでの学習を振り返り、個人で地方公共団体への提案をまとめることができる。

本時の評価

　地域の予算には、地域住民の声や要望も反映されていることを理解している。一方で、財源には限りがあり、全ての声や要望に応えることはできないという、選択と希少性の関係についても理解している。

本時の学習活動

1　導入

○クラスとして決定した予算案を見て、実際に地域住民が見た場合、どんな意見が挙がると考えられるか発言する。

・クラスとして慎重に審議し決定した予算案であっても、地域社会は様々な立場の人で構成される社会であり、誰もが完全に同意する決定はないことを指摘する。

・予算編成の際には考慮させなかった他費目も示し、実際に予算を編成することの難しさに気付かせる。

2　展開1

○予算を編成する上では、どのような点に注意しなければならないか個人で考え、ワークシートに記述する。

・地方公共団体は、地域住民の声・要望を真摯に受け止め、それらを予算編成の際に考慮する必要があるが、予算には限りがあり、全ての声や要望を反映させることはできない点に気付かせる。

　自治体への提言に関しては、これまでのワークシートを振り返らせ、根拠を明確にしながら記述させるよう留意する必要がある。

　また、評価については、より詳細なルーブリックなどを示すことも考えられる。

ワークシートの評価のポイント

個人ワークの評価要素

　主述が整っており、地域の課題及びその課題を取り上げる明確な理由や根拠、実現可能性のある具体的な提言が記述されていればB評価とする。

　また、その提案を実現するための財源をどのように生み出すかまで言及することができていればA評価とする。

個人ワーク

　これまでの学習を振り返り、「よりよい街づくり」という観点から、あなたなりの自治体への提言を考えましょう。

> 　私は、子供の教育にもっと力を入れてほしいと考えています。○○は大きなショッピングセンターや豊かな自然もあり、魅力的な街ですが、近年子供の数が減っています。これは少子高齢化の影響もあると考えられますが、他地域との学校施設の差や子育てのしやすさなども影響していると思います。そのため、学校のインターネット環境の整備や、保育料の免除など子育て支援への予算を増やすことを提案します。

単元の自己評価

十分できた	概ねできた	あまりできなかった	できなかった
4	3	2	1

①地方公共団体の役割や地方自治のあり方について理解することができた。（　3　）

②地域の課題や声・要望に対して、根拠を明確にして自分なりの考えをもち、グループで協力して予算案の編成をすることができた。（　4　）

③発表原稿や想定問答集を作成する上で、課題点や対応策などについてタブレットなどを活用しながら、主体的に追究することができた。（　3　）

3　展開2

○住民投票の例や住民参加の方法を解説する。

○これまでの学習活動を振り返り、考えたことや気付いたことを踏まえ、地方公共団体への提言を個人でワークシートに記述する。

4　まとめ

○単元を通しての自己評価を記入する。

5

民主政治と政治参加〜司法〜

単元の目標

国民の権利を守り、社会の秩序を維持するために、法に基づく公正な裁判の保障があることについて理解することができる。

学習指導要領との関連　C(2)「民主政治と社会参加」ア(イ)

第1時・第2時	第2時・第3時
導入	導入・展開
〔第1時〕裁判所の仕組みと働きを理解する ○日本の司法が三審制を採っていること、そのために各種の裁判所が設置されていることを理解する。 ○法に基づく公正な裁判によって国民の権利が守られ、社会の秩序が維持されていること、そのため、司法権の独立と法による裁判が憲法で保障されていることについて理解する。 **〔第2時〕司法制度改革と裁判員制度の仕組みと意義を理解する** ○日本司法支援センター（法テラス）が設置されたり、取調べの可視化が義務付けられたり、被害者参加制度が設けられたりするなど、司法制度改革が進められていることを理解する。 ○司法制度改革の一環として、2009年から裁判員制度が発足したことを理解する。裁判員制度は国民が刑事裁判に参加することによって、裁判の内容に国民の視点、感覚が反映されることになり、司法に対する国民の理解が	深まり、その信頼が高まることを期待して導入されたことを理解する。 ○司法に対して、立法や行政に比較し主権者である国民の関与が少ないことに気付き、主権者として司法に参加することに意義があることを理解する。 **〔第3時〕模擬裁判の準備をする** ○裁判には、民事裁判と刑事裁判があり、それぞれの進め方の概略を理解する。その知識を基に、模擬裁判を行うことを理解する。 ○模擬裁判を実施するために、役割分担をする。 ・役割は、「被害者」「目撃者」「被告人」「住人」「友人」「検察官」「弁護人」「裁判官」である。役割は6人班2班分である。役割のない生徒は「裁判員」となる。 ○法務省が後悔している動画を視聴し、裁判の進め方を確認する。

課題解決的な学習を通して学びを深めるポイント

本指導計画は、最高検察庁が作成した「模擬裁判をやってみよう（中学校社会科公民的分野）（2時間で行う場合・通常版）」を活用するものとなっている。教材は法務省のウェブサイトから入手することができる。

はじめの2時間は、司法制度の知識習得の学習である。

第3〜5時の学習活動は、習得した知識

や、「対立と合意」「効率と公正」「個人の尊重と法の支配」などの「現代社会の見方・考え方」を働かせ、司法の意義と役割を体験的な学習を通して思考・判断・表現する内容となっている。

第5時では、模擬裁判で取り上げた事例について、「有罪か無罪か（あるいは有罪の場合の量刑）」を班で議論し、根拠をもって結論を

知識・技能	思考・判断・表現	主体的に学習に取り組む態度
①国民の権利を守り、社会の秩序を維持するために、法に基づく公正な裁判の保障があることについて理解している。	②対立と合意、効率と公正、個人の尊重と法の支配などに着目して、国民の司法参加との関連について多面的・多角的に考察、構想し、表現している。	①司法参加について、現代社会に見られる司法に関する課題の解決を視野に主体的に司法に関わろうとしている。

第4時・第5時	第6時
展開	まとめ
〔第4時〕模擬裁判の第1時を実施する ○教師が概要を朗読した事件について模擬裁判を行うことを理解する。役割のある生徒は配置に付き、模擬裁判を開始する。役割のある生徒は、台本を読みながら模擬裁判を進める。 ・本時は、「起訴状朗読・罪状認否」「冒頭陳述」「証拠説明」「証人尋問」を行う。 〔第5時〕模擬裁判の第2時を実施する ○前回の振り返りを行う。 ○模擬裁判は前時に引き続き「被告人質問」「検察官の論告・求刑、弁護人の弁論」を実施する。 ○実施後、グループに分かれ被告人の有罪無罪とその理由を考える活動を行う。 ・時間があれば、量刑を考えることもできる。有罪無罪、量刑を考えることができたのであれば、量刑を理由を明示しながら発表する。	〔第6時〕学習を通して習得した知識を基に、見方・考え方を働かせてレポート記述する ○前時までの振り返りを行い、レポートを記述する。 ・レポートの発問は「裁判の意義について、社会の秩序、国民の人権の視点から、『対立と合意』、『効率と公正』の考え方を活用して自分の考えを書きましょう」「司法への国民参加にはどのような意義があると思いますか。これまで学習した内容をもとに自分の考えを書きましょう」とする。 ・時間内に書ききれない場合は宿題とする。

出して発表する。証拠から結論を出す際には特に「個人の尊重と法の支配」の見方・考え方を働かせるようにしたい。客観的な証拠を根拠として人権を守ることを最優先とした結論を導くよう指導することが肝要である。

第6時ではこれまでの学習を基にレポートを記述することで、「国民の権利を守り、社会の秩序を維持するために、法に基づく公正な裁判の保障がある」ことの知識を確実に習得させたい。また、根拠に基づく思考・判断・表現を行わせたい。「司法への国民参加にはどのような意義があると思いますか」という発問は、司法に主体的に参画するためにはどうしたらよいか考察させることを意図している。レポートの記述を通して、主権者として司法に主体的に参画しようとする意識を育てたい。

裁判の仕組みの理解

本時の目標

　三審制、裁判所の仕組み、司法権の独立について理解することができる。

本時の評価

　日本の司法制度について、三審制を採っていること、裁判所が最高裁判所と下級裁判所で構成されていること、司法権の独立の意義について理解している。

年　　　月　　　日

裁判の仕組みを理解しよう

組　　　番　氏名

1. 司法とはどのような権力か、教科書本文をもとに説明しましょう。

> 法を基準として、社会で生まれる争いや事件を解決することで、私たちの権利を守るとともに、社会の秩序を保つ権力。

2. 日本の裁判所について、教科書を参考にそれぞれの名称や数字を記入しましょう。

種類	情報	資料名等
① 最高裁判所	高等裁判所から上告された事件をあつかい、三審制で最後の段階の裁判を行います。また、憲法に関する最終判断を行うため、「憲法の番人」とも言われる。	(② 　１) か所
③ 高等裁判所	地方裁判所や家庭裁判所などから控訴された事件などをあつかい、主に第二審の裁判を行う。	(④ 　８) か所
⑤ 地方裁判所	一部の事件を除く第一審と簡易裁判所から控訴された民事裁判の第二審の裁判を行う。	(⑥ 50) か所
⑦ 家庭裁判所	家庭内の争いの第一審隊、また、少年事件などをあつかう。審理は原則として非公開。	
⑧ 簡易裁判所	請求額が 140 万円以下の民事裁判と、罰金以下の刑に当たる罪などの刑事裁判の第一審の裁判を行う。	全国 (⑨ 438) か所

3. 裁判に関する以下の文章の空欄に当てはまる語句を、教科書を参考にして記入しましょう。

　日本の裁判は (①) で行われます。これは第一審の判決が不服の場合、第二審の裁判所に (②) し、その判決にも従えない場合、第三審の裁判所に (③) することができます。このように一つの内容について3回まで裁判に受けられることを (①) と言います。
　裁判は、公正中立に行われなければなりません。そのため、国会や内閣は裁判所に干渉してはならず、また一つ一つの裁判では、裁判官は自分の良心に従い、憲法と法律によって判決を行うという (④) の原則があります。

① 三審制	② 控訴
③ 上告	④ 司法権の独立

本時の学習活動

1　ワークシートの発問1を記入する

○司法の役割と意義について、教科書の記述をまとめることで理解する。

2　ワークシートの発問2に取り組む

○教科書や資料集などを用いて、空欄に当てはまる語句を探して記述する。

・日本の裁判所は、最高裁判所と、高等裁判所・地方裁判所・家庭裁判所・簡易裁判所で構成される下級裁判所から成り立っている。この後学習する第一審を担う地方裁判所、家庭裁判所は各都道府県に一つずつ、北海道は面積が広いため4か所設置されており、高等裁判所は、地理的分野で学習した7地方の中心都市に主に設置されていることを押さ

える。

・「裁判の内容」も確認し、それぞれの裁判所の役割も理解する。

3　ワークシートの発問3に取り組む

○教科書や資料集などを用いて、空欄に当てはまる語句を探して記述する。

・慎重な裁判を行うために、一つの件に関して3回まで裁判を受けることができることや、裁判官がどの権力からも影響を受けず、法と良心のみによって判決を下すという原則を理解する。

・司法権の独立に関して、歴史的分野で学習した大津事件を取り上げてもよい。ただし、大審院長の指示に下級裁判所裁判官が影響を受

4. 裁判の種類や原則について説明した以下の文章の空欄に当てはまる語句を、教科書を参考にして記入しましょう。

　貸したお金を返してもらえないなど、個人や企業といった私人の間の争いについての裁判を（①）と言います。（①）のうち、国や地方公共団体を相手にした裁判を（②）と呼びます。自分の権利が侵害されたと考えた人が、裁判所に訴えを起こすと、裁判所の審理が始まります。審理では訴えた人を（③）、訴えられた人を（④）と呼びます。裁判官は（③）と（④）の意見をよく聞き、当事者同士話し合って（⑤）するように促したり、法に基づいた判決を出したりします。

　殺人や傷害、窃盗や詐欺などの犯罪について、有罪か無罪かを決める裁判を（⑥）と呼びます。どのような行為が罪に当たり、処罰されるのかについては罪刑法定主義に基づき、あらかじめ法律で定められています。事件が起こると、警察官と（⑦）が捜査し、罪を犯した疑いのある（⑧）を捜し証拠を集めます。（⑦）は（⑧）が罪を犯した疑いが確実で、刑罰を課すべきだと判断すると、（⑧）を（⑨）として裁判所に訴えます。（⑦）が刑事裁判の（③）となります。

　裁判では法律の専門家である（⑩）が（③）や（④）、（⑨）の手助けをします。特に（⑥）の場合は強い権限を持つ警察官や（⑦）の捜査が行きすぎないように、例えば（⑪）がなければ逮捕や捜査ができないなど、（④）や（⑨）の権利が憲法で保障されています。また裁判で黙っている権利である（⑫）や国が費用を負担する（⑬）をつけることができます。（⑨）は有罪の判決を受けるまでは無罪とみなされ、公平で速やかな、公開された裁判を受ける権利が保障されています。

① 民事裁判	② 行政裁判
③ 原告	④ 被告
⑤ 合意（和解）	⑥ 刑事裁判
⑦ 検察官	⑧ 被疑者
⑨ 被告人	⑩ 弁護士
⑪ 令状	⑫ 黙秘権
⑬ 国選弁護人	

【メモ】

けている点で、完全に司法権の独立が達成されているわけではないことを理解させる。

4　ワークシートの発問4に取り組む

○教科書や資料集などを用いて、空欄に当てはまる語句を探して記述する。

・裁判には私人間の争いを解決することで権利を保障する民事裁判と、犯罪行為の有無と犯罪があったことが立証された場合、被告人に課す量刑を決めることで社会の秩序を維持する刑事裁判の2種類があることを理解する。

・刑事裁判においては、権力が国民の人権を侵害することを防ぐために、憲法によって様々な規定（特に、既習の自由権を保障する条文）があることを理解する。

指導のポイント

　司法制度は、立法や行政と比較して報道されることが少なく、生徒にとっては身近ではない。

　しかし、司法が主権者が合意した法に則り社会の秩序や諸権利を守ることを通して、国民の人権を保障していることを理解させたい。

　また、テレビドラマなどで警察官を主人公とする物語が多く放映されているが、実際の警察活動を描いたものとは言いがたく、特に被疑者の量刑を警察官が決定しているとの誤解を招く表現も散見される。

　裁判に関する学習においては、「推定無罪」の原則をはじめとする人権保護の役割こそ、生徒に考察させたい内容である。

ワークシートの評価のポイント

〔知識・技能〕

・司法の意義、裁判所の仕組み、裁判の種類と内容について理解している。

〔思考・判断・表現〕

・教科書や資料集などの情報から、裁判に関する用語を収集し、適切な用語を選択して記述している。

〔主体的に学習に取り組む態度〕

・司法の仕組みや意義を理解し、司法制度について関心をもとうとしている。

司法制度改革についての理解

本時の目標

司法制度改革の内容と意義について理解することができる。

本時の評価

司法制度改革が、裁判にかかる時間や費用を少なくして裁判を利用しやすくすること、裁判員制度を通して判決に市民感覚を反映させようとしていること、主権者である国民が司法権により関与できるようにすることを目的としていることを理解している。

司法制度改革について理解しよう

年　　月　　日

組　　番　氏名

1. 司法制度改革とは何を目的に行われているのでしょうか。教科書を参考に説明しましょう。

> 日本では裁判に時間と費用がかかりすぎると考えられてきたので、このような状況を改め、裁判を利用しやすくすることを目的としている。

2. 司法制度改革の一環として設けられた「日本司法支援センター（法テラス）」とはどのようなものでしょうか。教科書を参考に説明しましょう。

> 借金や相続など法的なトラブルをかかえる人に、解決に役立つ法制度や全国の関係機関の相談窓口を無料で紹介している。弁護士などの専門家が少ない地域でも誰もが司法サービスを受けられることを目指している。

3. 裁判員制度について説明した以下の文章の空欄に当てはまる語句や数字を、教科書を参考に記入しましょう。

司法制度改革によって、（①）年から裁判員制度が始まりました。これは（②）が裁判員として（③）裁判に参加し、裁判官とともに被告人が有罪か無罪か、有罪の場合は刑罰の内容を決める制度です。裁判員制度の対象になるのは重大な犯罪についての（③）裁判です。裁判員が参加するのは地方裁判所の第（④）審のみです。

裁判員は満20歳以上の国民の中から（⑤）で選ばれます。特別な理由がない限り裁判員になることを辞退できません。

一つの事件の裁判は、原則として（⑥）人の裁判員と（⑦）人の裁判官が協力して行います。

裁判員は裁判官とともに（⑧）に出席して、被告人や証人の話を聞いたり、証拠を調べたりします。そのうえで、裁判官と裁判員で（⑨）を行い、被告人が有罪か無罪か、有罪の場合はどのような刑罰にするか決定する（⑩）を行います。

近年では、裁判員制度にもさまざまな見直しが検討されています。審理が長期化しないよう（⑪）が行われるよう配慮されていますが、過去には長期化した例もありました。また、裁判員裁判には死刑を求刑する事件もあり、裁判員の心理的負担が懸念されています。これらの課題の解決を目指した見直しをしながら、裁判員制度が実施されています。

本時の学習活動

1　ワークシートの発問1を記入する

〇司法制度改革について、教科書の記述をまとめる。

・裁判の迅速化の側面を理解する。

2　ワークシートの発問2に取り組む

〇司法制度改革の一環である、日本司法支援センター（法テラス）について教科書の記述をまとめる。

・法テラスは、司法の利便性向上だけでなく、弁護士等の都市部への偏在による、地方住民の格差是正も目的であることを理解する。

3　ワークシートの発問3に取り組む

〇教科書や資料集などを用いて、空欄に当てはまる語句を探して記述する。

・ここでは司法制度改革の一環である裁判員制度について、その内容を理解する。裁判員が、有権者の中から原則として抽選で選ばれること、死刑や無期懲役など重大な刑罰が予想される刑事裁判において実施されること、第一審のみであること、裁判官と協力しながら裁判を進めることなどを理解する。

・将来生徒が抽選で選ばれ、裁判員になる可能性があることを伝え、関心を引き出したい。また、「重大な刑事裁判」で行われることにも注目させたい。これは、死刑で命を奪ったり、無期懲役で人生を奪ったりする判決を、裁判官という専門家のみに任せるのではなく、主権者である国民が関与して下すべきで

① 2009	② 国民
③ 刑事	④ 1
⑤ くじと面接	⑥ 6
⑦ 3	⑧ 公判
⑨ 評議	⑩ 評決
⑪ 公判前手続き	

4. 司法制度改革には「取調べの可視化」の義務化も含まれます。なぜ、「取調べの可視化」が義務化されたのでしょうか。その理由を、教科書を参考にして説明しましょう。

> 過去に無理矢理自白させるなどの行き過ぎた捜査が原因で、無実の人が罪に問われる冤罪が発生した例があった。そこで、捜査が適正に行われたかを後から確認できるよう、取調べの可視化が義務付けられた。

【メモ】

指導のポイント

本単元では、次時以降に模擬裁判を実施する。これは、将来、裁判員として裁判に参加することを前提としている。

そのため、学習活動「3」において、裁判員制度の意義について確実に理解させたい。特に、司法により積極的に参画するという主権者の権利としての裁判員制度を強調したい。

ワークシートの評価のポイント

〔知識・技能〕
・司法制度改革のうち、裁判の迅速化、法テラスの設置、裁判員制度、取調べの可視化について内容を理解している。

〔思考・判断・表現〕
・教科書や資料集などの情報から、司法制度改革に関する用語を収集し、適切な用語を選択して記述している。

〔主体的に学習に取り組む態度〕
・裁判員制度などを通して、主権者としての権利を行使したり、将来司法に関わろうとしたりしている。

あるという考え方に基づいている。「主権者」という言葉の重大さを実感させたい。

4　ワークシートの発問4に取り組む

○司法制度改革の一環である取調べの可視化について、教科書の記述をまとめる。
・裁判員裁判で取り扱う事件について、警察官や検察官の取調の録音・録画が義務化されており、裁判員裁判が円滑に進行するために実施されていることを理解する。
・冤罪を防ぐ目的もあることを理解する。教師は、過去の冤罪事件について紹介し、無実の罪で服役することになれば、人生が大きく狂い、重大な人権侵害になるため、冤罪を防ぐことの重大さを理解させたい。

模擬裁判の準備

本時の目標

模擬裁判の準備を通して、裁判に関する知識を確実に習得することができる。

本時の評価

模擬裁判に向けて、見通しを立てて準備を行うとともに、ビデオを視聴することで裁判に関する知識を確実に習得している。

模擬裁判を体験しよう①

年　　月　　日

組　　番　氏名

1. 以下の表を見ながら、模擬裁判での役割を決めましょう。

役割	担当者名
被害者（鈴木 二郎）　1人	
目撃者（田中 花子）　1人	
被告人（佐藤 進）　1人	
住人（高橋 太郎）　1人	
友人（渡辺 和夫）　1人	
検察官　2人	
弁護人　2人	
裁判官　3人（うち裁判長1人）	

2. 裁判の進め方を、法務省が作成した動画を見ながら確認しましょう。動画を見て、印象に残ったことや、参考になったことを以下にメモしておきましょう。

・裁判には刑事裁判と民事裁判があること。
・民事裁判では裁判官が原告、被告の主張を公正中立の立場で聞いて判決を下す。
・刑事裁判は検察官が起訴することで始まる。
・被告人には弁護人が必ずつく。
・裁判員制度の仕組みを思い出した。

本時の学習活動

1　模擬裁判の役割分担に取り組む

○今後の授業の進め方を聞き、模擬裁判を通して裁判の仕組みや意義について考えることを理解する。

○グループやクラスで話し合い、役割分担を決める。

・6人グループ2個程度の人数が、裁判官役などを務めるので、特に意欲的な生徒が役割を担うことが期待される。普段あまり挙手しないような生徒も授業に関わらせるため、班などのグループ単位で役割を選ぶとよい。

2　法務省作成のビデオを視聴する

○法務省作成のビデオを視聴して、裁判の種類や関わる人々、裁判の進め方などの知識を確実に習得する。

・知識としてはワークシートを活用して既習となっているが、映像を見ながらワークシートを記入することで、知識が確実に習得されることが期待される。

・役割を担う生徒はビデオの登場人物に自らを重ねることで、次時以降の模擬裁判により意欲をもって取り組もうとする心情を養うことが期待される。

　法務省作成のビデオ教材「模擬裁判をやってみよう（中学校社会科公民的分野）（2時間で行う場合・通常版）」（2012年度）は、実際の裁判と同じ手順で模擬裁判が進むよう設計されている。裁判官等の役割を割り振られた生徒が用意された台本を読み進めることで、実際の裁判がどのように進むか体験的に理解することができる。

　生徒の意欲・関心を高めるためには演劇的に役になりきって読むほうが印象深くなる。そこで、役割を担う生徒には第3時に台本を渡し、第4時までに読む練習をさせておくとよい。

ワークシートの評価のポイント

〔知識・技能〕
・裁判の仕組みや意義について理解している。

〔思考・判断・表現〕
・ビデオ教材を視聴しながら、裁判の仕組みなどについてまとめている。

〔主体的に学習に取り組む態度〕
・模擬裁判に向けて、見通しをもって学習に臨もうとしている。

模擬裁判の実施①

模擬裁判を体験しよう②

年　　月　　日

組　　番　　氏名

模擬裁判から、以下の内容をメモしましょう。

【冒頭手続用】
1. 検察官の起訴状に書いてあること（検察官の起訴状朗読）
　事件の年月日　平成（27）年（11）月（4）日午前（1）時ころ
　事件の場所　（夕日ヶ丘町1丁目2番3号　楽楽）コンビニ店内
　使った凶器　（ナイフ）
　被害金額　（10）万（7）千円
　被害者がけがをしたところ（右肩）
　けがが治るのに必要な期間　全治（2）か月間
　何という犯罪にあたるか？　（強盗致傷）
2. 被告人の黙秘権の内容（裁判長から被告人への説明）
　言いたくないことは、（言わなくてよい）権利
3. 被告人と弁護人の言い分（罪状認否）※当てはまる方に○をつける。
　被告人　私は、犯人（である・ではない）。
　弁護人　被告人は、（有罪である・無罪である）。

【検察官冒頭陳述用】
○検察官が証明しようとする事実
　被告人佐藤進は、東京都で生まれ、公立高校を卒業しました。現在は、アルバイトをしながらアパートで一人暮らしをしています。
　被害者の鈴木さんは、平成27年11月4日、楽楽コンビニエンスストアで勤務中、強盗にあいました。その日の午前1時ころ、楽楽コンビニエンスストアに、黒っぽい服装で（スキー帽）をかぶり、（サングラス）をかけ、ナイフを持った犯人が入ってきて、持っていたナイフを鈴木さんに突きつけ、「金を出せ」と脅迫した。鈴木さんがレジの中から7000円を出して、犯人に差し出すと、犯人は「もっとあるだろう。」と金を要求しました。鈴木さんはレジの奥から10万円を出して、犯人に渡したので、犯人は、合計（10万7000円）を奪い取りました。犯人が逃げようと店の外に出たところ、追いかけてきた鈴木さんともみ合いになりました。このとき、犯人はサングラスを道路に落としたので、鈴木さんには、犯人の顔が見えました。犯人は、もみあいの末、右こぶしで鈴木さんの頭部を殴ったので、その勢いで倒れた鈴木さんは、道路に右肩を打ちつけてしまいました。犯人は、鈴木さんを殴り倒すと、道路に落ちていたサングラスを拾って、すぐに走って逃げました。
　鈴木さんは、犯人が走り去ったあと、（バイク）の音を聞きました。そして鈴木さんは、自分で110番と119番に通報しました。鈴木さんは、救急車で病院に運ばれ、全治2か月を要する右肩打撲と診断されました。
　警察官が、付近の住民に聞き込みをしたところ、楽楽コンビニエンスストアの近くに住む（田中花子）さんが、深夜1時過ぎころ、黒っぽい服を着た人物が、バイクに乗って通りを猛スピードで走り去っていくのを見ていたことが分かりました。被告人が、田中さんが目撃したものとよく似た（色と形）のバイクを持っていることがわかりました。また、被告人と同じアパートに住む（高橋太郎）さんが、「事件が起きた日の午前1時過ぎ頃駐輪場からアパートに戻ってきたと思った。」と警察に話しました。被害者の鈴木さんも、「被告人の目とや声が犯人によく似ている」と話しました。これらのことから、11月11日、被告人は逮捕されました。逮捕のとき、警察が被告人の自宅を捜索したところ、自宅から（現金7万7000円とスキー帽・サングラス・ナイフ）が見つかりました。

【弁護人冒頭陳述用】
○弁護人が証明しようとする事実
　楽楽コンビニエンスストアで強盗致傷事件が起きた平成27年11月4日午前1時ころ、被告人は

本時の目標

　模擬裁判を体験して、裁判の進め方を理解することができる。

本時の評価

　模擬裁判を演じたり、見たりすることで、裁判の進め方を理解し、裁判を身近に感じ、将来必要があれば裁判を利用しようとしている。

本時の学習活動

1　冒頭手続きを行う

○検察官役、裁判官役、被告人役、弁護人役はそれぞれシナリオに沿って台詞を言う。

○聞き手はワークシートの空欄に内容を書き込んでいく。

・裁判の冒頭の行われる「冒頭手続き」で、事件の概要と検察官、被告人双方の主張を理解する。

2　検察官冒頭陳述を聞く

○検察官役は冒頭陳述を読み上げる。

○聞き手は内容をよく聞きながら、ワークシートの空欄に当てはまる語句を記入しながら検察官の主張を理解する。

・検察官の主張は、警察官と検察官の捜査の結

果であることを理解しながら聞き手は冒頭陳述を聞く。

3　弁護人冒頭陳述を聞く

○弁護人役は冒頭陳述を読み上げる。

○聞き手は内容をよく聞きながら、ワークシートの空欄に当てはまる語句を記入しながら弁護人の主張を理解する。

・弁護人の主張は、被告人から見た事件の様子であるため、聞き手は検察官役の冒頭陳述と対立する点に注意しながら冒頭陳述を聞くことを指導する。

4　証人尋問を聞く

○被害者役や目撃者役はシナリオに沿って証言

自宅のアパートの部屋で（テレビを見ていた）。そうしたところ、ある日突然警察官がやってきて、被告人を強盗致傷事件の犯人だと決めつけて、逮捕しました。逮捕されたとき、被告人の部屋には現金9万7000円がありましたが、これは被告人がアルバイトをしながら（こつこつ貯めた）のです。また、被告人の部屋にあったナイフは、趣味の（キャンプ）のために持っていたもので、キャンプの時の必需品です。キャンプ仲間の渡辺和夫さんも、キャンプには刃の長いナイフが必需品だと話しています。

【弁護人請求証拠用】
◎弁護人請求証拠の説明
　弁護人は、被告人の友人渡辺和夫さんの証人尋問によって、（被告人がナイフを持っていた目的）を明らかにします。また、被告人質問によって、被告人には（アリバイ）があることを明らかにします。

【被害者鈴木二郎尋問用】 証人尋問を聞きながら、メモを取りましょう。
1. 被害者鈴木二郎の証人尋問
① 鈴木は、コンビニエンスストアの（店員）をしている。
② コンビニエンスストアで犯人に襲われたのは、午前（1）時ころだった。
③ 犯人の服装は、（黒っぽいウインドブレーカーみたいな上着を着て、黒っぽいズボン）だった。
④ 犯人は、頭に（スキー帽）をかぶり、顔には（サングラス）と（マスク）をつけていた。
⑤ 鈴木に犯人につきつけられたナイフの形は、（全体が少し丸みがかった形）だった。
⑥ 鈴木は犯人に脅されて、レジにあった千円札（7）枚と、1万円札を10枚束ねた10万円を渡した。
⑦ 犯人は、奪ったお金を上着の（ウインドブレーカーのポケット）に入れた。
⑧ 逃げる犯人を追いかけてもみあいになったとき、犯人のサングラスが落ちて（目もと）が見えた。
⑨ もみあいになったとき、犯人に（左のこめかみ）を殴られて転倒し、右肩に全治（2）か月の怪我をした。
⑩ 犯人が走って逃げた後、すぐ（バイクのエンジン）の音がした。
⑪ 鈴木は、犯人につきつけられたナイフと、被告人の家から見つかったナイフの形が（似ている・似ていない）と思っている。
⑫ 鈴木は、犯人と被告人の（目もと）と（声の調子）が似ていると思っている。

【目撃者田中花子尋問用】 証人尋問を聞きながら、メモを取りましょう。
2. 目撃者田中花子の証人尋問
① 田中さんは、事件のあった薬薬コンビニエンスストアの（近くの一戸建て）に住んでいる。
② 田中さんの部屋は一戸建ての（2階の道路に面した側）にある。
③ 田中さんは事件のあった午前1時ころ、自宅前の道路を（バイク）が通り過ぎていくのを見た。
④ 田中さんが見たバイクは（赤）と（白）のツートンカラーで、（風よけ）が付いていた。
⑤ バイクは、図の（上）から（下）のほうに向かって走っていった。
⑥ バイクに乗った人物は、（黒っぽい服）を着ていた。
⑦ 田中さんは、バイクに乗った人物の顔を（見ていない）。
⑧ 田中さんは、バイクに乗った人物と被告人が同一人物かどうか（判断できる・判断できない）。

【住人高橋太郎尋問用】 証人尋問を聞きながら、メモを取りましょう。
3. 住人高橋太郎の証人尋問
① 高橋さんが住んでいるのは、被告人と同じ（アパート）の（1）階である。
② 高橋さんの部屋の前には、アパートの（駐輪場）がある。
③ 事件があった日の午前1時からテレビ番組の（プロ野球日本シリーズハイライト）を見ていた。
④ 番組が始まって少し経ったころ、駐輪場で（バイク）の音がするのを聞いた。
⑤ 高橋さんは、（バイクが帰ってきて止まる）音を聞き、被告人が（帰ってきた）と思った。
⑥ 高橋さんは、被告人がアパートに帰ってきたのを（見た・見ていない）と思った。

【友人渡辺和夫尋問用】 証人尋問を聞きながら、メモを取りましょう。
4. 友人渡辺和夫の証人尋問
① 渡辺さんは被告人の（キャンプ）仲間である。
② キャンプでは、刃の長いナイフを使って（釣った魚をさばいたり）する。

ワークシートを使用する際のポイント

　裁判官等の役割をもった生徒の発表を聞きながらワークシートにメモしていくことが難しい生徒がいるかもしれない。

　役割を担う生徒には、聞いている人が理解できるよう、ゆっくり大きな声で発表するよう指導する。また、メモが苦手な生徒には、まずは聞くことを優先するように指導するとよい。

ワークシートの評価のポイント

〔知識・技能〕
・裁判の進め方について理解をしている。

〔思考・判断・表現〕
・検察官、弁護人、証人の主張を聞き、事実を追求しようとしている。

〔主体的に学習に取り組む態度〕
・模擬裁判に意欲的に取り組もうとしている。

を行う。
○聞き手は、証言は事件を様々な角度から見るために重要であることを理解しながら、ワークシートの空欄に当てはまる語句を記入する。
・検察官と弁護人のそれぞれの主張と同じ点はどこか、違う点はどこか考えながら証言を聞く。

模擬裁判の実施②

本時の目標

　模擬裁判を体験して、裁判の進め方を理解することができる。

本時の評価

　模擬裁判を演じたり、見たりすることで、裁判の進め方を理解し、裁判を身近に感じ、将来必要があれば裁判を利用しようとしている。

評議をしよう

年　　月　　日

組　　番　氏名

① 評議では、被告人が有罪にあたる行為を行ったかどうか（被告人がコンビニ強盗を行ったかどうか）を判断する。
② ★次の2点を中心に考えましょう。
　1　被告人佐藤進の供述は信用できるか？
　2　被害者の店員鈴木、目撃者田中の証言や物証は証拠として信用できるか？

【無罪推定の原則】
検察官が、起訴したことがらについて、証拠（証言や物証など）をもとに、合理的な疑いを入れる余地がなくなるまで有罪の立証をしなければ、被告人は無罪となる。

1. 証拠（証言と物証）を「検察官が主張する内容」と「弁護人が主張する内容」に分類してみましょう。その中でも特に重視する主張に下線を引きましょう。

検察官が主張する内容	弁護人が主張する内容
ナイフ	キャンプの趣味
9万7000円の現金	お金を奪う必要がなかった事情
田中さんの証言	バイクの外見
高橋さんの証言	田中さんの証言
バイクの音	渡辺さんの証言

2. グループでの判決を決め、その理由を書きましょう。リーダーはクラスで発表してください。

判決	有罪　・　無罪
理由	

【有罪】
　ナイフやサングラス、お金が家にあったこと、田中さんの目撃証言、高橋さんの証言、被害者の鈴木さんの証言から、被告人が犯罪を犯したと判断できるため。

【無罪】
　証拠品や目撃者等の証言は、被告人が犯罪を犯したという状況には合うが、直接被告人であることが確認されたわけでないので、証拠が不十分。よって無罪と判断する。

本時の学習活動

1　「証人　佐藤進」の証言を聞く

○被害者役や目撃者役はシナリオに沿って証言を行う。

○聞き手は、証言は、事件を様々な角度から見るために重要であることを理解しながら、ワークシートの空欄に当てはまる語句を記入する。

・検察官と弁護人のそれぞれの主張と同じ点はどこか、違う点はどこか考えながら証言を聞く。

2　個人でワークシートの発問1に取り組む

○ワークシートの①と②を読んで、考えるポイントを理解する。

○「無罪推定の原則」を読み、内容を理解する。

○その上で、これまでのワークシートを見ながら、「検察官の主張する内容」と「弁護人が主張する内容」をワークシートに分類し、比較していく。

3　グループで発問3に取り組む

○発問2で記述した内容を、グループで発表する。また、グループのメンバーの発表内容を聞く。

○その上で、グループ内で議論して有罪か無罪か決める。そして、グループのメンバーの発表内容を基にして、判決の理由を考え、ワークシートに記述する。

・グループのメンバーで主旨を確認し、各個人

「対話的な学び」のポイント

　有罪か無罪かを議論する場面は、「対話的な学び」の重要なポイントとなる。

　自らの意見を根拠をもって発表し、他者の意見を真剣に聞いて取り入れていく経験を積ませたい。その際、他者の意見をいったん受け入れた後、論理的に判断するよう指導したい。

ワークシートの評価のポイント

〔知識・技能〕
・検察官、弁護人の証言を正確に聞き取っている。

〔思考・判断・表現〕
・証拠品や証言から、有罪か無罪か根拠をもって判断している。

〔主体的に学習に取り組む態度〕
・模擬裁判を意欲的に演じたり見たりして、主体的に判断したり表現したりして授業に参加しようとしている。

で理由を書いておく。
・教師は、再度「無罪推定の原則」を伝えておく。

4　各グループの判決とその理由を発表する

○グループのリーダーが代表してクラスで発表する。

○発表を聞きながら、それぞれの理由をメモして、自分のグループの理由を比較する。

学習を通して考察した内容の記述

本時の目標

　模擬裁判を通して学習した内容を根拠として、「見方・考え方」を働かせながら司法への国民参加の意義を考え、レポートに記述することができる。

本時の評価

　模擬裁判で体験的に学習して習得した内容を根拠として、「対立と合意」「効率と公正」「法の支配」などの「見方・考え方」を働かせて、司法への国民参加の意義を記述している。

年　　月　　日

学習のまとめ

組　　　番　氏名

これまでの学習を振り返り、以下の発問に答えながら、司法について考察しましょう。

1. 裁判の意義について、社会の秩序、国民の人権の視点から、「対立と合意」、「効率と公正」の考え方を活用して自分の考えを書きましょう。

> 裁判をはじめとする司法制度が、社会の秩序を保ったり、対立を解決したりすることを通して、国民の人権を守ろうとしていることが分かった。生活している上ではどうしても対立することがあるが、事前に法を決めておき、それに沿って解決を目指すことで公正な社会が実現することが分かった。司法制度の効率をよくすることで、国民が裁判を利用しやすくなり、より公正な社会が実現することにつながると感じた。

本時の学習活動

1　ワークシートの発問1に取り組む

○裁判の意義について、社会の秩序維持、国民の人権保障の視点から、「対立と合意」「効率と公正」「法の支配」「個人の尊重」などの「見方・考え方」を活用してレポートに記述する。

・民事裁判、刑事裁判が国民の権利を保障するために欠かすことのできない制度であることを理解して記述する。

・裁判では原告と被告人の意見が対立することがあるが、事前に主権者が合意してつくられた法を基準として公正に合意や判決がなされることを理解する。

・司法制度改革は裁判の効率を追求し、より国民の負担が軽く済むことで、裁判を利用しやすくしていることに気付く。

・裁判の基本は「人権の保障」であり、警察や検察などの権力が国民の人権を侵害しないような仕組みが整えられていることに気付く。

2　ワークシートの発問2に取り組む

○模擬裁判を通して、裁判の意義に気付き、更に主権者として司法にどのように関わるべきか自分の考えを記述する。

・裁判が、国民の人権を守るために必要な制度であること、にもかかわらず立法に比べると主権者の関与が少ないことに気付き、裁判員制度の意義に気付く。

・必要があればためらわずに裁判を利用することや、裁判員制度をはじめとする国民の司法

2. 司法への国民参加にはどのような意義があると思いますか。これまで学習した内容をもとに自分の考えを書きましょう。

> 裁判は人権を守ったり、ときに奪ってしまったりすることがある重大なことであると気付いた。主権者として、司法にも積極的に関わっていきたい。また、裁判はみんなが納得がいく根拠に基づいて判決を出すことに気付いた。裁判員になっても、根拠に基づいて公正に判断すればよいことが分かったので、裁判員を務めることになったら、自信をもって参加したい。司法に参画することで、より公正な安心して生活できる社会となる。裁判員を務めることになったら、仕事を休みやすくするなど、国民の司法参加を促すルールを提案していきたい。

参加に積極的に参画しようとする態度をもつ。また、今後もよりよい司法制度はいかにあるべきか提言する。

・教師は、司法制度は今後いかにあるべきか、そこに自分がどのように参画することができるか考えるよう示唆すると、生徒のレポートの記述がより深まることが期待できる。

〔主体的に学習に取り組む態度〕の評価

本時のワークシートの発問2「司法への国民参加にはどのような意義があると思いますか。これまで学習した内容をもとに自分の考えを書きましょう」は、本単元における〔主体的に学習に取り組む態度〕の評価に利用することができる。

また、司法参加の意義を考えさせることで「主体的に社会参画する態度」が養われているかも評価することができる。

ワークシートの評価のポイント

〔知識・技能〕
・これまでの学習で習得した司法に関する知識を根拠としてレポートを記述している。

〔思考・判断・表現〕
・これまでの学習を通して追究した内容や、追究を通して得た見方・考え方を働かせて思考、判断し、レポートに表現している。

〔主体的に学習に取り組む態度〕
・よりよい社会をつくるために、積極的に司法に参画しようとする態度と、司法を活用したよりよい社会を構想し提言しようとしている。

D

私たちと国際社会の諸課題

9 時間

世界平和と人類の福祉の増大

単元の目標

　対立や合意、効率と公正、協調、持続可能性などに着目して、世界平和の実現と人類の福祉の増大のためには、国際協調の観点から、国家間の相互の主権の尊重と協力、各国民の相互理解と協力及び国際連合をはじめとする国際機構などの役割が大切であること、地球環境、資源・エネルギー、貧困などの課題の解決のために経済的、技術的な協力などが大切であることを理解するとともに、日本国憲法の平和主義を基に、我が国の安全と防衛、国際貢献を含む国際社会における我が国の役割について多面的・多角的に考察、構想し、表現することができる。

学習指導要領との関連　D (1)世界平和と人類の福祉の増大ア(ア)(イ)及びイ(ア)

第1時	第2時・第3時・第4時
導入	展開
〔第1時〕ディベートの準備を行う ○ディベートの目的理解と論題の決定 ・ディベート学習での注意点や目的を理解する。 ・国際社会の単元の学習に当たって、以下の論題の中から、どの論題と立場でディベートを行いたいかグループ（生活班など）で話し合う。 　①日本は日米安全保障条約を破棄すべきである。 　②日本は原子力発電をゼロにすべきである。 　③日本は移民・難民をもっと受け入れるべきである。 ・論題と立場が決まったら、グループ内で役割分担を行う（発表補助資料作成や発表原稿の作成など）。 ・ディベートを聞くフロアーが分かりやすいように、以下の点は必ず説明するようにする。 a. 論題に関わる世界の情勢 b. 論題に関わる現状と課題	〔第2〜4時〕ディベートの準備 ○主張の決定、リサーチ学習 ・自分たちのグループの立場で、主張したい内容を話し合い、それに基づいて、リサーチ学習を行う。 ○発表補助資料の作成、原稿シートの作成 ・相手やフロアーに分かりやすい主張を行えるように、発表補助資料の作成、原稿シートの作成を行う。 ○ディベートの練習 ・ディベートでの発表時間を有効的に使うために、練習を行う。 ※教師は、「学習改善につなげる評価」として、各グループの進捗状況を報告させる時間を設け、そこで指導・助言を行う。

課題解決的な学習を通して学びを深めるポイント

　本単元では、国際社会の単元全体をディベート方式で学習していく。

　三つの論題を設定し、それに対して、それぞれのグループが肯定・否定に分かれ、リサーチ学習を行っていく。相手のディベーターからの様々な発言や主張を想定し、チームで学習を進めることが求められる。

　教師はディベートで主張がかみ合わなかった

り、揚げ足取りになったりしないように注意しなくてはならない。そこで、リサーチ学習時に、適宜、グループごとに呼んで、進捗状況の報告をさせる場を設けることが必要である。そこで、主張点の訂正や補足、アドバイスなどを行うことによって、ディベートでの深い内容が担保される。これは、現在の評価でも求められている「学習改善につながる評価」としても必

知識・技能	思考・判断・表現	主体的に学習に取り組む態度
①国会を中心とする我が国の民主政治の仕組みのあらましや政党の役割を理解している。 ②議会制民主主義の意義、多数決の原理とその運用の在り方について理解している。	①対立と合意、効率と公正、個人の尊重と法の支配、民主主義などに着目して、民主政治の推進と、公正な世論の形成や選挙など国民の政治参加との関連について多面的・多角的に考察、構想し、表現している。	①民主政治と政治参加について、現代社会に見られる課題の解決を視野に主体的に社会に関わろうとしている。

第5時・第6時・第7時	第8時・第9時
展開	まとめ
〔第5〜7時〕ディベート ○論題一つに対して、1時間のディベートを行う。 　①立論　肯定3分→否定3分 　②作戦タイム　4分 　③第一反駁　否定3分→肯定3分 　④フロアーからの質問　5分 　⑤作戦タイム2　4分 　⑥最終弁論　否定3分→肯定3分 　⑦判定 　⑧教師からの講評 ・ディベーター、フロアーはそれぞれ記録カードを記入する。	〔第8時〕ディベートの振り返り ○ディベートでの修正や論点整理を行う。 ・生徒が作成した発表補助資料を活用し。教科書を併用しながら、基本的な知識の確認を行う。 ○今までの学習を振り返り、それぞれの論題に対する自分の最終的な意見をワークシートに記入する。 〔第9時〕単元のまとめ ○世界平和の実現と人類の福祉の増大のために、必要なことは何かレポートにまとめる。

要な視点である。

　ディベート学習では、ディベート本番の時間もさることながら、ディベートの振り返りの時間が重要である。生徒が調べてきた内容や作成した発表補助資料を活用しながら、論点整理や主張の訂正などを行うことによって、生徒にとって達成感や成就感などが生まれ、より一層の基本的な知識の定着が期待できる。

　更に、ディベートの前にそれぞれの論題に対して個人的な意見を書かせ、ディベート後にも同じように個人としてどう思うかを書かせることで、学習前後での変容を見取ることができる。そのことによって、生徒がディベート学習によって、どのようなことが分かり、理解が深まったかが客観的に分かるようになる。

右側縦書き：
D
私たちと国際社会の諸課題
1　世界平和と人類の福祉の増大

ディベート学習の理解

本時の目標

単元を通して、ディベート学習をすることを理解できる。

本時の評価

ディベート学習の方法について理解し、見通しをもっている。

ディベート学習をしよう！

年　　月　　日

組　　番　氏名

ディベート学習の目的

ディベートは、証拠や論拠を考えて、相手や判定者を納得させなくてはなりません。そのためある論題に対して、肯定側・否定側両方の内容を学習することになります。勝ち負けがつくゲーム性もあるので、相手に負けないように、頑張りましょう！

ディベート学習の流れ

1．論題の決定と論題に対する、立場（肯定側・否定側）の決定

☆今回のディベート学習の論題

※以下の論題の中からグループで話し合って、どの論題のどの立場でディベートを行いたいか考えましょう。

A	日本は日米安全保障条約を破棄すべきである。	肯定派	否定派
B	日本は原子力発電をゼロにすべきである。	肯定派	否定派
C	日本は移民・難民をもっと受け入れるべきである。	肯定派	否定派

2．ディベートの準備（立論・反駁の準備）

グループごとに、論題に対する自分たちの立場（肯定側・否定側）が正当であることを証明するために、自分たちの主張を組み立て、方針を決めなくてはなりません。また、そのための資料を探し、収集しなければなりません。

資料が収集できたら、それをディベートのどの段階で、どのように使うかなどを検討し、さらに、相手がどのような主張をしてくるか（どのような論を立ててくるか）を予想し、相手の論点をどのように突き崩していくかを検討する必要があります。

(1) 主張する内容を考える。

肯定派・否定派それぞれの正当性を主張するために、その主張する内容を考える。各班で5～6点の主張点を考え、〈ディベート主張カード〉に、箇条書きで書き込む。各班1枚の主張カードを提出すること。

(2) 主張点を証明する資料を集める。

相手やフロアーを納得させるために、自分たちの主張点を証明する資料を教科書、資料集、パソコンなどから探し、〈ディベート情報カード〉に記入すること。(1)で考えた主張点を、班員で分担して調べること。

同時に調査した内容を、立論・第一反駁・最終弁論のどこで使うかを考える。ここでは、グループ全体で結束して考えることが、勝利への鍵。予想される相手の発言や反論を考え、〈ディベート作戦カード〉に記入する。特に、第一反駁においては、必ず相手の立論に対する反論をしっかりと考えておくこと。

※ディベートで落ち着いて発言するためには、ある程度話す内容を考えておかなくてはならない。〈ディベート論述カード〉に自分が本番で話すシナリオを考え、細かく記入する。これは各自の作業となる。

※相手やフロアーにわかりやすく、説得力が増すように発表補助資料（レジュメ）をつくりましょう。

本時の学習活動

1　ディベート学習について理解する

○配布されたワークシートから、これから学習するディベートの内容を確認する。

2　ディベートの論題と立場を決定する

○グループを形成し、自分たちのグループがどの論題、どの立場でディベートを行いたいか話し合う。

○グループの長が実施したいディベートの論題・立場を発表する。

○グループでの希望を基に、クラスで話し合い、ディベートの論題と立場を決定する。

ディベートの実施のしかた

(1) 立論 …… それぞれが、肯定・否定の理由を述べる。
　　肯定側立論 (3分) → 否定側立論 (3分)

> 私たちが (　　　　　　　) を主張する理由は、(　　　) 点あります。
> 理由の1つ目は (　　　　　　　　　　　) ということです。
> (　　　　　　　　　　) のような資料 (証拠) があります。[理由を証拠づける資料の提示]
> 第二は (　　　　　　　　　　　) ということです。

(2) 作戦タイム …… 4分
　　相手の立論を聞いた上で、グループの中で反論を考える。

(3) 第一反駁 …… 相手に立論の不備をつき、自分たちの立論の正当性を示す。
　　否定側第一反駁 (3分) → 肯定側第一反駁 (3分)

> 引用　「相手側は、(　　　　　　　　　　) と言いました。」
> 否定　「しかしそれは認められません。」
> 根拠　「なぜかというと、(　　　　　　　　　) だからです。」
> 結論　「このように、(　　　　　　　　) なのです。」

(4) 判定者からの発言 …… 討論者への質問・反論、討論者の応答 (5分)

(5) 作戦タイム …… 4分

(6) 最終弁論 (第二反駁) …… 最終的に、自分たちの立論の正当性を示す。
　　否定側最終弁論 (第二反駁) (3分) → 肯定側最終弁論 (第二反駁) (3分)

(7) 判定 …… 論理性・説得力・話し方・時間配分などを基準にして判定 (5分)

(8) まとめ …… 教師の講評、補足 (7分)

ディベートでの反則行為

○相手への非礼な行為 (暴言など)　　　　○証拠のねつ造、改変
○相手の議論の意図的曲解 (あげあし取り)　　○タイムオーバー

ワークシートを使用する際のポイント

　ディベート学習の内容を理解させ、生徒自身が主体的に学習していくことを理解させる。

　これからの学習の見通しがもてるようにし、必要があれば単元の途中で本時のワークシートを見返すように指示する。

ワークシートの評価のポイント

　ここでは、これらからの学習の見通しを付けさせ、〔主体的に学習に取り組む態度〕を見取る。

3　ディベート前の自分の意見を考える

○それぞれの論題に対して、ディベート前の個人の意見をワークシートに記入する。

○次の時間から本格的な準備を行うが、時間が余ったら、自分の論題に対する内容の教科書・資料集を読み、主張点を考えるための予備知識を得る。

ディベートの準備①

本時の目標

　ディベートに向けた主張点を考え、それに基づいてリサーチを行うことができる。

本時の評価

・グループで役割を分担し、自分の役割を責任をもって果たしている。
・リサーチを行い、論題に対する知識を身に付けている。

ディベート主張カード

年　　月　　日

組　　番　氏名

　ディベートで自分たちの立場の正当性を主張するために、まずは主張するべき点をグループ全員で考えましょう。また、主張するべき点の内容を、それぞれ誰が調査を進めるのか、分担も相談して決めましょう。

ディベートのテーマ（　　　　　　　　　　　　　） 立場（ 肯定 ・ 否定 ）

1.　自分たちが主張するべき点
①
②
③ ──箇条書きで、論題に対する主張点を書かせる。──
　　※内容的に同じようなことを挙げてしまうことが多いので、注意する。
④
⑤

2.　予想される相手側の主張点
①
② 相手がどのようなことを主張するのか予想させ、そこから反駁で使える主張点も考えさせる。
③

本時の学習活動

1　ディベート主張カードを作成する

○グループで、どのようなことを主張するかを考える。
○相手が主張してくる内容も考える。
・教師は、この主張カードのチェックを行い、論点がかみ合うように指導を行う。

2　グループ内での役割分担を行う

○主張点が決まったら、誰がどの主張点の内容を調べるのかグループ内で決める。
○発表補助資料（レジュメ）作成の計画も立てる。

ディベート情報カード

年　　月　　日

組　　番　氏名

相手や判定者たちを納得させるためには、十分な資料収集。念入りな調査がキーポイントになります。教科書や資料集を中心に、しっかりと調べを進めて、グループで協力してしっかりとした論を立てましょう。

ディベートのテーマ（　　　　　　　　　　　　　　　）　立場（　肯定　・　否定　）

調査してわかった内容	ディベートのどの時点で使うか
調べた内容を書かせる。	

「ディベート主張カード」の「自分たちが主張するべき点」では、論題に対する主張点を箇条書きで端的に書かせる。

また、「予想される相手側の主張点」では、相手がどのようなことを主張するのか予想するだけでなく、そこから反駁で使える主張点も考えさせるとよい。

ワークシートの評価のポイント

ここでは、ワークシートの記入状況とグループワークの様子から、〔知識・技能〕と〔主体的に学習に取り組む態度〕を見取る。

3　リサーチ学習を行う

○調べる内容が決まったら、図書やパソコンを活用しながら、主張点に関するリサーチを始める。

・様々な情報から調べられるように、教師は学校司書と連携を取り、事前に資料を集めてもらう。

ディベートの準備②

ディベート作戦カード

組　　番　氏名

　調査した内容を、ディベートのどの場面で使うことが有効であるか、作戦を立てましょう。グループの結束の強さが、勝敗を分けることになります。また、誰が発言するのか、分担も相談して決めましょう。

ディベートのテーマ（　　　　　　　　　　　　）　立場（ 肯定 ・ 否定 ）

1. 立論で使う内容

	予想される相手の発言

2. 第一反駁で使う内容

	予想される相手の発言

3. 予想されるフロアーからの質問とそれに対する内容

4. 最終弁論（第二反駁）で使う内容

	予想される相手の発言

本時の目標

　ディベートに向けた作戦を考えることができる。

本時の評価

　グループで調べてきたことを共有し、ディベートに向けた作戦を考えている。

本時の学習活動

1　ディベートの作戦を考える

○それぞれ調べてきたことを共有し、誰がどの時点でどの内容の主張を言うのか、グループで考える。

2　ディベート論述カードを作成する

○本番にスムーズに発表できるように、発表原稿を作成する。

	年 月 日

ディベート論述カード

組　　番　氏名

自分が担当する部分の話す内容をしっかりと書きましょう。ディベート本番で落ち着いて発言するためには、この準備が大切になります。自分自身の責任をしっかり果たしましょう。

ディベートのテーマ（　　　　　　　　　　　　　）立場（ 肯定 ・ 否定 ）

（ 立 論 ・ 第一反駁 ・ 最終弁論 ）部

ディベート時にスムーズに発表できるように原稿をつくらせる。

発表補助資料との関連や修正点

発表補助資料のどこを見せるのか、ディベート中の修正などを書かせる。

ワークシートを使用する際のポイント

グループで今まで調べてきた内容を共有し、誰がどの時点でどの主張を使うかを考えさせてから記入させるようにする。

ワークシートの評価のポイント

ここでは、「評定に用いる評価」ではなく、「学習改善につながる評価」、いわゆる形成的評価が妥当である。

生徒の学習状況の把握や、取組の様子などを観察するために、進捗状況の報告の場面を設定している。教師はディベートで議論が活発になるように、ここで指導・助言を行う。

D

私たちと国際社会の諸課題

1 世界平和と人類の福祉の増大

ディベートの実施

本時の目標

ディベートを実施し、論題に対する理解を深めることができる。

本時の評価

自分たちが準備してきたことをディベート学習で主張している。

ディベート記録カード

年　　月　　日

組　　番　氏名

討論者も判定者も、今回のディベートを活発なものにするために、しっかりと記録をとって備えましょう。討論者は反駁や最終弁論に、判定者は質問や意見をする際に生かしましょう。

今回の論題（　　　　　　　　　　　　　　　　　　　　　　　　　　）

肯　定　派	否　定　派
立　論	
第一反駁	
フロアーもディベーターも記録を取らせるために、ワークシートを活用させる。	
フロアーからの質問・意見	
最終弁論（第二反駁）	

本時の学習活動

1　ディベートを行う

①立論　肯定 3 分→否定 3 分

②作戦タイム　4 分

③第一反駁　否定 3 分→肯定 3 分

④フロアーからの質問　5 分

⑤作戦タイム 2　4 分

⑥最終弁論　否定 3 分→肯定 3 分

⑦判定

⑧教師からの講評

※教師が司会を行い、主張点がかみ合うように促したり、分かりやすいように補足したりする。

2　残りの論題も 1 時間ずつかけて同じように実施する

フロアーに判定させるために、点数を付けさせ、ディベートの感想を書かせる。

| | 年　月　日 |

ディベート判定カード

組　　番　氏名

【ディベートを通して新しく分かったこと、疑問に思ったこと】

ディベート判定表

(1) 立論
ア　理路整然としているか。
イ　話し方に真実味があり、納得させうるか。
ウ　言葉がはっきりしているか。
エ　資料・情報をうまく使っているか。
オ　時間は適切に配分されていたか。

肯定派　　1 2 3 4 5 / 否定派　　1 2 3 4 5（各行）

小　計　　[　　]点　　[　　]点

(2) 第一反駁
ア　理路整然としているか。
イ　話し方に真実味があり、納得させうるか。
ウ　言葉がはっきりしているか。
エ　資料・情報をうまく使っているか。
オ　時間は適切に配分されていたか。

肯定派　　1 2 3 4 5 / 否定派　　1 2 3 4 5（各行）

小　計　　[　　]点　　[　　]点

(3) 最終弁論（第二反駁）
ア　理路整然としているか。
イ　話し方に真実味があり、納得させうるか。
ウ　言葉がはっきりしているか。
エ　資料・情報をうまく使っているか。
オ　時間は適切に配分されていたか。

肯定派　　1 2 3 4 5 / 否定派　　1 2 3 4 5（各行）

小　計　　[　　]点　　[　　]点

合　計　点　　[　　]点　　[　　]点

＊合計点を参考に総合して判定すると、結果はどうなりますか？　[　　　　側の勝ち]

【ディベートを通しての感想を書きましょう】

ワークシートを使用する際のポイント

「ディベート記録カード」は、ディベーター、フロアーともに配付する。この記録が次時のアフターディベートや単元のまとめで必要な資料となる。

「ディベート判定カード」はフロアーが使用するものだが、ディベーターにも「振り返りカード（シート）」を作成して渡し、自己評価や個人内評価を行わせることも有効である。

ワークシートの評価のポイント

ここでは、ディベートの様子の観察やワークシートの記入状況から、主体的に学習に取り組んでいるかを見取る。

教　卓

ディベーター　　　　　ディベーター

フロアー

ディベートでの教室レイアウト例

ディベートの振り返り

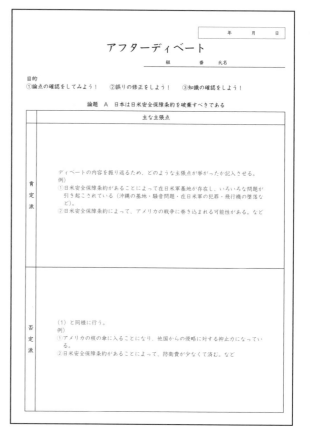

本時の目標

ディベートを振り返り、論点の整理や修正を行い、ディベート後の意見をまとめることができる。

本時の評価

学習した内容や協調や持続可能などの見方・考え方を活用して、論題に対する意見を書いている。

本時の学習活動

1 ディベートの振り返りを行う

・生徒が作成した発表補助資料を基に、ディベートでの主張点の確認や内容の誤りの確認などを行い、基本的な知識事項を確認する。

・適宜、映像資料なども活用し、理解を深めさせる。

○ディベートを聞いていたフロアの生徒たち何人かで、自分の意見を述べる。

○ディベーターの人たちで、どのような点を改善すればよかったのか振り返りを行う。

※この流れを3論題繰り返す。

2 ディベート後の自分の意見を考える

○ディベート学習後に、それぞれの論題に対して、どのように考えているか、個人で意見をまとめる。

○何人かの生徒が発表し、ディベート学習前後で意見が変化した場合、その原因などを聞いていく。

ディベート後の意見

組　　　番　氏名

ディベートお疲れ様でした。それぞれの論題に対して、理解が深まったでしょうか。ディベート前と
比較するために、今の意見をそれぞれ書いてみましょう。

A　日本は日米安全保障条約を破棄すべきである。　　　肯定派　　否定派

B　日本は原子力発電をゼロにすべきである。　　　肯定派　　否定派

ディベート前に書いた意見と比較させ、どのような考えの変容があったのか理解させる。

C　日本は移民・難民をもっと受け入れるべきである。　　　肯定派　　否定派

ワークシートを使用する際のポイント

　教師が論点整理を行うことで、生徒に多面的・多角的な視点を意識させるようにする。

ワークシートの評価のポイント

　ここで、評価を行うと考えた場合は、ディベート前とディベート後のそれぞれの論題に対する自分の意見をワークシートに書かせたものを、〔思考・判断・表現〕の観点で見取ることが考えられる。

　Ｂ評価として「それぞれの論題に対して、学習した内容を活用し、多面的・多角的に考察し、表現している」と設定する。

D

私たちと国際社会の諸課題

1

世界平和と人類の福祉の増大

まとめ

9/9

単元のまとめ

本時の目標

単元のまとめを行うことができる。

本時の評価

単元の内容を振り返り、ミニレポートをまとめている。

年　　月　　日

単元のまとめ

組　　番　氏名　　　　　　　　

ディベート学習お疲れ様でした。今までの学習を生かして、「世界平和の実現と人類の福祉の増大のために、大切だったり必要だったりすることは何か。」に対して、自分の意見を述べましょう。その際、協調や持続可能性などの視点も考慮しましょう。

今までの学習内容を振り返らせ、設問に対しての自分の意見を書かせる。

裏面（　有　・　無　）

本時の学習活動

1　単元のまとめを行う

○今までの学習を振り返り、「世界平和の実現と人類の福祉の増大のために、大切だったり必要だったりすることは何か」を考える。

【メモ】

ワークシートを使用する際のポイント

本時までに使用したワークシートを見返すなど、今までの学習内容を振り返らせ、根拠を基に設問に対しての自分の意見を書かせる。

ワークシートの評価のポイント

ここでは、単元のまとめの設問に対して〔思考・判断・表現〕と〔主体的に学習に取り組む態度〕の観点で見取ることが考えられる。

B評価として「設問に対して、学習した内容を活用し、多面的・多角的に考察し、自分の考えを表現している」と設定する。

単元の目標

　よりよい社会を築き、持続可能な社会を形成することに向けて、社会的な見方・考え方を働かせ、解決すべき課題を多面的・多角的に考察、探究、構想し、自分の考えを説明、論述することができる。

学習指導要領との関連　D(2)「よりよい社会を目指して」ア

第1時	第2時・第3時・第4時
導入	展開
〔第1時〕現代社会の課題を発見し、探究する課題を決める ○グループで、これまで学習してきた公民的分野のみならず地理的分野、歴史的分野も含めて社会科全体の学習内容から、「よりよい社会に向けて、解決すべき課題」を検討する。グループで検討して確認した解決すべき諸課題から、自分が興味をもった課題を見付ける。	〔第2～4時〕発見した課題を、資料を収集して探究する ○個人で設定した「よりよい社会に向けて、解決すべき課題」を探究する。どのような課題か、原因や現状などを探究する。 ・公民的分野の教科書や資料集の他、地理的分野や歴史的分野の教科書や資料集なども必要によって活用する。また、可能であれば学校図書館などで書籍による情報収集も実施する。 ・情報端末が配布されていたり、コンピュータ室などが設置されたりしているのであれば、インターネットも活用するとよい。 ○個人の探究した内容を班内で発表するために、発表内容を要約したレジュメを作成する。また、発表の際の原稿も作成する。原稿が準備できたら、スムーズに発表できるよう練習を行う。

課題解決的な学習を通して学びを深めるポイント

　公民的分野の最終単元である本単元は、公民的分野のみならず、中学校社会科のまとめとして位置付けられる単元である。学習指導要領解説には「これまでの地理的分野、歴史的分野及び公民的分野における課題を追究したり解決したりする活動において働かせてきた、社会的事象の地理的な見方・考え方、社会的事象の歴史的な見方・考え方、及び現代社会の見方・考え

方などを総合的に働かせることを期待して、これらの『見方・考え方』の総称である『社会的な見方・考え方』を働かせ」と記述されている。

　また、「(3)内容の取扱い(1)ア」においては「地理的分野及び歴史的分野の学習の成果を活用するとともに、これらの分野で育成された資質・能力が、更に高まり発展するようにすること。また、社会的事象は相互に関連し合ってい

単元の評価

知識・技能	思考・判断・表現	主体的に学習に取り組む態度
①国民の権利を守り、社会の秩序を維持するために、法に基づく公正な裁判の保障があることについて理解している。	①対立と合意、効率と公正、個人の尊重と法の支配などに着目して、国民の司法参加との関連について多面的・多角的に考察、構想し、表現している。	①司法参加について、現代社会に見られる司法に関する課題の解決を視野に主体的に司法に関わろうとしている。

第5時	第6時・第7時・第8時
展開	まとめ
〔第5時〕グループ内で探究した内容について発表する ○発表時間は3分とする。発表が終わったら、班員からの質問を受ける時間を2分間取る。全員の発表が終わったら、班員全員の発表内容に対してワークシートに意見や感想を記入し、発表者に渡す。他の班員から渡された意見や感想は、レポートを記述する際の参考とする。	〔第6～8時〕個人の探究や発表した課題の解決策を記述したレポート作成 ○レポートのテーマは、「〔個人で探究した課題〕の解決に向けて」とする。また、副題を「よりよい社会を築くために、グローバル化する社会に私たちにできることは何か～〔個人で探究した課題〕について～」とする。これまで探究する際に蒐集した情報を活用し、課題の解決策を提案する。 ・レポートを作成する際には、「グローバル化する社会にどう生きていけばよいか」もしくは「グローバル化する社会において、私たちにできることは何か」について「提言を行う」ことを目標とする。

ることに留意し、特定の内容に偏ることなく、分野全体として見通しをもったまとまりのある学習が展開できるようにすること」と記述されている。

このように学習指導要領の記述を実現するために、これまで3年間の地理的分野・歴史的分野の学習において「地理的」「歴史的」な「見方・考え方」を働かせる必要がある。ま

た、課題を追究したり解決したりする活動を通して、「資質・能力」が育成されていることも必要である。更に、公民的分野においても、地理的分野・歴史的分野の学びを基盤として、「現代社会の見方・考え方」を働かせ、課題を追究したり解決したりする活動を通して「資質・能力」を育成している必要がある。

導入

課題発見

本時の目標

　現代社会の日本や世界の課題を発見し、追究する課題を決めることができる。

本時の評価

　これまで3年間社会科を通して学習してきた中で、よりより社会をつくるために解決すべき課題を、協働的に考えている。

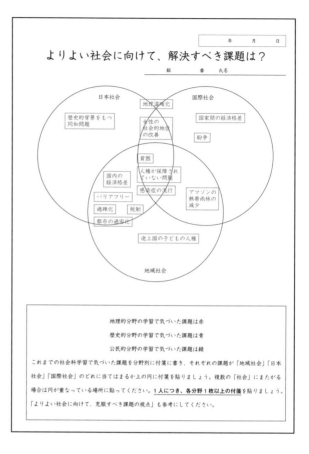

本時の学習活動

1　日本や世界の課題について個人で考える

○これまでの社会科学習で学んできた内容から日本や世界の課題を追究し、その課題をどのように解決するか自分の考えを記述したレポートを作成するという単元の全体像を理解し、学習の見通しをもつ。

○これまでの社会科学習を振り返り、地理的分野、歴史的分野、公民的分野で気付いた課題を、付箋に書き出していく。

・ワークシートにあるように、地理的分野の学習で気付いた課題は赤、歴史的分野の学習で気付いた課題は青、公民的分野の学習で気付いた課題は緑というように、分野ごとに分類する。ワークシートの表を参考に、地理的分野、歴史的分野、公民的分野の教科書を見返

しながら課題を書き出す。

2　付箋をワークシートのベン図に貼る

○グループになり、それぞれ自分が書き出した付箋をベン図に貼っていく。その際、書き出した課題は、日本社会、国際社会、地域社会のどの課題なのか分類していく。それぞれ、範囲が重なっている場合は、円が重なっている部分に貼る。グループのメンバー間で同じ課題を書き出している場合は重ねて貼る。

・ベン図に付箋を貼ることにより、課題がどの範囲に影響を与えているか気付き、調査する際の参考とする。また、グループの他のメンバーの発想も参考にして、今後の課題追究に生かす。

「よりよい社会に向けて解決すべき課題」を考えさせる際に、これまで学習してきた「見方・考え方」を働かせるように指導したい。

例えば「『民主主義』という『見方・考え方』から考えると、現代社会の課題は何だろう」というように生徒に投げかけると、課題を発見しやすくなることが期待される。

	よりよい社会に向けて、克服すべき課題の視点
地理 (世界編)	発展途上国や新興国で経済の急激な発展に伴う環境問題、経済格差の問題、農村から都市へ人口が流入する問題
	EUなどの地域連合が抱える、域内の経済格差
	発展途上国に多く見られるモノカルチャー経済による不安定さ
	砂漠化
	他民族・多文化国家の課題
	大規模農業における様々な課題
	多国籍企業の進出による文化の均一化、各地の独自文化の変化
	経済発展にともなう熱帯雨林の伐採
	温暖化の影響と見られるオセアニア諸国の水没危機の課題
地理 (日本編)	地震や火山への備えと活用に関する課題
	各地の独自の文化と自然の保護と活用に関する課題
	交通の発達と地域や産業の変化に関する課題
	自然や歴史的環境の保護と活用に関する課題
	人口分布に関する課題（過密と過疎）
歴史	人権の発展の歴史
	紛争とその解決の歴史
	経済の発展の歴史
	技術の発展の歴史
	国際関係の発展の歴史
公民	「対立と合意」＝違いを乗り越えるには
	「効率と公正」＝無駄を省きながらみんなが納得するには
	「人権」＝自分と同じように人も大切にするには
	「個人の尊重」＝個人はなぜ大切にされるの
	「法の支配」＝法に勝るものはあるの
	「民主主義」＝みんなの考えを社会に反映させるには
	「希少性」＝財やサービスは有限
	「分業と交換」＝より豊かになるためには
	「協調」＝なぜゆずり合うの
	「持続可能性」＝この社会を続けていくためには

ワークシートの評価のポイント

〔知識・技能〕
・これまでの社会科での学習を振り返り、様々な課題を発見している。

〔思考・判断・表現〕
・発見した課題を、どの範囲の課題か思考して判断し、協働的にベン図に表現している。

〔主体的に学習に取り組む態度〕
・日本や世界の課題を意欲的に発見し、主体的に分類しながらどのように追究するか考えようとしている。

・「外国出身の留学生や技能研修生などを日本社会がどのように受け入れるか」等の課題は、グローバル化の結果としての課題と言えるので、円の枠外に貼るとよい。
・教師は、生徒が付箋を貼り終わったら、ベン図を黒板に掲示したり、他のグループの机上に置かせたりして、他グループの図を見て参考にするように指導するとよい。

3 自分が追究する課題を決定する

○ここまでの学習で示された課題から、自分の興味・関心に基づいて、追究する課題を設定する。

課題の追究

本時の目標

　設定した課題を追究することができる。

本時の評価

　設定した課題を、地理的分野・歴史的分野・公民的分野での学びを基盤として情報を収集し、必要な情報を思考・判断してワークシートに記録している。

よりよい社会に向けて、解決すべき問題は？

年　月　日

組　番　氏名

前回のグループでの話し合いを参考に自分が追究する課題を以下の空欄に書きましょう
＊このプリントがグループ内での発表原稿となります。資料名や出典もメモしておきましょう。

例：過疎化

---

① どのような地域の人々や生活や営みに、どのような影響があるのか？
〈地理で考えたことを参考にして〉

日本全体で少子高齢化が進んでいる。各地方の中心都市は人口が増える傾向があるが、その周辺では人口が減少している。特に東北地方や中国地方の日本海側などが顕著である。過疎化が進んだ地域では、地域の伝統的な行事が維持できなくなったり、大手のスーパーが撤退し、自動車の運転が難しい高齢者が買い物や通院などの日常生活に支障が出たりしているケースがある。

② その課題はいつから起こり、何が原因なのだろう？　今の時代と比較できる内容があるか？〈歴史で考えたことを参考にして〉

明治以降、工業化が進む中で、労働集約的な工場が特に沿岸部に発展し、日本各地から人々が集まる傾向が始まった。特に、第二次世界大戦後、高度経済成長期にはその傾向が顕著となり、地方から若者が都市部に流入するようになった。その結果、都市の過密化の課題と表裏一体で地方の過疎化が社会問題となった。その傾向は現在も進行中で、消滅してしまう集落が各地で散見されるようになっている。

本時の学習活動

1　課題を設定する

○前時で行った活動で発見した課題から、自分の興味・関心に従って追究する課題を設定する。

2　課題追究を行う

○設定した課題を追究する。

・ワークシートの①の発問は主に地理的分野の学びから情報を集める。日本各地や世界の諸地域で、設定した課題がどのような影響を与えているか調べる。

・②の発問は主に歴史的分野の学びから情報を集める。設定した課題の歴史的背景や変遷を調べる。

・③の発問は主に公民的分野の学びから情報を集める。現在、設定した課題に対して、政治や法、経済の視点から、どのような対策が取られているかを調べる。

・①②③には順序性はなく、調査を進めるための手がかりとする。順番に調査してもよいし、追究する中で同時並行的に情報を収集する場合もあるだろう。

・根拠のある情報を収集する必要があるので、公民的分野の教科書や資料集はもちろん、地理的分野や歴史的分野の教科書や資料集も活用する。その他、学校図書館などで収集した書籍による情報や情報端末を活用したインターネットでの情報収集も行う。ただし、インターネットにおける情報収集は根拠がある発信元の情報を選ぶようにする。これまでに

③この課題はどのように解決できるだろう？（政治や法、経済などに関わる多様な視点〔民主主義や希少性など〕）〈公民で考えたことを参考にして〉

> 政府は「国土の均衡の取れた発展」を課題に、各種「地方再生事業」に取り組んでいる。その政策の一つに「ふるさと納税」がある。都市部の住民から財政が厳しい地方に寄付をするという前提で始まった制度である。しかし、過剰な返礼品競争が起こってしまったり、都市部での税収減が起こってしまったりとさまざまな課題がある。

ワークシートの評価のポイント

〔知識・技能〕
・これまでの社会科学習で習得した知識を根拠としている。

〔思考・判断・表現〕
・収集した情報から、確かな根拠があるか思考して判断し、設定した課題を多面的・多角的にまとめている。

〔主体的に学習に取り組む態度〕
・調査の見通しを立て、粘り強く主体的に追究活動を行おうとしている。

培ってきた情報収集能力を発揮することが期待される。

・収集した情報は、根拠があると判断した場合、ワークシートに記録していく。出典も明記する。箇条書きでもよいが、第4時の時点で、グループ内で発表できるように整理することが望ましい。

追究した内容の発表

本時の目標

追究した内容をグループ内で発表し合うことができる。

本時の評価

追究した課題を、聞き手に分かりやすく発表し、グループの他のメンバーの発表を聞き、互いに感想や気付いた点、質問などを送り合っている。

年　　月　　日

中間発表シート

組　　番　氏名

発表者①【　　　　　】

課題

☆発表を聞いての意見や感想

発表の中の○○の部分がとても参考になった。そのような歴史的経緯があるとは知らなかった。

- - - - - - - - - - - - - - キリトリ - - - - - - - - - - - - - -

発表者②【　　　　　】

課題

☆発表を聞いての意見や感想

自分のテーマと重なるところがあり、その視点から考えていなかったのでとても参考になった。

- - - - - - - - - - - - - - キリトリ - - - - - - - - - - - - - -

発表者③【　　　　　】

課題

☆発表を聞いての意見や感想

○○の原因は△△ということであったが、自分の追究するテーマの参考になるのでその根拠となっている資料を教えてほしい。

本時の学習活動

1　追究した内容を発表する

○前時までに追究し、ワークシートに記録した内容を発表する。

・ワークシートは箇条書きでもかまわないが、発表時は聞き手が理解できるように文章として発表する。

・発表の際、聞き手に分かりやすいように図や写真、レジュメなどを示すことができればなおよい。

2　他のメンバーの発表を聞く

○グループの自分以外のメンバーの発表を聞く。

・課題設定はそれぞれであり、調べた内容も多岐にわたると予想される。しかし、どのメンバーも苦心して追究し発表しているので、発表者が自信をもって発表できるよう、真摯に受け止める。これまでの社会科学習の中で積み重ねてきた話し方、聞き方の技術を発揮することが期待される。

・自分にはなかった視点や興味から追究している可能性があるので、自分の追究した内容をより深めるだけでなく、思考の幅が広がることも期待できる。

・教師は発表時間を3分と伝える。しかし、内容によっては3分を超えることも予想される。厳密に3分で終わらせず、最後まで発表するよう指導する。

発表者④【　　　　　　】

課題

☆発表を聞いての意見や感想

発表の中で、□□という言葉を使っていたが、その意味をもう少し詳しく教えてほしい。

———————————— キリトリ ————————————

発表者⑤【　　　　　　】

課題

☆発表を聞いての意見や感想

発表のときの話し方がわかりやすかった。また、見せてもらった写真から発表内容がよく理解できた。

———————————— キリトリ ————————————

☆発表記録メモ☆
自分の発表時に受けた質問や意見　　　　　　　それに対する回答や内容

指導のポイント

本時の授業を実践すると、特に発表に対する感想等を記述したものを発表者に渡すところが、生徒にとって大変励みになる様子が印象的であった。記述内容を見ると、真剣に発表を聞いていることがよく分かった。この方法は他の場面でも応用できると考えられる。

ワークシートの評価のポイント

〔知識・技能〕
・追究した課題を、聞き手が理解できるよう分かりやすく発表している。

〔思考・判断・表現〕
・追究した内容を、相手が理解できるようにするための工夫を行い、必要とされる情報を相手に伝わる表現で発表している。

〔主体的に学習に取り組む態度〕
・他のメンバーの発表を意欲的に聞き、自らの追究活動に生かそうとしている。

3　発表者に感想や質問、気付いた点を書いたメモを渡す

○発表内容についての感想や質問、気付いた点をワークシートに書き、それぞれのメンバーに書き、切り取って渡す。

・相手を非難したり貶めたりする内容は書かない。建設的な感想や質問、指摘とするよう心がける。

・受け取った感想は、次時以降のレポートに生かすようにする。新たな視点や、新たな興味の出発点となる可能性があるので、他のメンバーからの指摘は真摯に受け止めて、今後に生かすようにする。

学習を通して考察した内容の記述

本時の目標

　課題を解決し、よりよい社会をつくるための構想と提言をすることができる。

本時の評価

　追究した内容を根拠として、よりよい社会をつくるための提言をし、かつ自らの生活や将来の職業生活などを通じてよりよい社会づくりに参画する方法を記述している。

（記述シート）

| | 年　　月　　日 |

よりよい社会を築くために、グローバル化する社会において私たちにできることは何か

組　　番　氏名

〜「　　　　　　　　　　　　」について〜

　金融が本来の役割を果たし、効率のよい生産ができる市場経済を実現するようにする。資本主義の発展とともに、所得格差が大きく、貧困層の人権が守られないという課題を解決するために「社会権」が生み出された。しかし、現状では世界では「南北問題」、日本国内でも経済格差が大きくなり「子ども食堂」などが各地で運営されるようになっている。

　市場経済は本来、価格を指標に資源が効率よく使われ、よりよい商品が生み出される仕組みである。しかし、市場経済を支える金融の分野においては、余った資金を、新たなアイディアがあるのに資金が不足しているところに受け渡すという機能ではなく、投機的に資金を回し、利子を稼ぐことが第一となっている傾向がある。

　リーマン・ショックに代表されるように、実態以上の資金が出回り、失敗した際の影響が世界に大きな影響を与えることとなる。金融の本来の姿を取り戻すことが、よりよい生産を促し、よりよい社会をつくることにつながると考える。

　私は将来公認会計士になりたいと思っている。公認会計士になったら、公正で透明性の高い企業会計に貢献し、情報を公表することで、優良な企業に資金が融通されることに貢献したい。優良な企業に資金が集まることにより、よりよい商品が開発され、よりよい社会づくりにつながると思うからである。

本時の学習活動

1　追究した課題を解決するための提言を行う

○前時までの追究、発表活動を基に、設定した課題を解決するための方策や政策などを提言する。

・発想を大切にし、その発想を実現するための手立てを、根拠をもって提言する。根拠には財政面や技術面、学術的な研究成果などを挙げることが望ましい。

・様々な地域を比較したり（＝地理的な見方・考え方）、経緯や背景を説明したり（＝歴史的な見方・考え方）、「対立と合意」「効率と公正」「個人の尊重」「民主主義」「法の支配」「交換と分業」「協調」「持続可能性」などの概念（＝現代社会の見方・考え方）を活用したりすることが期待される。

2　提言を実現するために、自らができることを記述する

○提言を実現し、よりよい社会をつくるために、自分がどのように課題解決に参画することができるか記述する。

・これから主権者として社会を形成するに当たり、日常生活でできること、将来の職業生活でできること、職業以外のボランティア活動などでできることなどから記述する。総合的な学習の時間のキャリア教育や特別の教科道徳、他の8教科の学習の成果も発揮することが期待される。

・教師は、民主主義国家の国民として、主体的に社会に参画することを前提に、解決策を考えるように指導する。他人任せではなく、あ

【 裏面 [有 ・ 無] 】

くまでも社会を形成する主体であることを基礎にレポートを作成するよう指導することが肝要である。

・レポート作成に当たっては3単位時間を当てる。

・情報端末が各生徒に配布されている現状では、比較的手軽にインターネットの情報も利用することができる。反面、これまでの情報モラルに関する学習を生かすことも強調する必要がある。レポート作成にはふさわしくない情報を見ていたり、ネット上の記述をそのまま剽窃したりする可能性があるからである。生徒を信頼することを基盤としながら、生徒の疑問に応えながら丁寧に巡回することが望ましい。

評価のポイント

本時が中学校3年間の社会科授業の最後となる。「公民としての資質・能力の基礎」が養われたかどうかを評価するとともに、今後社会を構成する大人の「仲間」となる生徒を勇気付ける評価を行いたい。

時間が限られている時期ではあるが、一言でも励ますような文章を書いてレポートを返却したい。

ワークシートの評価のポイント

〔知識・技能〕
・これまで学習した内容を基盤として、追究して習得した知識を活用している。

〔思考・判断・表現〕
・よりよい社会をつくるための提言を思考し、実現可能性を判断し、レポートに文章で論理的に表現している。

〔主体的に学習に取り組む態度〕
・見通しを立てて計画的にレポートを作成し、自らが社会参画してよりよい社会をつくる構想と、提言を粘り強く考え表現しようとしている。

編著者・執筆者紹介

［編著者］

三枝　利多（さえぐさ　としかず）

元東京都公立中学校主任教諭。

1960（昭和35）年生まれ。経済教育ネットワーク評議員、教師支援塾、日本社会科教育学会会員。東京都中学校社会科教育研究会公民専門委員長、同　研究副部長、法務省　法教育研究会教材作成部会委員、内閣府　経済教育に関する研究会委員、エネルギー教育検討委員会委員、金融広報中央委員会　金融教育プログラム検討委員会委員、東京教師道場助言者、文部科学省　学習指導要領実施状況調査問題作成委員、同　学習指導要領実施状況調査結果分析委員、同　学習指導要領等の改善に係る検討に必要な専門的作業等協力者、同　学習指導要領（平成29年告示）解説作成協力者、法務省　法教育推進協議会教材作成部会委員等を歴任。

著書に『社会科 中学生の公民』（検定教科書 帝国書院 平成14年度版〜 分担執筆）、『平成29年版 中学校新学習指導要領の展開 社会編』（明治図書出版 2017年 分担執筆）、『平成29年改訂 中学校教育課程実践講座 社会』（ぎょうせい 2018年 分担執筆）、『小中 社会科の授業づくり』（東洋館出版社 2021年 分担執筆）等多数。

［執筆者］＊執筆順、所属は令和4年6月現在

		［執筆箇所］
三枝　利多	上掲	はじめに／公民的分野における指導のポイント／公民的分野のはじめに／A2　現代社会を捉える枠組み／B1　市場の働きと経済〜市場経済の基本と家計〜／B2　市場の働きと経済〜企業の経済活動〜／B4　国民の生活と政府の役割①
藤田　琢治	目黒区立第九中学校主任教諭	A1　私たちが生きる現代社会と文化の特色／B5　国民の生活と政府の役割②／C1　人間の尊重と日本国憲法の基本的原則／C3　民主政治と政治参加〜選挙〜／C5　民主政治と政治参加〜司法〜／D2　よりよい社会を目指して
三枝　悠平	立川市立立川第三中学校教諭	B3　市場の働きと経済〜市場経済と価格〜／C4　民主政治と政治参加〜地方自治〜
金城　和秀	東京学芸大学附属世田谷中学校教諭	C2　民主政治と政治参加〜日本の民主主義の課題を考える〜／D1　世界平和と人類の福祉の増大

『ワークシートで見る全単元・全時間の授業のすべて　社会　中学校　公民』付録資料について

本書の付録資料は、東洋館出版社ホームページ内にある「マイページ」からダウンロードすることができます。なお、本書のデータを入手する際には、会員登録および下記に記載しているユーザー名とパスワードが必要になります。入手の方法は以下の手順になります。

【東洋館出版社 HP】

URL https://www.toyokan.co.jp　　東洋館出版社　検索

❶「東洋館出版社」で検索して、「東洋館出版社オンライン」へアクセス

❷会員はメールアドレスとパスワードを入力後「ログイン」。非会員は必須項目を入力後「アカウントを作成する」をクリック

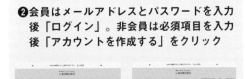

❸マイアカウントページにある「ダウンロードページ」をクリック

❹対象の書籍をクリック。下記記載のユーザー名、パスワードを入力

ユーザー名：shakai_komin
パスワード：irc7Z4ds

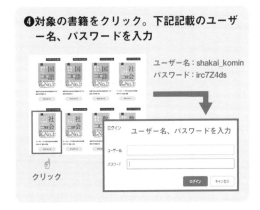

【使用上の注意点および著作権について】

・リンク先にはパソコンからアクセスしてください。スマートフォンではファイルが開けないおそれがあります。
・PDFファイルを開くためには、Adobe AcrobatまたはAdobe Readerがインストールされている必要があります。
・PDFファイルを拡大して使用すると、文字やイラスト等が不鮮明になったり、線にゆがみやギザギザが出たりする場合があります。あらかじめご了承ください。
・収録されているファイルは、著作権法によって守られています。
・著作権法での例外規定を除き、無断で複製することは法律で禁じられています。
・収録されているファイルは、営利目的であるか否かにかかわらず、第三者への譲渡、貸与、販売、頒布、インターネット上での公開等を禁じます。
・ただし、購入者が学校での授業において、必要枚数を生徒に配付する場合は、この限りではありません。ご使用の際、クレジットの表示や個別の使用許諾申請、使用料のお支払い等の必要はありません。

【免責事項・お問い合わせについて】

・ファイル使用で生じた損害、障害、被害、その他いかなる事態についても弊社は一切の責任を負いかねます。
・お問い合わせは、次のメールアドレスでのみ受け付けます。tyk@toyokan.co.jp
・パソコンやアプリケーションソフトの操作方法については、各製造元にお問い合わせください。

ワークシートで見る全単元・全時間の授業のすべて

社会 中学校 公民
～令和 3 年度全面実施学習指導要領対応～

2022（令和 4 ）年 7 月28日　初版第 1 刷発行

編 著 者：三枝　利多
発 行 者：錦織　圭之介
発 行 所：株式会社東洋館出版社
　　　　　〒113-0021　東京都文京区本駒込 5 丁目16番 7 号
　　　　　営 業 部　電話 03-3823-9206　FAX 03-3823-9208
　　　　　編 集 部　電話 03-3823-9207　FAX 03-3823-9209
　　　　　振　　替　00180-7-96823
　　　　　Ｕ Ｒ Ｌ　https://www.toyokan.co.jp

印刷・製本：藤原印刷株式会社

装丁デザイン：小口翔平＋後藤司（tobufune）
本文デザイン：藤原印刷株式会社

ISBN978-4-491-04783-6　　　　　　　　　　Printed in Japan